LOCUS

LOCUS

Smile, please

smile 22 第二個命運 *(Living with our Genes)*
作者：狄恩・哈默(Dean Hamer)／彼得・柯普藍(Peter Copeland)
譯者：莊安祺
責任編輯：陳郁馨
美術編輯：何萍萍
法律顧問：全理律師事務所董安丹律師
發行人：廖立文　出版者：大塊文化出版股份有限公司
台北市117羅斯福路六段142巷20弄2-3號　**讀者服務專線：080-006689**
TEL：(02) 29357190　FAX：(02) 29356037
郵撥帳號：18955675　戶名：大塊文化出版股份有限公司
e-mail:locus@ms12.hinet.net
行政院新聞局局版北市業字第706號

總經銷：北城圖書有限公司　地址：台北縣三重市大智路139號
TEL：(02) 29818089 (代表號)　FAX：(02) 29883028　29813049
排版：天翼電腦排版有限公司　製版：源耕印刷事業有限公司
初版一刷：1998年9月

定價：新台幣250元

Printed in Taiwan

第二個命運

基因、天性與命運的關係

Why They Matter More Than You Think

Living with Our Genes

Dean Hamer & Peter Copeland 著
莊安祺 譯

目錄

引言　了解基因，擺脫宿命

人人生性不同，部分是由先天造成，
一如鼻子的形狀或皮膚的顏色。
人類發展進化的指示——包括天性的各種層面，
都登載在由父母傳給子女的基因之中。
我們人在一生中，一方面享受基因所賦予的好處，
一方面也與天生的劣勢苦苦纏鬥，希望藉由學習來改變自己。

突如其來地接到高中畢業二十五周年的高中同學會通知，詹妮絲簡直不敢相信，這麼些年來換了多次地址，竟還有人找得到她。四十三歲的詹妮絲由美國中西部一所大型高中畢業，雙親並不富有，因此學生時代她都靠打工來負擔她認爲必要的衣服花費。她作功課的時間不多，但總有辦法拿到好成績。她在學校有不少女性朋友，男朋友更多，但她從不想和他們聯繫，更沒有參加過任何一次同學會：她看不出有什麼必要，以前是以前，現在她已經不再是當年那個小女孩。所以當她收到通知的時候，第一個念頭就是：無聊。

高中畢業後，詹妮絲嫁給一個年紀比她大得多的生意人，他算不上是好情人，但供她上大學，教她金融世界的一切，拓展了她的視野。這份情感最後消褪了，以離婚收場；他人雖然體貼，卻不再有趣。離婚後，詹妮絲搬到南加州，用了一部分贍養費加入不動產業，這一行起伏不定，但在上一次景氣衰退時，她買進大筆產業，成績出乎預期的好。最近她才剛買了一輛白色的BMW皮座椅跑車。

詹妮絲離婚後和不少男性周旋，但一直沒有再婚。她不想要有孩子的負擔，也不想浪費時間理家。最近她和她的瑜伽教練展開熱戀，詹妮絲送他花（通常是一朵蘭花或其他稀罕的花朵），還帶他到斯里蘭卡度假，兩人在海濱棕櫚葉編織的蓆墊上翻雲覆雨，她覺得自己不論在精神或愛情上，都在彌補過去無從享受的時光。

詹妮絲對自己過人的身材相當自豪，她畢業後一直努力運動，保持體重，多年來她服食減肥藥，已到上癮的程度，但最近她加入自助團體，擺脫了藥和酒的習慣。吸菸比較難戒，

因爲她怕戒菸之後會發胖。這回接到同學會通知，引發她回想，自學校畢業以來走了多遠的路。第二天她決定，在同學會當天飛抵會場，次日一大早再飛回來。

勞夫也是四十三歲。在高中時代，他認眞於課業，功課維持中等，他既不和同學成群結黨，對體育活動也不熱衷，但他有幾個好朋友，也從未錯過任何一次同學會。他每年的記事簿都整整齊齊陳列在床頭書架上。勞夫後來上了州立大學，拿到環境科學的學位，雖然他原本想上東部的一所私立學校，但他的成績拿不到獎學金（他怪罪於老師不熱心），家人又負擔不起學費（他怪罪於父母缺乏企圖心）。

勞夫的第一個工作是在政府野生動物委員會任職，他也一直待在那裡，由研究助理升到中階主管。薪水不多，但他喜愛這個工作，也愛大自然。他最愛的活動是沿著當地的湖濱漫步，收集海邊的貝殼和美麗的玻璃。他痛恨湖邊高樓大廈的興建，多次投書報章抗議。有時候他氣得睡不著覺，工作也不能專心。

勞夫已結婚二十五年，育有三名子女，他和妻子情感和睦，但不再熱情如火。勞夫選擇郊區的這棟房子，因爲它離公車路線很近。他不喜歡開車，通常都是妻子用旅行車送子女上學。多年來，他的頭頂漸禿，也增加了不少重量，尤其是腰圍。他從不吸菸，也很少喝酒。

勞夫接到同學會通知後，當天就傳眞表示他會前去。他想道：「該看看老同學最近如何。」他是眞心回味美好的昨日。

同學會當晚，詹妮絲兩眼注視著勞夫，但並沒有眞正看到他。她花了一會兒工夫才認出他——勞夫不是她交往的那類男孩，但她最後終於想起來，他是那個總站在人群邊緣的男生，就像他現在一樣。有一度勞夫對詹妮絲相當狂熱，但她並沒怎麼注意他。她心想：「等一下晚餐時，我可不要坐到他旁邊，多蠢的男生！」

勞夫也看到詹妮絲，他的胃揪緊了。她曾是他最熱烈幻想的對象，雖然很可惜她並沒有反應。她的髮色和鼻子的形狀已經變了，但她抬頭挺胸自信滿滿的模樣可沒變。說得客氣點，是自信滿滿，其實更正確的形容詞是趾高氣昂。「哦，老天，」勞夫想道：「希望晚餐時，不要和她坐在一起。」

結果他們當然坐在一起。

勞夫說：「詹妮絲，看到你眞高興！」

詹妮絲答道：「勞夫，好久不見了。」

服務生送上葡萄酒來，詹妮絲說她不喝，但上菜的空檔她溜到洗手間吸菸。勞夫喝了半杯酒，心情開始放鬆。他又吃了一個小麵包，把籃子傳給詹妮絲，詹妮絲順手往前傳，自己並沒有吃。她向勞夫低語：「你看南西，我簡直不敢相信她怎麼變這麼胖。她原先總是自豪自己身材窈窕，如今可不同了。」

勞夫也悄悄透露：「你知道她的遭遇嗎？離了婚，丈夫有了外遇，簡直一團糟。」他靠

著詹妮絲的耳朵，聞到她的香水。

詹妮絲吃得很少，勞夫一心想讓談話繼續下去，問起了她的婚姻。

「不要談婚姻，」詹妮絲邊揮手邊說：「我現在又有羅曼史了。」

勞夫覺得自己的臉漲紅了，但他也有點興奮。他喝了一大口葡萄酒：「羅曼史？」

「我認識一個很棒的男人，他在我常去的健身俱樂部教瑜伽，我們一見鍾情，簡直不可思議。」

勞夫想把腰間的贅肉塞回褲頭，實在太不舒服了，因此他拉拉襯衫，鬆鬆褲腰。他向後坐，準備聆聽餐後的演講，同時想著不知甜點是什麼。他搜索枯腸，想說幾句俏皮話，消遣南西不該吃甜點的，但詹妮絲已經乾淨俐落站起身來，把餐巾放在還半滿的盤子上，準備起身離開。勞夫仰視著她，詹妮絲彎身吻他再會，僅僅是在他頰上一啄而已，卻讓他頸後的肌肉緊張起來。

「還是同樣的老勞夫，」她說：「你一點也沒變。」

「是啊！」勞夫承認：「你讓我覺得自己又回到高中時代，你眞是一點也沒有變。」

個性是天性和特質的總和

是什麼使得勞夫雖然體重增加了十八公斤，結婚生子，也有了事業，卻仍和二十五年前一樣？爲什麼詹妮絲生活變化那麼大，搬去加州，經濟與社會地位有所改善，勞夫卻覺得她

一點也沒變？其實，勞夫和詹妮絲眼中所見到的彼此，並不是對方的外表、財富或所進行的活動，而是他們個性的核心——這其中的大部分從他們出生就已經「配置」在體內，就像眼睛的顏色一般，是來自父母親的基因傳承。

個性（personality）在字典上的解釋是：「個人在心理、情感、社會和外表的綜合特色」。個性決定了你回應他人的方式，你溝通的方法，你思考和表達情感的模式，這些是反映人格的外在基本特質。你的思想、恐懼、希望、反應、行爲和夢想，全都來自於這種核心的個性。

個性不只顯現在你身上，而且會形諸你的行爲，會影響你吃、喝、吸菸和睡眠的量，會決定你是積極進取或是害羞退縮，是主動或被動，會受什麼樣的人吸引，以及如果對方不反對，你會有什麼樣的行爲。它會影響你人生中的壓力、身體的健康，以及你的一生是痛苦抑或歡樂，是醉生夢死或神采奕奕。個性如此複雜，縱使地球上已有數億人類，也還沒有任何兩個人的個性完全相同。一如身體外觀變化多端一樣，促使身體行動的個性，也有無窮面貌。個性正是人之所以獨特的原因。

遺傳學、分子生物學和神經學的最新研究已經顯示，許多主要的個性特質早在出生時就已經註定，個性的不同是由於基因不同之故。父母孕育你，他們的基因創造了你，你是數百代人類演化的產品，由數百萬年來數不清的點點滴滴資料集合而來，然後集中、篩選、精煉，直到你被推出產道，來到這個世界。你的外表長相和家人相像，而且在某些方面你的感受和行動也和他們很像。你個性中某些面向可能有多種選擇，例如你鼻子的形狀或是腳的大小。

心理學者稱個性中這種天賦的生物層面爲「天性」(temperament)。

然而，出生時有某種天性，並不代表就有一套簡明的指示或藍圖，也並不表示人們自出生就受個性的束縛，不能自拔。相反的，天性最特別的一點，就是它自有彈性，可容我們適應人生的種種障礙和挑戰。**成長不只意味著學習這個世界運作的方式，也包括學習如何面對自己**。心理學者稱個性中這種較有彈性的層面爲「特質」(character)。

任何人在生命的每一個階段，都有能力成長改變，我們可以由經驗中學習，或以父母朋友爲師。我們可以屈服於天性的弱點，也可以征服它們，可以運用天賦的天性，也可以隱藏它們。我們可以恣意吸菸、喝酒或暴飲暴食，也可以克制這些欲望。甚至，我們有時候會兩者並行。

勞夫見到詹妮絲時，謹慎的天性開始運作，因此出於本能便反應出「危險！」，但他的特質促使他表現禮貌，親熱招呼她。詹妮絲瞥見勞夫時覺得身體起了反感，這也是她的天性使然，但她能壓抑自己和他談話，又是拜特質之賜。兩個人都學會擺脫本能的反應，俾能與人相處。

天性和特質一起形成了個性，不過，兩者來自腦中不同的部分，也以不同的方式表達。若能深入探究人的個性，拋開迷思和學習而得的反應，以及對人對事的刻板印象，我們就可以發現自己深藏不露的天性，並且發展積極的特質，成爲我們心目中理想的人。

本書的主題是天性：天性究竟是什麼？如何辨識？來自何處？心理學者通常用「天性」

一詞形容態度或想法（我們對世界的看法），不過我們將採取更廣的含義，包含個人所有的特色（包括行爲舉止）。許多人否認天性的存在，以爲人出生時就像一張白紙，其後的發展純由環境使然，我們期待把自己塑造成理想的模樣，雖然我們的努力一再失敗。不論勞夫多麼努力嘗試，都不可能像詹妮絲那麼外向活潑，而詹妮絲也絕不可能如勞夫那般忠心耿耿。他們倆都過得很好，但兩人永遠不可能相像。同樣的情況也發生在每一個人身上：**有些特色是你能改變的，有些你只能試著控制或修正，你不可能完全隨心所欲，變成任何你想要的模樣，但你可以全力發揮自己的潛能。**

當然，「環境」有其影響，但不如一般人想像的重要；最重要的環境因素並非教養、教育或社會地位，而是隨機發生且不可控制的經驗，如腦部某種化學物質的凝集，或是有些看來微不足道的經歷如兒時的痲疹。我們樂於想像自己是教養和教育下的精心產物，但其實我們是受到各自獨立的無關事件所影響，這和塑造每片雪花的因素沒有兩樣。

基因決定一切嗎？

一如雪花對自己的形狀無從置喙，我們天生也有體型、膚色和髮色的限制。雖然我們花了無數的金錢、時間和心神，想要依目前文化流行的理想改造它們，卻只見它們恢復天生的模樣。我們努力改造體型，但大部分的人都失敗。我們依然會依原來的方式飲食，也會維持幼時甚至在子宮時那般的運動量。科學家發現，這一切的原因是在於體重受基因的影響更甚

於一切。實驗已經證實，有某種形式基因的老鼠縱使幾乎不給食物，也依然會長胖。人類也有與老鼠幾乎相同的肥胖基因，有些人較難控制體重，並不是因爲他們意志較弱或是吃得太多，而是因爲他們的基因限制設得較高。人年老之後，身體機能的衰退到底會多快，也由基因控制，科學家最近已經能夠以基因工程控制低等動物的壽命，可以延長一倍甚至五倍之多。

同樣重要的是性別的基因：男人和女人在生物學方面的不同。每一個胎兒在孕育時都是無性別的，直到某個單一基因的變換，引起一連串的化學反應，使得一半的人類變成男性，另一半變成女性。這些改變不只影響身體的外觀，也影響心理。男性天生就愛有更多的伴侶，喜歡偷腥；而女性則是「一夫一妻制」的忠實擁護者，她們尋找的是能夠駐留，願一同養育子女的伴侶。女性希望情感有所依附，財務不虞匱乏——並不是因爲媽媽這樣教導，而是因爲種族藉此才能繁衍。

其他主要由遺傳主宰的行爲，還包括酗酒、嗜菸和嗑藥。科學家認爲，你嗜什麼成癮並不重要，重要的是你爲什麼上癮，又如何上癮。**若能了解上癮是一種身體狀態，它能改變你腦部實際的功能——這就能幫助你克服癮頭**。暴力和侵略也都有基因的根源，有些人天生保險絲就較短，容易與人衝突。許多研究顯示，改變腦部某單一物質的量，可以造成動物侵略行爲程度徹底的變化；僅僅是變換某個基因，就可以使原本溫順膽怯的老鼠變成瘋狂殺手。人類腦部也有同樣的化學物質，某些人也的確因體內的某股力量而「被迫」施暴，終其一生，都必須刻意壓抑天賦的性情。

我們思考的方式，也是基因的產物。已經有不計其數的證據顯示，IQ（智商）主要來自於遺傳，有些基因決定腦部以多快的速度處理資訊，有些則控制特定的範圍，如數學運算或完美的投球。我們嘴上常說的「天賦」，其實就是實驗室中遺傳賦與的特性。令人安慰的是，到成年時，影響最大的未必是基因。兒童的智力會受到成人深遠的影響，因為嬰幼兒並不能在智力上刺激自己——他們得受教導，接觸新事物。舉例而言，很多人都有學習一種語言以上的天賦能力，但只有少數有機會早期就受教的孩子才能雙語流利。到高中之後才開始學習外語的人總是挫折連連，由此可知，要一顆成熟的大腦學習是多麼困難。

我在美國國家防癌學會（National Cancer Institute）的一個實驗室工作。我們這實驗室發現了基因和男同性戀有關時，上了全球各大報的頭條新聞，這項研究後來也擴大範圍，探究女性在性方面的取向。自發現「同性戀基因」之後，我們繼續尋找兩種個性特質的基因：一種是追求新奇的基因，一種是憂慮基因。追求新奇意味著尋找新經驗或刺激的欲望，據我們研究的結果，這主要是遺傳的天性；憂慮基因則是為了避免傷害，會使人覺得焦慮、恐懼和害羞。已經有許多精采的研究證實，羞怯或活潑是遺傳而來，會延續一生。我所服務的實驗室發現，避免傷害是受「天生的百憂解」（genetic Prozac）影響，這是一種腦中的自然機制，它可以控制焦慮的程度並紓解沮喪（詳見第72頁）。

剛萌芽的分子生物學已經有了驚人的發現，證實每個人之所以獨特，基因乃最重要的因素。我們由工廠出廠時，已經大半是成品；長得像父母和其他血親，這事實我們接受，但若

說我們也有如他們一般的言行舉止，這就較難接受。對於其他的物種，我們重視也歡迎牠們在「個性」上的天賦不同，例如威斯康辛母乳牛和西班牙旁普隆納公牛，或是黃金獵犬和牛頭犬之間的差異。人類的繁殖較無脈絡可循，但子女的確擁有和父母相同的個性特質。每一個成年男子在自己做出和父親相同的行爲之後，總不免驚訝莫名；而每一名母親在看到孩子有著和她一樣的舉止時，也有相同的體驗。這不壞；這很美。這並不表示我們註定會變成我們父母那樣；而是意味著我們由父母駐足之處展開我們的旅程。

成就最高的人（以財富、智慧、技術、快樂或愛來衡量），也正是把他們的基因傳承發揮得最淋漓盡致的人。如果說，擁有同樣基因的同卵雙胞胎竟有不同的發展，這就表示基因並非固定不變的指令。基因不是樂曲，而像是樂器，不能決定演奏那一種音樂，也不能決定奏得好不好，但能決定所能彈奏的音程。每個初生的寶寶都像是一顆橡樹種子，所有潛能壓縮在微小的形體之中，而他們是否能生長發育爲高大的橡樹，必須由許多因素決定，但他們的確擁有自己獨特的特色，是獨一無二的個體。

天性：由搖籃至墳墓

・你從小就是活潑的孩子，總是活蹦亂跳，把緊閉的門打開，把抽屜的東西拉出來，弄得亂七八糟嗎？還是你喜歡坐在母親懷裡，手指捲繞著她的秀髮，靜觀世界在你身旁走過？

・你自幼就因新的變化而苦惱嗎？新來的保母是惹得你尖聲叫嚷、跺腳氣惱，還是引起

你好奇，趕忙向她展示你的漂亮新裝？新的情況在你看來是威脅，或是冒險？

・你是否前一分鐘快樂，後一分鐘卻悲傷？有些日子是否沒來由地就比其他時日快樂？你的情緒是擺盪不安，還是總能保持平穩沈靜？

上面這些敍述說明了天性的三種衡量標準：活動力、反應和情緒。如例子中的描述，早在生命之初，它們就已經顯現，並不是由父母親或書本中學來，也不可能輕易用意志控制。小寶寶並不是經過了一番思考衡量，才決定生面孔使他害怕，他是天生就害怕；兒童不會因自己的期待就能變得活潑好動，他天生就是如此；幼兒並不只是因爲媽媽不注意而傷悲，他傷悲是出於天性。這些性質與其說是學來的反應，不如說是個人的本質，既屬於生理，也屬於心理。天性是本能，是自然且繼承自雙親的性向、衝動或能力。

天性很難改變；它會持續一生。如果你是個害羞的寶寶，將來也會是個害羞的成人；如果你童年就愛探險尋奇，那麼長大後你可能依然喜愛新事物；如果你生性憂愁，那麼長大後也依然有可能會因沮喪而不想起床。

人人生性不同，部分是由先天造成，一如鼻子的形狀或是皮膚的顏色。人類發展進化的指示——包括天性的各種層面，都登載在由父母傳給子女的基因之中。雖然許多重要的非基因因素，如教養方式和學校教育也有影響，但沒有任何比基因組成更重要的單一影響因素。這也就是爲什麼，很早就顯露出來的天性會持續終生：我們一生都帶著天生的基因，至死方

休。然而基因本身並不會使嬰兒哭或笑，也不會塑造你成爲愛社交的汽車銷售員或羞怯的資料處理員。基因只是控制某些腦部的化學層面，是這腦部的化學層面影響了我們對世界的觀感，並且對之有所反應。

新生兒出生時，天性並未完全成形，寶寶只是擁有潛能，可能因對環境的反應而產生某種天性。基因不只預設了我們的某些傾向，對於我們將會追尋什麼樣的經驗，基因也參了一腳，它並且把我們推向將會塑造我們行爲的環境。嬰兒出生時，顯然並沒有完全發展出整套的情感，唯有幸運者才能在一生中達成這點。因此，天性由學習而來，但並不是用記電話號碼那般的方式；人是透過情緒的記憶來「學習」天性，這情緒的記憶就是一般所謂的習慣。

如果寶寶受到生面孔的驚嚇，他腦中的化學反應很可能使他覺得焦慮恐懼，細心的父母不妨試著把見到陌生面孔變成有趣的經驗，嬰兒腦部的反應就被存入他的情緒記憶之中，這不是僅發生一次的事件，而是會一再重複的模式。一次恐怖的萬聖節面具，不會永遠在兒童心中留下烙印，但多次的反應會在腦中形成情緒通路，影響往後的人生。這個特別怕生的寶寶長大之後，對陌生人必然會感到焦慮。同樣的，如果寶寶爬上沙發，向窗外對著經過的面孔招手，因此覺得開心，那麼這也會貯存在情緒記憶中，這個活潑的寶寶可能會成爲喜愛交新朋友的「萬人迷」。

但爲什麼有些寶寶羞怯，有些活潑？羞怯和活潑的寶寶面對的同樣是陌生的面孔，爲什麼第一個寶寶的腦部對陌生人起消極的反應，而第二個卻有積極的反應？這些反應的根源在

於由基因決定的腦部化學作用，尤其是位於大腦的原始部分：邊緣系統（limbic system）。大腦邊緣系統職司情緒，也就是人的感覺，產生出自內心的直覺反應，通常是意識之外的強烈欲望、行為和情感。在邊緣系統深處，正是恐懼、侵犯、色欲和歡愉的根源。

如果人人有相同的基因，產生同樣的邊緣系統，又有同樣的生活經驗，那麼就會有相同的個性。但由於每個人的基因不同，邊緣系統也就不同，再加上生活在有種種可能性的世界之中，生活經驗也必然不同，因此沒有任何兩個人能擁有一模一樣的經驗，就連在同一個家庭生長的同卵雙生兄弟也不可能。所以，個性的第二要素：特質，有諸般變異。

特質：生而學之

- 你願意犧牲小我成全大我嗎？還是你覺得人人應該各掃門前雪？
- 你願意接受每個人的本色，抑或你希望人人都和你有相同的舉止？

這些就是特質。人並非生來就有這些想法，而是學來的——來自父母、朋友、師長和宗教精神領袖；人會記得自己把事情做好的驕傲感受，也記得自己把事情搞砸後遭到的處罰。

塑造特質的這些記憶由大腦皮質（cerebral cortex）負責，它能記憶人、地、事，也讓我們能夠計算、比較、評斷和計畫。特質成為人類個性中獨有的特色，乃是因為在最近的進化史上，大腦皮質體積突然增大，也變得更為複雜，而比起靈長類和更早較低等的祖先，也是

更大更進步。皮質是腦部其餘部分的經理，負責分析整個世界，決定如何回應。

雖然天性和特質聽來彷彿是個性中獨立的成分，其實卻是一體兩面，而特質之所以美好，是因爲它能夠改進天性，讓人能夠利用天性中有益的部分，而掩蓋天性中較不爲人所喜的傾向或本能。

特質的重心是「自我」這個觀念。我們是否覺得自己的所作所爲自己該負責，抑或由外力決定？我們是否像勞夫一樣，是隸屬社會的一部分？抑或像詹妮絲那般，是獨立自由的個體？我們一生所學所記的事物中，最重要的莫過於「我們是誰」。

因此，儘管對刺激的初始反應是由主要來自遺傳的天性決定，但人如何闡釋這些反應，如何採取行動，則視後天培養的特質而定。試舉一名叫亞莉桑卓亞的女性爲例，亞莉桑卓亞視參加聚會爲畏途，她從小就怕生，長大後依然羞怯，但她的工作必須經常參與社交活動，爲了升遷，她必須克服對社交場合的恐懼。一開始她覺得非常焦慮，但後來她發現，越逼迫自己，社交就越容易。「違背天性」和人社交，卻爲她贏得老闆的讚美，也變得越來越有趣，最後她重新改造了自己的天性，如今不但不害怕社交活動，甚至還期待參加。

基因的用途

亞莉桑卓亞天生羞怯，主要是因爲她的基因。但基因並不是「羞怯」或「活潑」、「快樂」或「悲哀」的開關，基因只是化學物質，導引更多的化學物質組合。造成基因的化學物質乃

是去氧核糖核酸，也就是ＤＮＡ，由稱作「鹽基」（bases）的簡單元素組成，鹽基只有四種變化：Ａ、Ｇ、Ｃ、Ｔ。鹽基結爲長蔓，每一個ＤＮＡ分子都由兩個長蔓組成，組合的原則是Ａ配Ｔ，Ｇ配Ｃ。ＤＮＡ以鹽基的順序來貯存資料，如果順序是「ＡＧＣＴ」，代表一件事，而「ＴＣＧＡ」則代表另一件，這就像英文字把字母重新組合（如"taps"和"spat"），意義就會不同。

ＤＮＡ中的訊息化爲由氨基酸構成的蛋白質，蛋白質也正是發生作用的場所。蛋白質最重要的功能是擔任酵素，把一個化學物質化爲另一個。例如，許多食物中都含有的氨基酸——酥氨基酸（tyrosine），就在蛋白質的酵素作用下，化爲多巴胺（dopamine），這是腦部的一種化學物質，能夠使你覺得積極、興奮。另一種酵素則分解多巴胺成爲較小的分子，使你覺得放鬆，甚至懶洋洋的。不同的酵素會組合，也會分解腦中三百餘種影響你思考、行動和感覺的化學物質。

腦部和身體是由ＤＮＡ所造，人的ＤＮＡ大部分相同。你的ＤＮＡ中，有百分之九十九和ＮＢＡ「飛人」麥可喬丹、愛因斯坦、伊麗莎白泰勒、凱撒大帝等人都相同。不論是他們或任何其他人，都有同樣十萬個左右的基因，組成同樣的二十三對染色體。

但「大部分相同」並不等於完全相同。每個人ＤＮＡ中依然有約百分之零點一，也就是千分之一的不同。如果你想到共有三十億個化學鹽基變化，就會知道這一點點的不同相當重要。麥可喬丹的ＤＮＡ是Ｇ，麥可傑克森可能是Ｃ，安德魯傑克森是Ｔ，而殺手「開膛手傑

克」則是Ａ。在人與人之間，約有三百萬種這樣不同的組合，影響每個人所繼承的各種不同特性，由眼睛的顏色到身高到個性到智力。我們很難相信，這樣微小——千分之一——的不同，竟會造成人們這麼大的變化。然而這個比例其實是誇大的，因爲三百萬種變化中，有許多迄今還研究不出意義，因此眞正有作用的不同，沒有那麼多。

如果你依然不相信，百分之零點一的ＤＮＡ變化可能造成這麼多的不同，不妨想想，人類的ＤＮＡ和黑猩猩的ＤＮＡ只有百分之一至百分之二的不同而已，你的ＤＮＡ和黑猩猩的至少有百分之九十八相同。然而人類和黑猩猩這麼一點點的ＤＮＡ資料差異，卻使得人類可以計算、作詩，建造大教堂，而黑猩猩只能互相爲對方捉蝨子。人類和黑猩猩有非常相似的ＤＮＡ，因爲我們是由黑猩猩演化而來，黑猩猩近似人猿，因爲牠們是由人猿演化而來；如此類推，依序可追溯到魚、爬蟲，甚至到如酵母菌等單細胞生物。這樣保守的演化有一個有益的副產品：我們可以檢視較簡單生物類似的基因，藉此來想像人類基因的作用。

一般對於遺傳學常有誤解，以爲有特別針對某事物的基因存在，例如以爲有致乳癌、造成羞怯或藍眼的基因，因此有這種基因的人，必會有這樣的疾病、狀況或特性。一般人聽到有「沮喪基因」、「同性戀基因」或「肥胖基因」時，不免會有如上的想法。若果眞如此，那麼你就可以測出自己有哪些基因，從而未雨綢繆。其實不然。每一個人都有「情緒基因」、「性導向基因」和調節體重的基因，但這些基因有不同的變異或特色。

例如，也許是那人人都有的「情緒基因」會製造受體的蛋白質，以回應在壓力下所釋出

的荷爾蒙。也許兩個人「情緒基因」的差異，僅在於某甲擁有T位於四三五六位置的基因，而某乙卻擁有C處於該位置的基因，而這就足以影響流經細胞的電流強度，使得對某甲只造成輕微反應的荷爾蒙，對某乙卻是強烈的重擊。這小小的細節——三十億字母中的一個，可能意味著一個開朗樂觀，一個是消沉沮喪。儘管兩人有同樣的基因，但細微的痕跡造成天壤之別。想像一個塞滿三萬本書籍的房間，這樣的差異可以說是在這房間內單一一本書中，單一一個字母的差別。

行為遺傳學

我們知道DNA會造成獨特的大腦，而每一個大腦則會在獨特的環境中發展，形成個人的個性。問題是，究竟DNA中的差別是否會使得我們有所不同。尋求這答案，正是行為遺傳學的課題。

行為遺傳學（behavior genetics）是一門很新的學問，第一份專業期刊在二十七年前才首次出現，這在科學史上只是一轉瞬的時間。然而其根源要回溯到一百年以前的高頓（Francis Galton, 1822-1911），這位英國生物學者是達爾文的表弟，也許正因為他自己不到三歲就能讀會寫，長大後才華洋溢，因此他對天才之形成有濃厚的興趣。

高頓曾經作過一個很有名的實驗，他比較三十五對「生來就酷似」的雙胞胎，和二十對「生來就不相像」的雙胞胎——也就是我們現在所謂的同卵雙胞胎和異卵雙胞胎。他的結論：

出生時外表酷似的雙胞胎，長大成人之後也會很相像——不只是外表像，連個性、智能、興趣和工作生涯都很類似。高頓寫道：「如果觀察的是同一個國家、同一社會階層的人在後天教養上的差別，那麼我不得不說，先天因素大大勝過後天教養。我擔心，我提出的證據可能和一般人相牴觸，認爲後天不可能這麼不重要，因而受到懷疑。」

高頓的研究結果果然遭到排斥，不過原因並非如他所預料，而是因爲他進一步提出自認爲最合邏輯的作法——藉著培育如他一般的「好種」，剷除惡劣的品種，而達到改良人種的目的。如今人們只記得他是優生學之父，而希特勒乃宣揚優生學之人士中遺臭萬年者。

然而，高頓對這兩種雙胞胎的差異所提出的看法是正確的。同卵雙胞胎是由同一個受精卵發育而成，在遺傳上有一模一樣的基因，而異卵雙胞胎則是由兩個不同的受精卵發育，在基因上和一般的手足沒什麼兩樣。因此，比較同卵雙胞胎、異卵雙胞胎和不相關的個人，就能了解遺傳對每個人的特質有多大的影響。這就是所謂的繼承可能性（heritability）。

一般的雙胞胎通常都一起成長——在同一個家庭，有相同的父母，在同一個鄰里，在同一個國家，在同一時刻。因此，他們會相像，也許是因爲他們學到同樣的事物。解決這個問題的方法，是觀察自出生或不久之後即分離的雙胞胎。這類研究中，最有名的是明尼蘇達的「雙胞胎分別養育研究」（Twins Reared Apart Study），學者追蹤了許多甚至不知道自己有雙生手足的人，這些雙胞胎之間的相似程度，有些著實讓人驚駭。

吉姆·劉易斯和吉姆·史普林格這兩人，是自出生就分離的同卵雙胞胎，一直到他們倆

三十九歲時才首度重逢。兩人相見時，都身高六呎（一百八十公分），體重一百八十磅（八十二公斤），長得幾乎一模一樣，教人難以分辨。雙胞胎外貌酷似本是意料中事，但當兩人首次坐下來談話之時，還有更奇特的巧合：兩人都結了兩次婚，第一任妻子都叫琳達，第二任都叫貝蒂，其中一個把兒子取名叫詹姆斯艾倫，另一個的兒子叫詹姆斯亞倫。他們倆幼時都把狗取名爲「玩具」，自他們分離三十九年來，兩人都抽賽倫（Salem）牌香菸，喝美樂（Miller）啤酒。

見過這對雙胞胎，並且研究了數百對其他自幼就分離的雙胞胎之後，布夏（Thomas J. Bouchard, Jr.）及組裡的研究員都認定，分別養育的同卵雙胞胎，幾乎和一起養育的雙胞胎沒什麼兩樣。這個結果十分聳動，在一九八八年首次發表時，有些人非常排斥，兩個夙昧平生的人竟然和在同一家庭中長大的兄弟姊妹一般相似，簡直不可能。然而證據確鑿，這顯示了基因不只能決定我們的長相，也能影響我們的行爲舉止和對人生的體驗。研究人員發現一個又一個的例子，證明先天的影響大於後天。

愛米和貝絲是同卵雙胞胎，由同一個卵發育而成，擁有同樣的基因。她倆一出生就分別給不同的家庭收養，但研究人員不斷追蹤兩人的發展。研究人員告訴兩對養父母——都是紐約州的猶太家庭，這個金髮小女孩正在進行某種實驗，不過並未透露是有關雙胞胎的實驗。愛米的家庭在經濟上比貝絲家寬裕，但愛米的母親體重過重，心理上總有不安全感，尤其對於自己爲人母的角色還不能適切掌握，常常嫉妒這漂亮的小嬰兒。貝絲的新媽媽則是開朗而

充滿吸引力，對新來的寶貝滿懷愛意。

愛米一直不能習慣她的新家庭，成長階段有情感障礙。甚至在嬰兒時期，她就好哭愛吵，時時要人照顧，到青春期，也成了一個叛逆少女。她「拒絕」成長，學習方面有障礙，也一直因孤僻無人理睬而感到痛苦。

貝絲的家庭充滿溫暖，而且自她一到家，就是全家的中心，養父母溺愛她。照理說，貝絲有這麼好的環境，應該能夠有優異的表現。她姊妹愛米有足夠的藉口解釋個性上的障礙，而她得天獨厚。然而貝絲從小就是磨娘精，和愛米不相上下。兒童時期，貝絲恐懼一切事物，學習也趕不上一般的孩子。到了青春期，她簡直是無可救藥。雖然她的家庭環境有如此明顯的優勢，她的發展卻一如從未謀面的姊妹愛米。她倆就像同一把槍發射出來的子彈，遵循同樣的彈道而行。

貝絲和愛米的故事讓人不安，因爲作父母的總希望自己對孩子的發展能夠有所貢獻，也都希望相信，我們是自己自由意志的產物——至少部分如此。對此有一則好消息：父母和個人的確對於自己最後的發展有所影響，甚至高頓自己也不認爲自己光憑天生的基因，就能成爲天才。如果他幼時不和人類有任何接觸，就可能會被視爲智障或是「野孩子」，如果他在社會階層低的家庭長大，也許最後只會成爲聰明絕頂的屠夫，沒有人會尊敬他。另一方面，如果高頓的基因並不優秀，再怎麼好的教養，也不可能產生這麼傑出的科學家。

了解基因，認識自己

今天，我們擁有一項優勢：**我們對基因的了解日新月異。而了解基因，使我們得以不再受宿命主宰**。這是解放我們的工具，開了科學之窗，讓我們得以探究靈魂。是的，我們天生有某種基因組成，但那並不表示我們無能控制自己的命運。任何科學家，或者觀察入微的父母，都不相信我們天生就如白紙，全靠後天的教養塑造成人，關鍵在於我們天生就有的硬體和後天添加的軟體，問題不是先天「或」後天，而是先天「和」後天。其實，回應後天的教養，正是我們的天性。

然而，多年來，這個等式一直都由其中的一部分主控，人們認爲後天的教養遠比先天的條件重要，精神病學者和心理學者進行的個性研究，也把重點放在童年經驗和創傷的衝擊。根據這些專家的說法，想了解一個人，只需了解環境的影響就夠了，彷彿所有的人類都一樣，所差者唯有塑造他們的經驗而已。此外，他們還認爲，同樣的經驗會以同樣的方式影響每一個人；一個虐待子女或疏離的父親，或是一個讓人喘不過氣的母親，會在所有人身上產生可以預測、計量和比較的結果。

這個理論不但愚蠢而且無情。人之所以不同，是因爲他們有不同的基因，造成不同的腦部，形成不同的人格。欲了解個性，眞正的突破不是發生在心理分析師的皮椅上，而在於實驗室。本書首次引介了全球各地實驗室的新發現，你可以將箇中心得應用在自己和子女身上。

了解個性的基因傳承，將能協助你「找到自己」，也能使你與別人建立更良好的關係。這樣的知識對你的人際關係和工作有所助益，對於因未能提供最佳環境給子女而心生歉疚的父母，這也可以減輕他們的負擔，因爲儘管給予子女愛和知識一如給他們食物一般必要，但爲人父母者也該明白，孩子有他們自己的道路，應該去了解他們，而非依自己憑空的理想去塑造他們。孩子們需要塑造，但也需要開發；應該容許並鼓勵他們發揮自己的潛能。人自孕育的一刻起就是獨特的，並不是由無可辨識的石塊經生命雕琢成人，我們每一個人生來就有自己的身分，而我們也將窮一生之力，來認淸自己究竟是誰。

1 追求刺激，還是甘於平淡？

有人愛嘗鮮，喜歡追尋感官上的刺激和不尋常的經驗；
有人則渴望安定，注重秩序，偏好長期在一個目標上耕耘。
根據研究指出，這是因爲大腦中的化學物質分泌不同所致，
而這又和遺傳基因有關。
一個人是喜歡刺激或安於自己的小天地，
會影響到工作方式和人際關係，甚至與伴侶的相處。

查理．歐魯克大剌剌走進室內，他一頭沙黃色的頭髮，稜角分明的下巴，戴著一副遮蓋一切的太陽眼鏡。剪裁得無懈可擊的西裝上衣，輕鬆地由厚實的肩上垂下，他動如脫兎，機警靈活，没有片刻停留，整個房間都是他的聲息，送出強烈的訊號：這裡由我當家。

四十二歲的查理是股票經紀人，他的客户也像他一樣，年輕、富有，而且雄心勃勃，要賺更多的錢。他們没有耐心，也不在乎冒點險，其實，他們愛的正是風險。他們每天打電話給查理，想要得到以利滾利的關鍵新聞。查理則忙著打電話給各公司的中階主管，想挖一點内線消息。有時候他根本耐不住待在辦公室裡，乾脆跳上車到高科技科學園區跑一趟，他正在追蹤幾家公司，希望得到第一手的資料。

股市的刺激正是吸引查理的因素，金錢還在其次，他更愛的是追逐，股票行情教他心跳加速，隨之上下起伏。他活著就是爲了刺激。他連周末也不停步，只是更換場景而已。他有一輛大紅色的敞篷跑車，擦得雪亮如新，還裝了頂架以便攜帶風浪板。在海濱，他會一頭栽入海浪，躍向地平線那一端。他盡情衝浪，直到雙臂生疼，兩腿不聽使喚爲止。他喜愛鹽分刺痛他緊繃肌膚的感受，全身曬得紅通通，因爲運動而閃著光澤。到晚上，他和朋友聚會，爲第二天充電。一到周一，他就迫不及待躍入股市。

查理有個弟弟住在美國東北部，不是什麼繁華的大城，但相當怡人。這個名爲麥克．歐魯克的弟弟，租了一間小小的公寓，裝潢不豪華，但一塵不染。他最得意的莫過於窗前懸著的一箱芍藥，他喜歡獨坐廚房桌前，喝著花草茶，看著這幾株小小的植物沐浴在陽光下。麥

可所住的地方，離他和哥哥成長的老家不過一小時半的車程，查理搬到西岸，麥可卻留戀老家，他熟悉附近的環境，也喜歡親友就在身邊；他在這裡覺得非常舒服。

二十八歲的麥可看起來和查理一模一樣，只是比較年輕，也比較瘦：他們倆都有紅潤的面容，偏紅的頭髮，甚至連開朗的笑容都相去不遠。他穿著襯衫和楞條花紋長褲，正在唸研究所，將來要擔任小學老師。原本他唸的是微生物學，但後來覺得讀理工壓力太大，轉而以教書爲志。他不抽菸，也很少喝酒，並不衝浪，不過喜歡慢跑——獨自一人，在無人的街道上。周末時他喜歡上博物館，不過他不會在新展覽揭幕時去湊熱鬧，而是等人潮較少的時刻。

查理和麥可由相同的父母所生，在同一幢老房子中長大，在同樣的鄰里成長，上同一間教堂，也參加同一所教區學校。然而查理性好刺激、冒險和未知事物，而麥可喜愛的則是平和、寧靜和熟悉的一切。在訪談中，兩人對自己目前的生活都十分滿意，不覺得有所欠缺，對未來也都很樂觀。問到他倆的差異時，兩人都笑著說自幼兩人就不相同。如果問他們願不願意交換生活方式，兩人都堅決表示不願意。兩人都尊重且喜愛對方，但查理就是不可能像麥可那樣生活，反之，麥可也不願像查理。

查理由快步調的生活中得到滿足，麥可則好沈思默想；查理愛社交，總是有朋友包圍，麥可則好靜，晚上寧可待在家裡讀書。然而兩人都對生活感到滿足，他們的滿足並非來自外在——所做的事或所見的人；而在於內心。兩人之間眞正的差異並非他們如何消耗時間，而是他們的腦部對他們的作爲如何反應。查理和麥可兩人個性天生就是南轅北轍，顯然必有某

種事物催促查理嘗試新事物，而且也讓他得到報償，他會嘗試新事物，是因爲他喜愛新鮮的情況和新的挑戰，能從中得到樂趣。而另一方面，麥可則因爲不嘗新而得到回報，他在自己四周築了圍牆，待在裡面，因爲他喜愛熟悉的事物。他們的腦部發生了某種反應，回饋某些種類的行爲。

尋找新鮮與安於現狀

心理學者以各種名詞解釋麥可和查理兩人天性的差異。聖路易市華盛頓大學的精神病學者克隆寧格（Robert Cloninger）用的名詞是「追求新鮮感」，並再分爲探索刺激、衝動、過度和混亂等細目；而首位針對此特性作大規模研究的心理學者祖克曼（Marvin Zuckerman），則稱之爲「尋求感官反應」，細分爲四個相關但又自成一體的成分：尋找刺激和冒險、尋求經驗、容易感到無聊、不受束縛。

不論名稱是什麼，它指的都是尋找新鮮感的感官體驗，以及樂於冒險的個性。喜愛追尋新鮮感的人在各種強烈的新體驗中獲得樂趣，他們未必喜愛風險，但他們樂於冒險以獲取新感官刺激。不愛追尋新鮮感的人，則偏好熟悉、傳統且較溫和的經驗，他們未必反對風險，有無風險毫不相干，他們只是安於熟悉的環境，而這樣的環境沒有風險存在。

雖然追尋新鮮感只是單一一項天性特質，卻可以有許多不同的表達方式。追尋身體的刺激，包括了參與危險運動諸如登山、衝浪或飛行傘等的欲望。已經有研究顯示，長征登峰的

山友、跳傘選手和滑雪教練，在追求新鮮感這方面的分數高於平均值，而排球選手和慢跑選手的分數則較低。祖克曼甚至指出，一個人追求刺激的分數和他開車的速度有直接的關係。

尋求經驗是這個特色的第二個層面，新鮮感的刺激未必非要發生在身體上，也可能是在心理或社會層面。新的感官體驗可經由心靈或感官發生，例如欣賞前衛的音樂或藝術，異國旅遊，或是反傳統文化的經驗。在這方面得分高的人，對新的想法感到興奮，他們不恪守傳統，而且充滿創意。得分低的人反抗新的思想方式，他們比較傳統。得分高者渴望結交新朋友，但未必要和他們結爲莫逆；得分低者則喜歡和熟人相處，雖然他們未必喜愛這些人。

追求新鮮感也會以較不明顯的方式出現。分數較低的人，偏愛簡單而均衡對稱的圖案：角錐、十字或其他幾何形狀；而分數較高的人則喜愛複雜而不對稱的圖形，尤其是有動作意味的圖案。在大自然的畫作方面，得分低的人喜愛平靜的景象，如靜謐的湖水，而分數高的人，則喜愛如英國風景畫家康斯特布（John Constable）的〈海景亂雲〉。

分數高的人無法容忍一再重複的經驗、例行公事或是乏味的人，他們絕不會重看同一部電影。他們很容易覺得無聊，因此會時常改變自己做事的方式，以避免單調，雖然這樣的改變未必能使他們的表現有所進步。而分數低的人則不願改變，縱使目前所用的方法不能發揮作用，他們依然會堅持。

美國陸軍曾在承平時期作過一個實驗，他們要求士兵志願參加危險的戰鬥演習，結果發現：志願者都是在冒險方面分數較高的人。這些是突擊隊的理想人選，但對講求秩序與紀律

而非殺敵或破壞的駐軍而言，則冒險傾向分數低的人比較合適。再舉一例，在追求新鮮感上分數低的士兵，受命仔細監測電腦顯示幕上物體位置時表現最優異，這是步哨或雷達操作員最重要的技巧，有這樣性向的人比較不容易受到無聊左右，而適合重複性質的任務。

不受束縛和衝動，是追求新鮮感的最後一個層面，也是日常生活中常見的酗酒、嗑藥、追求性刺激和賭博等問題最重要的因素。分數高的人無法控制自己的衝動，他們的座右銘是「活得盡興，死得絢爛」。而分數低的人比較能夠延遲滿足的時間，他們的座右銘是「早睡早起身體好」。分數高的人盡情揮霍，不顧後果，而分數低的人則較為儉省，在金錢和精神上兩者皆然。

人各有志

在追求新鮮感方面分數高的人，有許多優點，哥倫布、阿拉伯的勞倫斯，以及故美國總統甘迺迪可能都是這類人。他們遠赴無人涉足的領域，盡興發揮，盡情生活。然而活在刀鋒上也意味著很容易就會崩潰；而只憑衝動行事，也可能得付出很大的代價。要平衡這樣的天性，必須要擁有控制衝動和預先計畫這樣的特質，必須三思而後行。由於樂於冒險和追求逸樂的衝動直接來自動作迅速的大腦邊緣系統，因此，有這種傾向者必須在行動之前深呼吸，讓大腦主司計畫的皮質部分有時間運籌帷幄。

在追求新鮮感方面分數低的人，也有他們的優點，英國維多利亞女王和艾森豪很可能屬

於這類人。他們謹慎小心、再三推敲、生性節儉，同時也井井有條，他們對這樣的情況深感滿意，對冒風險和找刺激一點都沒有興趣，因爲新的刺激所帶來的不適遠超過樂趣。他們不可能成爲藍波，而像是克拉克（Clark Kent）——平常是無趣的記者，危急時化身爲超人。如果這類人覺得他們的天性太過謹慎，因爲恐懼或是自我抑制而揮灑不開，無法盡情享受人生或和人建立關係，那麼問題可能並不在於追求新鮮感的興趣太小，而是在於另一種稱爲逃避傷害的特性過多，這種特質會造成恐懼、焦慮和擔憂。

追求新鮮感會影響工作方式和人際關係。追求新鮮感分數高的人，注意力集中的時間短暫，他們經常在還沒有完全的資訊之前就遽下決定。這方面分數低的人較會深思熟慮，分析比較，他們要收集所有的資料，才能作決定，而且他們也能夠專心。分數高的人脾氣暴躁，達不到目的立即翻臉，分數低的人個性較爲溫和，較不容易生氣。

在追求刺激這方面分數特別高的人，可以擔任駕駛員、消防隊員、股票經紀商，甚至也可能成爲銀行搶匪。分數中等的人可能需要刺激，否則很容易會覺得重複性或例行的工作無聊，他們最適合經常有新挑戰、新計畫的工作，而非每日一成不變的例行公事。喜愛追求新鮮感的人通常口才較好，他們愛說而不愛聽，擅於說服而非接受命令，也就是說，他們比較適合自己創業，而非加入大企業。

分數低的人則較著重精準有秩序，他們不但不會覺得例行公事局限他們的能力，反而覺得這樣比較安穩。他們安於自己的小天地，因此很適合擔任會計、圖書館員、編輯、機械操

作員、牙醫、電腦程式設計師等工作。他們偏好有長期計畫和目標的工作，而不喜經常異動，他們寧可待在大企業如IBM，也不願自創可能只生存幾周的小公司。這樣的人很適合作中階主管，因爲他們願意接受「化創意爲事實」這種困難而沒人感激的工作。

在估量自己和他人追求刺激的程度時，最教人覺得混淆的是你可能在某一面分數高，而另一面分數低。這要以各領域的平均爲準。例如，有些人喜歡跳傘，但對性行爲、嗑藥或搖滾並無興趣，同理，也有人雖然做著無聊的工作，卻欣賞前衛藝術。不過平均而言，戰鬥機駕駛員通常都喜愛聚會狂歡，而圖書館員則較可能成爲中階經理而非情報員。

造成樂趣的化學成分：多巴胺

追求新鮮感的分數高低，無關乎追求舒適的欲望——人人希望覺得舒服，差別只在於是什麼使他們覺得舒適。分數高的人，需要腦部的刺激才能覺得舒服，同樣程度的刺激卻可能令分數低的人覺得焦慮；有跡可循的平穩狀況，則會使分數高的人覺得乏味，卻讓分數低的人安心。

早期對於追求新鮮感的想法，是以適當的激動爲基準。人們原以爲，某種程度的刺激能夠造成腦部最愉悅的程度，如果刺激過少或過多，就會造成不適。這種理論認爲，追求新鮮感分數高的人，需要「強烈」刺激才能達到理想程度，而分數低的人則已經處於理想的程度，不需要外在的刺激。這個理論還有另一個版本，認爲分數高的人對刺激反應遲鈍，因此需要

強烈的刺激；而分數低的人較爲敏感，只需要些微的刺激。

科學家早已超越這種「腦部刺激」的模糊想法，辨識出造成愉悅和報償的化學成分，其中一種分子就是多巴胺，這就是在神魂顛倒的性行爲、美味大餐，或是吸食古柯鹼及安非他命之後所釋出的化學分子。多巴胺是行爲的催化劑，能夠使人充滿活力，尋求使他們感受愉悅的事物，也能在找到目標之際，造成愉悅的感受。

在腦部深處有一塊稱作伏隔核（nucleus accumbens）的區域，充滿了製造和回應多巴胺的神經元。這個區域正是腦部的「G點」，是歡愉的中心點，在這塊區域釋出多巴胺也使人覺得非常舒服。科學家爲了要了解究竟舒服到什麼程度，就在老鼠腦中的伏隔核內裝置了微細的電線，他們訓練老鼠按壓槓桿，發送出微弱的電流。老鼠一按槓桿，腦部就被逗癢，牠們非常喜愛這種感受，很快就什麼也不做，只顧按壓槓桿，甚至寧願捨棄送出食物與水的槓桿。老鼠迷上了逸樂槓桿，耽於自我刺激，無法自拔。

接著科學家在老鼠身上施藥，阻斷其腦部天然多巴胺的作用，不久老鼠就停止按壓逸樂槓桿，恢復常態，因爲刺激感已經消失了，牠們腦中不再有多巴胺，槓桿只不過是一塊鐵而已。

多巴胺屬於稱爲一元胺（monoamines）的腦部化學物質，這群物質牽涉到許多不同的行爲：個性、沮喪、嗑藥和酗酒、侵略、飲食和性行爲。就化學成分而言，多巴胺非常簡單，它是一種酪氨酸，是許多食物中都可找到的常見胺基酸，只在一端有些微的變化。多巴胺在

腦中間部位的神經細胞內，一群細胞把軸突伸入和情感有關的邊緣系統，以及和推理有關的額葉前部皮質內。其他的細胞則在腦部運作，讓多巴胺給予我們力量追尋探索。

光是多巴胺還不足以給我們衝勁，它只是開鎖的鑰匙，而鎖則稱作受體（receptor），是在腦部細胞表面的大塊蛋白質。除了多巴胺之外，沒有其他化學物質可以辨識出受體，就像鎖只能由正確的鑰匙開啓一樣。多巴胺進入等待的受體之後，旋即啓動，腦部開始一系列的化學反應。

多巴胺的影響

如果尋找新感覺能讓某些人覺得舒適，而釋出多巴胺又是讓腦部舒適的方法之一，那麼就可以推論：多巴胺和追求新鮮感相關。

爲了證明這一點，科學家先以囓齒類爲實驗對象。科學家把老鼠放在奇形怪狀的籠內，觀察牠們的活動，藉以評估牠們的「探索行爲」。有些老鼠會探索籠內的每一吋空間；有些只是靜坐不動，梳理自己。科學家以錄影機追蹤老鼠的行動，或是用光源記錄牠們越過某一特定地點的次數。分數高的老鼠忙著探索籠子，科學家爲了解牠們這樣做究竟是出於恐懼抑或好奇，所以計算牠們的糞便。害怕的老鼠會留下較多的糞丸，科學家乃以此爲據，計算老鼠每分鐘排洩出的糞丸數量。

研究的下一步，是改變小白鼠腦中的多巴胺量。科學家並不是採用以藥物控制的簡單方

式，而是徹底去除了調節多巴胺的主要基因。幾個月後，他們就以基因工程培育出含特定多巴胺量的小白鼠群。多巴胺量高的小白鼠有驚人的表現，這些白鼠的多巴胺在體內持續的時間是一般老鼠的一百倍，牠們跨越光源的次數也比正常老鼠多五至六倍，而且永遠保持在過動的探索狀態。牠們不必任何外在的刺激，就不停動來動去，甚至在空無一物的籠內，也表現得宛如置身舉世最有趣的地方，彷彿服用了古柯鹼一般。

相反的實驗則可爲對照，以基因工程培育出缺乏製造多巴胺酵素的小白鼠，死氣沈沈，大部分時間都坐在籠內什麼也不做，出生之後兩周都懶得吃喝或梳理自己，最後餓死。

研究人員想要了解，缺乏多巴胺的小白鼠是否因爲身體上的殘缺而昏昏欲睡，於是他們在一些小白鼠身上注射L-DOPA，這正是這些小白鼠無法藉以產生多巴胺的物質，不到幾天，小白鼠恢復了生氣，開始吃喝活動，一如正常的老鼠。這表示缺乏多巴胺不會造成妨礙吃喝的腦部異常，老鼠其實是正常的，只是牠們不想吃喝而已，因此牠們的行爲是由多巴胺造成的。

大自然在人類身上，也有相同的播弄。帕金森氏症就是因爲製造多巴胺的黑質（substantia nigra）神經細胞退化，造成動作僵硬和雙手抖動。醫學界早已注意到，罹患此症的人除了身體上的症狀之外，性格也有所改變，變得嚴肅、自制、沈靜，如果此時以克氏（即前述之克隆寧格）個性問卷測驗，可以發現他們在追求新鮮感方面分數很低，但在其他個性特色方面保持正常。這種缺乏追求新鮮感的欲望，是帕金森氏症患者獨有的特色，而非身體殘障的結

果，因爲有嚴重關節炎或整形問題的病患，在這方面卻保有正常的分數。

多巴胺和帕金森氏症的關聯有更進一步的證據，如果以用在小白鼠身上的L-DOPA治療病人，那麼據沙克斯（Oliver Sacks）在《覺醒》（*Awakenings*）一書中的描述，這些原本在剛成年時就「冷凍」而毫無反應的人，施用了製造多巴胺所必須的化學物質之後，「造成了讓人印象深刻的『覺醒』，剛開始他們顯得非常陶醉，對環境產生興趣，性欲旺盛，還有其他追求感官經驗的跡象。但隨著新增的多巴胺作用在超級敏感的受體上，許多病人也產生狂躁的精神狀態，最後則是壓抑的『崩潰』。」

在尋求新鮮感方面的研究接下來是以雙胞胎爲目標，觀察某一特性究竟是由基因或其他因素造成。主要是測量相關比（correlation），由此說明兩個事物有多密切的關聯。相關比一點零意即完美的組合，而零點零則表示毫無關係。相關比和個人無關，而是一種表達在人口中的差異的數學方式。以此處所舉的例子而言，相關比零點零的雙胞胎表示：就整體而言，雙胞胎和其他任何隨機抽樣的兩人一樣不相同；而相關比一點零則表示，就整體而言，雙胞胎一模一樣。學者針對四百四十二對一起生長的雙胞胎，測量他們追求新鮮感的欲望，結果基因相同的同卵雙胞胎相關比爲零點五九，基因有一半相同的異卵雙胞胎，相關比爲零點二一。進一步的分析計算出，追求感官刺激百分之五十八的變異性是源自基因，其餘的百分之四十二則來自雙胞胎其中之一所經歷的獨特環境影響，以及測量誤差。

明尼蘇達的「雙胞胎分別養育研究」也顯示了類似的結果。同卵雙胞胎追求新鮮感的相

關比是零點五四，而異卵雙胞胎的相關比則是零點三二，繼承可能性估計約百分之五十九，這數字和一起生長的雙胞胎所得的數值差不多。

因此不論雙胞胎是一起成長還是分別養育，每個人在追求新鮮感方面的差異，基因都要負一半以上的責任。家庭環境和教養就算有影響，也極其微小。

追尋刺激的基因

一九九五年，科學界已經有足夠的資訊解開歐魯克兄弟個性迥異之謎。我們知道，查理和麥可之間明顯的差異，反應出在追尋新鮮感方面根深柢固的天性特質，個人在這方面的差異主要肇因於幾個不同的基因，而其中至少有一些基因和控制腦部多巴胺的起伏有關。

現在，只待找出那到底是哪個基因——這可不是簡單的工作。在那使我們人得以為人的數十萬基因中，可能有數百個和製造多巴胺有關，還有數千種基因與造成如追求新鮮感這種欲望的感官、情感、認知和運動活動豐富組合有關。不過，一項想描繪人類所有DNA的國際研究計畫——人類基因組解讀計畫（Human Genome Project），將讓我們了解造成追求新鮮感這種天性的原因，並讓我們對人類的個性有進一步的認識。

這個突破來自一個讓人出奇不意的研究小組，一個由耶路撒冷何索紀念醫院實驗室主管艾伯斯坦（Richard Ebstein），以及以色列精神病學者貝爾梅克（Robert Belmaker）共同率領的以色列研究小組。貝爾梅克一心鑽研精神分裂症，一般認為這和嚴重的多巴胺障礙有關。

這個小組一一檢視和多巴胺有關而可能造成精神分裂症的基因，發現有一個基因特別奇特，也就是生產D4多巴胺受體的基因：D4DR。

D4DR特別之處，在於它因人而異，這是因爲在D4DR基因的正中間，有一個變異性極大的DNA序列，含有四十八對鹽基對（base pairs）序列，代表十六個胺基酸組合。每一個人的序列數不同，從二至十一都可能。例如這基因可能有兩個序列的四十八個鹽基對——共九十六個鹽基，以及三十二個胺基酸，但也可能有九個序列——共四百三十二個鹽基，一百四十四個胺基酸。這種基因一般最常見的形式是四個序列，其次是有七個序列，但也有二、三、五、六、九、十和十一個序列的不同版本。

這些變異代代相傳，足以改變D4DR的功能。學者發現，不同的D4DR有不同的能力，能夠結合多巴胺的化學組成（chemical analog）。蛋白質越長，結合力越弱，因此，這個基因的不同很可能會影響到人們的感受。

這群以色列科學家知道，D4DR基因的變異不可能是精神分裂症的原因，因爲變異的情況非常普遍，而精神分裂症很罕見。這種基因的差異較可能和人人都不同的普通特色相關。此外，這種基因在腦部邊緣區域特別明顯，而這個區域正是情緒反應的中樞，意味這個特質應該是人類行爲的核心，而要尋找此基因所扮演的角色，最合邏輯的起點應該是追求新鮮感這一點。

以色列的科學家作了一個簡單的實驗，他們由當地大學和醫療中心找來一百二十四名受

測者，全是學生、工作人員和朋友——是平常人，而非有心理疾病的病人。志願者接受了以是非題判斷追求新鮮感等人性特色的克氏性向測驗卷，同時研究人員也採取了他們的血液標本，測量他們D4DR基因關鍵區的長度。

實驗的最後一步是要了解：個人的D4DR基因長度，是否和追求新鮮感的分數有所關聯?的確有關。擁有一兩個較長基因，包含六份以上重複的人，在追求新鮮感的分數上平均比只有較短基因形式的人高零點五個標準差，這個數字在統計上有相當重要的意義。基因越長的人，越渴望新鮮感和刺激的經驗。

D4DR基因的長度和其他個性特色，諸如避免傷害、依賴報償或堅忍不拔等無關，而且D4DR和追求新鮮感之間的關係也不分男女，一視同仁地顯現在各種年齡、種族或教育程度的受測者身上。

這眞是令人振奮的消息，也是個性特色和特定基因碼相關的首一跡象。不過這個證據並不能完全使人信服，因爲以色列學者只不過調查了少數的一群人，先前也有許多號稱基因與行爲有關的研究，因爲其他科學家無法在不同的受測者身上得到相同的結果，而爲學界所摒棄。更重要的考量是，也許受測者只不過正巧有不同的基因變異，以及不同程度的追求新鮮感分數。

這種錯誤很容易就會發生。例如，假設有一組研究人員想要尋找「筷子基因」，分別在東京和美國印地安那波里斯詢問受測者是否用筷子進食，其間差異自不待言，接著他們採取D

NA樣本，發現了一種特別的基因（如血液基因）和筷子使用之間有重要關聯，而東京和印地安那波里斯的居民在這方面的統計也有極大的差異。既然有這種基因的人常用筷子進食，那麼必然意味著這種基因和使用筷子的能力息息相關，也許和手眼協調有所關聯。於是這群學者開香檳慶祝，並且發表論文，宣布找到了一種「成功使用特定手部」（姑且簡稱SUSHI基因）的基因。這個理論聽來十分動人，其他學者可能也重複相同的實驗，得到相同的結果，但你我心知肚明，這個結論完全是錯誤的。

這實驗有一瑕疵：SUSHI基因其實正巧顯現了亞洲人與高加索人種不同頻率的某個代碼，如經常發生在血液蛋白質上的情況，而日本人用筷子、美國印地安那州的人不用，則純是文化上的原因，因此兩者之間的關聯全屬臆測。

美國國家衛生研究院的證實

唯一能證實某一基因直接影響如追求新鮮感等複雜特性的方法，就是檢視整個家庭，因爲家族是同源同種的單位，而檢視在同一家庭中長大的孩子，不同環境的影響——教養和社會、文化背景等，就被減至最小。

我服務於位在馬里蘭州貝斯達市的美國國家衛生研究院（NIH）。我們一直在收集資料，測試以色列學者的發現。幾年間，我們與心理衛生研究院（NIMH）的班哲明（Jonathan Benjamin）、墨菲（Dennis Murphy）合作，由來自各領域的志願受測者收集DNA樣本及個

性問卷。我們的受測者包括了家庭成員，大部分是兄弟，而不像以色列的研究那般，多屬在遺傳上毫不相關的個人。

在這群不同的受測者中，我們是否也能找到以色列研究中所發現的，追求新鮮感特性和D4DR之間的關係？我們採取了受測者的DNA樣本，同時也作了類似以色列實驗的問卷測驗，其餘的則是數學問題。

電腦比較了受測者的DNA和追求新鮮感的分數，所得的發現和以色列的研究結果幾乎一模一樣：擁有長D4DR基因的人，在追求新鮮感的分數上，平均比只有較短基因形式的人高零點四個標準差。由於我們研究的受測者較以色列研究的受測者多（分別是三百一十五名和一百二十四名），因此結果更加可信。不出所料，擁有較長基因的受測者中，有一位是詹妮絲——緒論中所描述的活潑金髮女性，她愛追求新鮮感，這個特性由可從她有不同的性伴侶，並置身起伏劇烈的不動產市場上反應出來。她的同班同學勞夫——多年來忠心耿耿地對待同一個妻子和工作，則是擁有較短基因的受測者之一。

因此我們知道，同樣的測驗可以得到同樣的結果，但這兩者是否眞有關聯？D4DR基因是否直接和追求新鮮感息息相關？還是只和「筷子基因」一樣，純屬巧合的臆測？

關鍵的實驗在於檢視同一個家庭的成員，我們把重點放在手足之間有一是長基因，另一是短基因的配對。如果立論正確，那麼擁有長基因的手足，在追求新鮮感方面的分數應該較高，但如果立論錯誤，那麼兩人之間分數應無多大差異。也就是說，如果立論是錯誤的，那

麼股票經紀人查理．歐魯克雖然追求新鮮感的分數高，而他弟弟的分數低，但兩人的基因形式應無差異。亦即基因和查理是否爲風浪板好手、麥可是否會成爲小學老師，並無關聯。

完成比較之後，結果即非常明顯。查理有長的D4DR基因，而麥可的是短基因，其他的手足也都有相同的結果。這樣的不同在統計上有相當重要的意義，因爲他們雖有同樣的基因組成，在同樣的環境中長大，卻有非常明顯的不同，而且他們D4多巴胺受體的基因也並不相同。

如果考慮兩項測驗的不同點，那麼相同的結論就更引人注意：受測者來自不同的族裔，一方是德裔猶太人和阿拉伯裔猶太人，另一方是非猶太人的高加索裔、西語族裔、亞洲裔和非裔美人。受測者來自不同的地方和文化，甚至所用的問卷也不相同，但所得結果相去不遠，這顯示了D4DR基因影響人性中某些基本的因素——不只限定於某種特定人口，也不只限於某一種測定個性的特殊方式。

這些結果發表之後，另一個研究團體卻發現：在一小群芬蘭受測者身上的D4DR基因和追求新鮮感並不相關，但因芬蘭人在基因組成方面遺世孤立，因此這項發現的結果和一般人口之間究竟有什麼關聯，還不得而知。最近，加拿大又有另一個研究團體證實，D4DR基因和正面的情緒相關，而正面情緒正是追求新鮮感的一個層面，這個研究團體也發現，這個基因、個性特色和腦部特定區域的灰質密度有所關聯，如今各方研究團體競相研究多巴胺受體基因在腦部如何構造，回應新鮮感的刺激。

連鎖關係的限制

儘管D4DR基因和追求新鮮感之間的關係已經很明顯，但並非絕對。我們尚未發現使某些人成爲跳傘員，某些人成爲圖書館員的特定單一開關。雖然長基因的人追求新鮮感的分數一般而言較短基因者爲高，可是也有長基因的人分數低，而追求瘋狂刺激者擁有短基因的情況。根據統計，D4DR基因占此項特質變異的百分之四，而其他的變異必然來自其他基因、環境因素和誤差。

兩項研究都顯示，追求新鮮感在像我們這樣的群體中，約有四成是可以傳承的，而D4DR基因在這百分之四十中占有約百分之四的影響力，因此這一個基因對追求新鮮感的影響，約達百分之十。D4DR很可能只是十種影響個人對新鮮感刺激感到興趣的基因之一，我們還未找出其他基因，但許多學者已經著手在做。

D4DR基因對個人是否樂於追求新鮮感刺激固然有所影響，但僅僅這種基因還不足以預測追求刺激的分數。

環境的角色

沒有任何單一的基因可以預測個人追求新鮮感的程度，或其他複雜的特性，原因之一就在於環境——亦即任何非繼承父母而來的事物。這可能包括純生物的因素（例如胎兒在子宮

內所面臨的荷爾蒙量多寡），以及獨特的經驗（如兒時的傷害，或某位特定的教師影響）。它包括了教養，以及社會和文化方面的因素。

基因或環境獨力造成如查理和麥可兩人追求新鮮感這麼大的差異，似乎不太可能，比較可能的情況是在這對手足發展成年個性時，經驗和基因相輔相成造成這樣的結果。舉個例子：也許兩個孩子都喜歡在床上跳來跳去，結果麥可落下地來，正面著地，被送到急診室；也或許是萬聖節時，同一個精靈把麥可嚇得半死，卻在查理身上有相反的效果：他雖驚嚇，卻感到非常興奮。

我們還不知道，環境使這個特性更強或更弱，但很容易可以看出它影響了這個特性的表達。假設這個喜愛追求新鮮感的人生於都市的貧民窟，他的好奇心可能顯露在攜帶手槍「探索」附近地區，擁有同樣特性的富家子弟，則可能到期貨市場去探索刺激，在電影《你整我，我整你》（*Trading Places*）中，影星艾迪墨菲（Eddie Murphy）所飾的街頭混混和由艾克洛德（Dan Akroyd）所飾的交易員互換角色。某種特性的人在不同的環境下出人頭地並非難事，艾迪墨菲的角色天生有詐騙的才能，當他置身富裕的環境中，自然有驚人的表現。

刺激的演化

就個人的層面而言，追求新鮮感無所謂「好壞」。例如，對追求新鮮感興趣較高的人比較可能發現寶藏，或在股市大有斬獲，但也有可能會傾家蕩產。追求新鮮感興趣較低的人也許

永遠中不了大獎，永遠把財產放在利息不高的定期存單，但他也較不可能會因潛水意外而死，或是因投機冒險而輸光一切。就個人而言，只要他快樂，那麼追求新鮮感的分數就不那麼重要。

就整個物種的層面而言，追求新鮮感的特性也有利有弊。喜愛追求新鮮感的人，可能比較容易發現較肥沃的新農地，或是會追逐獵物越過大草原，但他也比較可能因冒險而死，或是被猛獅利爪撕成碎片。較不愛追求新鮮感的人，可能只會在洞穴周遭活動，他可能會注意到，某種特別好吃或特別營養的植物總會在某個季節出現在同一地點，或是發現某種野生穀類的硬堅果仁可以在磨篩之後，作爲食物。

也許更重要的是，喜愛追求新鮮感的男人因爲追求多名性伴侶，而能夠使他的長D4DR基因代代相傳，而不愛追求新鮮感的女性也能因爲悉心照顧子女，而使她的短D4DR基因得以傳給子孫，這種陰陽互補的作用，也許能說明，爲什麼時至今日，D4DR基因在現代人身上依然有很大的差異。這也能夠解釋，爲什麼不同的民族和人種在不同的環境培育下，會有大不相同的變化。

愛的興奮

追求新鮮感就像所有的個性特徵一樣，也會影響個人與他人建立關係——你會選擇和誰在一起，你們相處的情況如何。

情歌總唱著「異性相吸」，但就追求新鮮感這一點而言，規則應該是「物以類聚」。也幸好如此，因爲根據研究，追求新鮮感的差異，往往是兩性關係不和諧、婚姻不美滿的主因。

行爲遺傳學把「物以類聚」標上一個花俏的名字：「組合配對」（assortative mating），在社會觀如宗教信仰、容忍多樣性和政治觀點上，都可以明顯看出「組合配對」的作用，在智力方面，「組合配對」的影響則較小。然而就個性特色而言，並沒有「組合配對」的跡象：一般配偶在個性方面的分數相關比幾乎是零，唯有追求新鮮感這一點例外。美國、荷蘭和德國的研究都已經證實，夫妻間追求新鮮感的程度大多類似。

要了解追求新鮮感是否對愛情美滿造成影響，學者以祖克曼的測驗來測試和異性交往達三個月以上的大學生，結果發現，追求新鮮感的分數，和伴侶對雙方關係及性生活有重要的關聯。追求新鮮感的分數是高或低並不重要，重要的是要相當。分數相合的情侶較可能覺得幸福，在性方面也較爲滿足。研究還進一步顯示，這種關係與時俱增，在關係之初，追求新鮮感分數高的伴侶也許對分數低的伴侶並無不滿，因爲兩人之間還有太多新事物等待發掘，而分數低的人也可能因高分者「教人興奮的個性」而受吸引，但隨著時間長，高分者因低分者對新事物（包括新鮮感的性行爲）毫無興趣而感到沮喪，而低分者則因高分者不可測（包括種種「奇特」的性行爲姿勢）和無定性，而覺得困擾。

雖然如此，但這方面分數懸殊者依然會結婚，最後也經常得尋求諮商。在研究中，我們發現，尋求諮商的夫妻在追求新鮮感方面的分數相差，遠比對婚姻感到滿意的夫妻懸殊，分

數差異越大，夫妻倆對婚姻越不滿意。通常分數較低的一方會抱怨而求助，他們因對方瞻前不顧後的舉止心驚膽跳，因此希望「挽救這段關係」。這點也符合邏輯，因爲得分低者不喜愛改變，而離婚也是一種改變。也許分數高者並未求助的原因，是因爲他（或她）在婚姻外已經得到（性或其他方面的）滿足，或是不在乎捨棄一切，轉換陣地。離婚怨偶追求新鮮感的分數高於一般夫妻，就可支持這個理論。

最糟的組合，是追求新鮮感分數高的女性和分數低的男性結合，這樣的組合經常會發生性方面的問題，如缺乏性欲和性無能。分數高的男性和分數低的女性問題較小，也許是因爲女方可以把高分配偶的行爲視作「男性作爲」，而高分女性則違反傳統女性作爲的觀念。

如果你愛上分數特別高的伴侶，不要妄想你能改變他（她），或是冀望他（她）會隨年齡增長而趨和緩。如果他要去高空彈跳，你最好幫他準備午餐，加倍人壽保險；如果她要和其他女孩去跳舞，而你想待在家裡，不妨告訴她看起來美極了，送她上車。如果你順她的意，她更有可能會回到你身邊。不要騙自己：「他現在遇到了我，會對別人喪失興趣。」記住，這個人吸引你的正是把你逼瘋的特色，你最好習慣，否則就離開。

另一方面，如果你愛上一個分數低的伴侶，那麼你該因這個人使你們的關係穩定、安全和忠實而感到欣慰。也許你會幻想：「要是她願意試試跳傘就好了，我知道她一定會喜歡的。」別作夢了，她可能還沒飛到適合的高度就已經暈機了。

追求新鮮感不只會影響長期的兩性關係，也會波及露水姻緣。分數高的人樂於和許多性

伴侶交往，喜愛嘗試新的性行爲，視性爲享樂遊戲，而分數低的人性伴侶較少，性行爲的姿勢傳統而有限，並且視性爲一種承諾。新的研究顯示，D4DR多巴胺受體基因，在追求新鮮感分數高低者不同的性行爲上，都扮演重要的角色。

你愛追求刺激嗎？

現在，你可能想要知道自己追求新鮮感的程度，下面是個簡單的方法：如果你仔細閱讀本章的每一個字，蜷坐在火爐邊，啜飲著熱可可，那麼你的分數可能較低；如果你是在書店隨手翻翻，眼波還掃視著可能出現的俏妞或帥哥，跳過書中所有的科學數據，只想要看到最適合描述你個性的那一部分，那麼你的分數可能偏高。

但你可能有高高低低不等的分數，也許你喜歡每天有固定的生活習慣，但你喜愛爵士樂；也許你樂於追求性的刺激，但對金錢有不同的態度。原因是追求新奇就像所有的天性特質一樣，是一般人個性中持續而分散的層面。**每一個人都有某種程度追求新鮮感的欲望，唯一的問題在於多寡**。大部分的人都和平均值相去不遠，因此才有所謂平均。大體而言，分數高的人好奇、衝動、放任、熱情而無秩序；分數低的人則冷淡、深思熟慮、節儉、井井有條、有紀律。

這一切的不同全都存乎一心；怎麼運用全部由你自己決定。

2 樂觀，還是悲觀？

有人生性開朗，毫不怕生，

有些人極爲羞怯敏感，容易覺得焦慮、緊張、挫折，

甚至會懷疑別人，以負面的態度看待周遭一切。

這種憂慮的特質，經常會影響身體健康，

從許多研究來看，四成的例子是由於基因影響。

莎莉自有記憶以來，就覺得自己是個非常害羞的孩子，她總是躲在媽媽身後，除非有人向她說話，否則絕不出聲，就算說話，也只是勉強吐出幾個字。她童年時期沒有幾個朋友，少女時代也沒有交過男朋友。她上學時非常不自在，每天早上都會把早餐吐出來。等她年歲稍長，第一份工作是在一家大型銀行，很快就達到一個平緩期，雖然她的能力遠在這之上，但她覺得安心舒適，因此在同一職位上待了十八年。她沒有結婚，生活中唯一重大的改變是她現在得反過來照顧雙親，這是她私心痛恨的義務。

四十一歲的莎莉這樣形容自己：「我總是覺得憤怒、難過，我覺得自己的靈魂破成碎片，每一片都遭人踐踏。我非常非常焦慮，我害怕所有的事物，包括蜈蚣和蟑螂，我一直覺得會有非常非常糟糕的事發生在我身上，我會遭遇不幸……」

莎莉最後求助於克拉瑪醫師（Dr. Peter Kramer）；克拉瑪醫師在《聆聽百憂解》（*Listening to Prozac*）一書中描述了她的情況。莎莉是「逃避傷害」的典型病例，這種天性也被稱爲「情緒敏感」。「逃避傷害」這樣的術語常會招來誤解，因爲這個天性特色並不是要避免傷害，而是指過度的憂慮；它是極端負面、使一切失色的世界觀，是對人生本身的恐懼。對於「逃避傷害」到達極端程度的人而言，人生黑暗，未來陰鬱，一切無聊而單調。

有些人會有這樣的感受，並不是因爲人生充滿太多挑戰，也不是因爲他們幼時遭受虐待，或是因爲他們軟弱、懶散。相反的，這是一種跟隨你一輩子的情感特質，深植於基因之中。

有「逃避傷害」(harm avoidance) 特質的人，生來就像戴著有色眼鏡，染黑了自己和世上的一切。學者發現：嬰兒甚至在出生之前，就已經有逃避傷害的跡象。胎兒心跳過快，正是顯示嬰兒出生後可能哭鬧不安，也意味著成年之後高度的逃避傷害。相較之下，胎兒心跳速度低則顯示著嬰兒出生後會愛笑愛逗，也預示著他成年之後，會有較多彩的人生。

逃避傷害

「逃避傷害」是人類心理學中最基本、最具多樣性，也最持續的層面，學者早已猜測這種性質有其生物基礎。一千八百多年前，希臘醫師蓋倫（Galen）就以「憂鬱」名之，認爲這是由黃色的膽汁造成的；當今的精神病學者克隆寧格則認爲，腦中的化學物質血清促進素(serotonin) 造成這種性質。

「逃避傷害」分數高的人，比較容易憂慮、恐懼、緊張、戰戰兢兢，他會期待受傷或失敗，尤其在教他不自在、棘手和不熟悉的新環境之下更是如此。他的焦慮不限於特別的事件或場合，而是無時無刻不在。由於逃避傷害高分者總覺得緊張焦躁，因此不願嘗試不一樣的新事物，不願結交新朋友，也不願擺脫慣常的生活習慣。相較之下，在這方面分數低的人則鎮靜放鬆，態度積極，也很少憂慮未來。他們開朗自信、冷靜自在，就是在遭逢不順利的情況下，也能夠保持信心。他們樂於結交新朋友，在例行習慣有所改變時，也能適應良好。

莎莉還展現許多燥鬱的癥狀，包括愛哭、注意力不集中等。這並不足爲奇，因爲逃避傷

害的許多不同因素如焦慮和沮喪，經常是並進的。沮喪消沈和焦慮恐懼的外在癥狀並不相同，莎莉經常抱怨自己筋疲力盡，這可能是由她所面臨的壓力及失眠所引起。這種源自內心深處的疲勞也見諸缺乏體力，經常需要休息小憩等。分數高的人，生個小病或是承受壓力，往往很難復原，而分數低的人則精力充沛，活潑好動，生病或精神不濟也總能很快恢復。

莎莉對自己不滿了一輩子，最後促使她求助於專業援助的，是她因被迫照顧年邁父母而生出的憤怒和憎恨。她的敵意反應其實在逃避傷害的人身上很正常，因爲她身邊的每一個人都過得很好，只有她挫折連連。最能讓她推諉過錯的就是最親近的人——她的父母親。

沮喪是對自己不滿的表達，而敵意則是對他人不滿的表現。沮喪是向內的憤怒，而敵意則是朝外的不滿。調查再一次顯示，憤怒的敵意經常和逃避傷害的其他層面諸如焦慮、沮喪等相關，這一層面牽連的是憤怒的感受，但未必會有憤怒的行動出現，憤怒通常與侵略的特性較有關聯。逃避傷害分數高的人，會覺得憤怒、痛苦、挫折、懷疑他人。分數低的人則自在、較能包容，也信任他人。

因此，逃避傷害包含了焦慮、恐懼、壓抑、羞怯、滑喪、疲憊和敵意等特性。就某個程度而言，以上每一個層面都是獨特的，例如，你可能會覺得緊張但不悲哀，或覺得有敵意而不疲憊，但許多研究均顯示，體驗這其中一種負面情緒的人，較可能感受到其他的負面情緒。

逃避傷害有一個普遍的特點：情感的敏感。每一件小事都會使得逃避傷害的人覺得難過，會消滅他們積極的情緒。他們對懲罰極端敏感，總是等著下一步的懲罰。高度逃避傷害

的人經常會無法控制對食物、香菸或擁有物品的欲望；欲望無可抗拒，雖然它會帶來悔恨。

逃避傷害經常會影響身體健康，造成持續頭痛、肌肉疼痛和消化系統的問題。有些醫師把這些症狀視爲「身心症」，但對身歷其境者而言，這些症狀眞實的情況使他們苦惱萬分，甚至可能致命。在針對有相同預後的年輕癌症病人所作的調查中，悲觀者比樂觀者早死。

個人逃避傷害的程度，對工作生涯和人際關係都有絕對的影響。就如身體不好的人最好不要做耗費體力的工作一樣，逃避傷害的人也最好避免需要激烈競爭的職業，或是需要常保愉悅和人接觸的工作。在這方面分數低的人，則可利用自己的自信和對人的興趣，擔任銷售人員、公關、臨床醫學等的工作，由收銀員到企業最高主管都很合適。

逃避傷害的分數增加，與他人建立良好關係的機會也就減低。不過逃避傷害倒不會影響你挑選配偶，因此，逃避傷害者和配偶在逃避傷害方面的分數可能不同。如果你的配偶分數較高，你可能會爲他的不快樂而自責，而這是不必要的。分數高的人需要耐心、愛心、讚美和支持。然而，伴侶未能分享你對生命的熱忱，並不代表他希望改變，也不表示你該壓抑自己的美好感受。其實，你的伴侶可能正是因爲你那麼容易就表達愉悅而受你吸引。

正本清源

逃避傷害是怎麼來的？是來自於惡劣的生活，還是惡劣的人生觀？

以莎莉的例子而言，可能兩者皆是。據克拉瑪醫生敍述，莎莉有個痛苦的童年，父母親

在財務上遭遇挫折;他們是個封閉的家庭;小莎莉撞見父母親的性行爲。有些分析師會說,這足以讓敏感的孩子形成如莎莉這般的行爲模式,但究竟是什麼造成了敏感的孩子?爲什麼她對環境反應如此嚴重,而其他有些在更困難的環境下生長的孩子,卻能夠活潑而充滿信心?

針對數百名孩童所作的研究已經顯示,逃避傷害是個性中最早出現也持續最久的特色。馬里蘭大學納森·福斯 (Nathan Fox) 所指導的研究生舒密特 (Louis Schmidt),追蹤研究幼兒的逃避傷害傾向,他在兒童研究所中播放了一卷錄影帶。

錄影帶一開始,有三名小女孩走進飾有彩圖的舒適遊戲室,在舖著地毯的地上擺著畫紙、蠟筆和玩具,一名小女孩蘿達帶頭喊:「哇!蠟筆!」她跑向地上那堆東西,蹲下身來開始畫畫。

另外兩個同爲四歲的小女孩也加入她,三個小傢伙開始自在閒聊。過了一會兒,門開了,另一名小女孩薇拉瑞在門口,幾乎是被她母親拉進來的,她的背緊貼著牆壁,不情不願地打開蠟筆盒,當她母親離開時,她馬上大哭。

比較自信的蘿達問她:「妳害怕嗎?我們不怕。」

蘿達遞給薇拉瑞一把蠟筆,但羞怯的她一直沒有停止哭泣。蘿達說:「我們得幫幫她,因爲她一直哭。」她甚至讚美薇拉瑞的鞋子,但這個羞怯的女孩向門邊走去,扭動把手想要逃開,卻是徒勞。

一名女研究員出現,把所有女童聚在一起玩說故事遊戲。活潑的蘿達在她的份兒輪完之

後，還想要繼續說，最後被制止要她坐下。另兩位女孩則彬彬有禮地參與，說了她們生日會的故事，在輪完之後就自動結束。只有薇拉瑞不肯張嘴，她兩腿交疊坐著，彎腰駝背，眼睛緊盯地面，雙手牢牢抓住一塊白色毯子，不斷在臉上摩擦，當女研究員請她起身時，她呢噥說出一些含糊不清的話語。「來，你難道不想談談你的生日會嗎？」這位女研究員說。

薇拉瑞把頭埋在膝蓋裡，發出一聲驚天動地的哭嚎，成了淚人兒。

「沒關係」，這名女研究員邊安撫女童，邊向負責操縱隱藏式鏡頭的研究員打暗號，表示暫時停止實驗。

遊戲室的四名女孩所參與的是一項大規模的研究，主旨在於辨識出天性的初期跡象，希望了解這種天生的性向如何和教養與環境相互影響，發展爲個性。這些女童獲選參與實驗，因爲她們展現出「抑制」的各種程度，也就是我們所謂的「害羞」，這可能是「逃避傷害」的特性。害羞的薇拉瑞顯然極端壓抑，而活潑的蘿達卻是另一個極端，另外兩女孩則落在「正常」的範圍，分數在蘿達和薇拉瑞之間。

最奇特的是，這些四歲大的孩子在僅僅四個月大的時候，也有一模一樣的分數。薇拉瑞嬰兒時期的錄影帶顯示，她有同樣羞怯害怕的行爲。她被繫妥坐穩在汽車安全座裡，對一連串設計來刺激她的事情有強烈的反應。錄音機播放出毫無意義的音節如「波、波」時，她簡直專心得出神，接著卻露出害怕的表情大哭。彩色小汽車放在她身邊，她也抽噎不止，母親在這第一個「實驗」結束之後終於現身，薇拉瑞吵個不停，一直到被媽媽抱起來才停。

再看蘿達，她四個月的時候就和四歲時同樣勇敢，錄影帶上的她聽到無意義的聲音時笑個不停，看到小汽車，她也唧唧咕咕充滿興趣。最後蘿達見到媽媽，綻開燦爛的笑顏。她在汽車椅座上就像薇拉瑞一樣蠕動不安，但這是開心而非不安的舉止。

五個月後，這些女嬰九個月大了，研究人員把她們接上腦波圖（EEG）儀器，測量她們的腦波。機器還沒打開，蘿達和薇拉瑞就對戴上裝有電極的小帽子有極端不同的反應：薇拉瑞吵鬧不休，而蘿達卻非常喜歡人們的注意。此外，兩個孩子的腦波也極為不同，薇拉瑞腦部前右側的活動遠比左側多，而蘿達腦部左側較為活躍。

生來害羞

這樣的差異並非偶然，福斯和他在馬里蘭大學的同事發現，較放不開或羞怯的孩子右額葉較活躍，而較開朗或勇敢的孩子則左額葉較活躍，不論孩子保持平靜或置身壓力下，這個情況都保持不變。到成人時，依然維持這樣的模式：高度焦慮的成人，右額葉的活動較平靜的成人多，也較容易顯露出沮喪消沈的跡象。

腦波的這種模式，符合了左、右額葉在情緒表達的控制上所扮演的角色。右側似乎與控制負面情感較有關係，而左側則牽連正面的情緒。薇拉瑞所感受到的焦慮，也許是因為她腦中主使的那一側（右側）發送出的負面情緒訊號，較左側發送的正面情緒訊號更多。

其他的身體測試顯示了類似的變化，例如，較害羞的女童唾液中所含的壓力荷爾蒙皮質

醇（cortisol），比活潑女童唾液所含的高兩倍。其他可測的差異還包括在聽到響聲時眨眼的速度，以及瞳孔在壓力之下擴大的程度。害羞的孩子肌肉較「緊張」，尤其是臉部，請他們作鬼臉時，也比較困難。羞怯的孩子站立時血壓升高，休息時大家的心跳都差不多，但害羞的孩子在緊張之際心跳更快，主要是因爲身心兩方面的活動。

接下來九個月，孩子們兩度造訪實驗室。在錄影帶上，可以看到薇拉瑞躲進媽媽懷裡，壓根兒不敢向上看，雖然陌生人嘗試想讓她參與遊戲。當小丑走進房間，薇拉瑞終於失控，開始哭泣。但同樣的情況發生在蘿達身上時，她雖在陌生人走來之際也躲入母親膝頭，但不久就和新朋友玩得非常融洽。小丑出現，蘿達緊張而安靜下來，但不到幾分鐘，她就恢復正常，和小丑一起開心玩耍。

薇拉瑞的羞怯和蘿達的活潑，似乎是深埋在她們個性之中，這不出研究人員的意料，原因是自抑（也就是成人的避免傷害的特性）是天性中最持久的特性。尤其是對如蘿達和薇拉瑞這樣的孩子，她們被選來研究，正是因爲她們位於兩個極端，大部分的孩子位於中間，不過就連平常的孩子，有些也可看出終生的羞怯傾向。

哈佛大學的卡根（Jerome Kagan）是這方面研究的先驅，他多次證實了羞怯或活潑的特性會維持一生。身爲（前述馬里蘭大學）福斯導師的卡根，曾研究被列爲非常拘謹或非常活潑的兩歲幼兒，等這些孩子七歲半時，四分之三以上原先被歸爲拘謹的孩子，在自抑方面分數依然高於平均，這些羞怯的七歲兒童和其他孩子共處時，總是待在邊邊，獨自讀書玩耍，

而不與群為伴，他們安安靜靜，看著其他孩子而不說話。至於原先就被列為活潑的孩子，五年後也有四分之三在害羞分數上低於平均，他們較主動，愛說話，也比較吵鬧喧囂。

到這群孩子十二至十四歲時，依然有同樣的行為模式，羞怯的孩子在與兒童精神病學者談話時，除非被問起，否則不主動發言，而活潑的孩子卻常提出自己的問題；羞怯的孩子在回答問題時嚴肅而寡言，活潑的孩子卻常歡笑。

卡根、福斯等人都相信，羞怯和扁桃體（amygdala）有關。扁桃體是腦部邊緣系統一個杏仁形的組織，是腦部的情感反應中心。發生不利情況時，扁桃體告訴身體該如何反應，它由五官接收資訊，如巨大的聲響，或灼燒的手指，接著造成心跳加快，血壓升高，驚跳及恐懼的表情。

原先相信環境比較重要的卡根發現：羞怯是與生俱來的，於是他觀念一變，認為每個人天生扁桃體不同，造成了孩子羞怯和活潑的差異。這個理論大部分的證據源自動物實驗，當實驗室動物的扁桃體遭破壞時，牠們就比較溫馴，喪失對威脅事物的恐懼；相較之下，若以電流刺激扁桃體，動物就會流露出害怕和激動的跡象，也比較容易發生如胃潰瘍之類的疾病。

就人類而言，害羞有其生理根源，最明顯的證據在於它可以由許多種身體反應中測量，由胎兒的心跳到荷爾蒙和腦波。問題是這樣的觀察並不能說明，究竟心跳加快是因為孩子羞怯，抑或心跳加快造成孩子羞怯，或許這只是巧合。卡根的說明有點含糊，他發現羞怯的孩子比起活潑的孩子來，較可能出現淡藍色的眼球，於是他主張，眼珠的顏色和天性有直接的

關係，他猜測這和腦部的傳遞化學物質正腺上素，以及造成眼睛成爲褐色的化學物質黑色素有關，但這是無稽之談。羞怯和眼珠色澤之間的關係純屬無中生有，一如說羞怯和出生的時辰或與婦產科醫師的姓名相關一樣無稽。較合乎邏輯的解釋是，經常有淡藍色眼珠的北歐人，爲了某種完全不相干的原因，也有較高的焦慮程度。不論如何，福斯和舒密特在他們所研究的兒童身上，都沒有得出眼珠色彩和羞怯有什麼相關的結果。

這並不是說羞怯和生理學無關，而是說要研究羞怯和生理之間的關係，最好是直接探討基因。

憂慮的根源

遺傳的影響可以由家族成員中均有同樣的特色而得證。克拉瑪在對莎莉所作的研究中，發現她的父母親就是沈靜的人，很容易沮喪，也常患病。他們說莎莉的情緒問題是全家族的特色，她的母親、祖母、父親和姊妹都有相同的情況。克拉瑪並不意外；逃避的特色出現在全家族中，有許多知名的例子。消沈的家族成員常以自殺了結生命，絕非偶然。文豪海明威在六十一歲時自殺身亡，所用的正是三十三年前其父用來結束生命的那把獵槍，海明威的哥哥姊姊也都自殺而死，他的孫女瑪歌・海明威（Margaux Hemingway）則一直爲貪食症和酗酒所苦，在一九九六年夏，以四十一歲之齡自殺死亡。

海明威和其他許多家族的歷史都顯示，遺傳對沮喪和逃避傷害的其他面均有影響，但我

們不能因爲家族成員都有某些行爲，就將之歸爲遺傳，否則宗教信仰、喜愛的食譜和全家的姓等等，也都可算作「遺傳」了。檢視基因是否有作用較有系統的方法，還是可藉由對雙胞胎的研究得知，而這類的研究也顯示出基因對逃避傷害的影響極早就出現，而且有明顯長久的作用。例如路易維爾大學馬瑟（Adam Matheng）對雙胞胎所作的研究發現：同卵雙生的兩歲兒童在對陌生人的反應上，較異卵雙胞胎更爲類似。而同卵雙胞胎較異卵雙胞胎更相似的主要原因，就在於基因，因爲同卵雙胞胎擁有相同的基因的複本。維吉尼亞大學也對三百五十對七歲大的雙胞胎作了另一項研究，估計羞怯、恐懼和壓抑的行爲有五成是遺傳造成的。

研究中最明顯的結果是害羞和勇敢兩極端。位於科羅拉多州波德市行爲遺傳研究所的學者發現，五成至六成的雙胞胎寶寶會遺傳害羞的特性，但如果把焦點集中在最害羞和最活潑的寶寶，即可發現：遺傳到這些特性的寶寶比率增加到七成至九成——這是任何一種行爲的最高遺傳比率，也可能是這種特性一生中罕有變化的原因。

甚至到成年，在經歷了所有影響個人壓抑與否的事件之後，逃避傷害的特性依然主要是由基因影響。許多研究都顯示，在數種影響成人逃避傷害的因素中，基因占了四成。其他的因素則主要肇因於「獨特的環境」——其他家庭成員沒有經歷的經驗。「共有的」環境，包括父母的教養方式、社會和經濟地位、學校系統、居所環境等等，對逃避傷害的特性影響相形之下較小，人們若非天生自我壓抑，就是因爲在他們身上發生了某些獨特的事件，而手足卻未經歷同樣的事。不論作父母親的是逼迫孩子，抑或縱容他們，對他們是否壓抑自己都沒有

多大關係。

雙胞胎研究也用來確定逃避傷害的各個層面——諸如沮喪和焦慮是因爲同一的基因還是同一經驗，而一起出現。在肯德勒（Ken Kendler）與維吉尼亞醫學院同僚做的這類新分析（multivariate study，多元研究）中，學者調查了三千七百九十八對雙胞胎（包括同卵及異卵雙胞胎）所顯現的焦慮和沮喪，結果發現，不同的焦慮和沮喪症狀有百分之三十三至四十六和遺傳有關，但當他們檢視兩種特性共同的遺傳性時，卻訝然發現，兩種特性有百分之九十九以上是相同的。這樣簡明的結果實在教人難以置信，因此他們再做一次實驗，並檢視焦慮失調和沮喪的臨床診斷，再次發現，焦慮和沮喪的遺傳協方差（covariance）幾乎達百分之百。

個性和精神症狀將近百分之百的遺傳協方差實在教人驚訝，這意味著造成焦慮的基因也得爲沮喪負責，意思並不是說某一個人得同時既焦慮又沮喪，而是說同一組基因可使人焦慮或沮喪，或甚至兩者兼具。同一組基因的結果（焦慮或沮喪），視非遺傳因素如生活經歷的影響而定。例如親友的死亡常會造成沮喪，但通常不會造成焦慮，而親友患病卻會造成焦慮而非沮喪，因此焦慮來自於失去親人的可能，而沮喪則來自經歷了喪失。究竟腦部有怎樣的機制，使個人對損失特別敏感？

百憂解指出方向

莎莉向精神病醫師克拉瑪求助時，他開了當時的新藥——百憂解（Prozac）給她服用。不

到兩個月，莎莉最明顯的沮喪症狀——哭泣不止，就消失了。四個月之後，克拉瑪在報告上寫道：「她看起來比較開朗、比較穩定、有信心，能夠穩定控制自己。莎莉覺得，吃這種藥最重要的影響，是它能讓頭腦清楚——使她更清醒也更自覺，對自己的感受更有信心。」莎莉自己說：「這種藥使我能夠澄清問題，使我花比較少的時間，就能夠找到更積極的解決辦法。我不會驚慌失措，不會在壓力之下覺得『腦袋要爆炸了』，也不會再庸人自擾。」

百憂解能夠這麼有效，因爲它是以腦部的化學物質——血清促進素爲目標。血清促進素就像多巴胺一樣，是一種一元胺，一個簡單的小分子，由牛乳之類的食物中所含有的氨基酸——色氨酸合成。喝熱牛奶可以幫助睡眠，就是因爲牛奶中富含色氨酸，色氨酸可以轉化爲血清促進素，協助放鬆。牛奶甚至可以免除夢魘，因爲刺激血清促進素神經元的物質會壓抑作夢。相反的，抑制血清促進素傳遞的物質如ＬＳＤ，就會促進作夢活動。ＬＳＤ有非常類似血清促進素的結構，可以和血清促進素的受體結合，但不讓它們發揮作用。ＬＳＤ就像使血清促進素受體移轉方向的誘物，使受體無法發揮作用。

血清促進素系統是腦部分布最廣的神經傳導系統。血清促進素神經細胞的細胞體聚生在中腦深處的中縫核（raphe nuclei），其軸突就像血管一樣伸出分布腦部，伸入邊緣系統，亦即情感反應的中樞。它們伸入主司認知和感官知覺的大腦皮質，伸入主管控制衝動、同情和社會知覺的額葉，還有一些分枝伸入主司記憶和學習的「海馬」（hippocampus），主司食欲和性的視丘下部和腦垂體。

血清促進素分布廣泛，因此是比較魯鈍的工具，這個系統並沒有傳達特定的訊息，而主要的功用是在激動大塊腦部區域。由於血清促進素對腦部的廣泛功能，因此任何改變這個系統的事物都會對情緒、自我知覺和行爲有極大的影響。藥物、人生經驗和源自人之初的基因，都是影響這個系統的因素。

基因爲身體繪出血清促進素系統的藍圖，然後依此塑造它，這個血清促進素系統早在出生之前就已定位，回應外界的刺激和身體的需求。當神經元受到刺激，細胞內成袋的血清促進素就會遷移到細胞壁，把它們載負的內容卸在細胞間的空間之中。釋出的血清促進素可能有兩種反應：它可能和稱作受體的分子結合，引發化學反應，或可能原封不動回到袋內再吸收。再吸收是由特別的「傳遞蛋白質」控制，而這種傳遞蛋白質就是百憂解的目標。

如果血清促進素傳遞蛋白質的量很低，或如果它沒有發揮作用，那麼就會有更多的血清促進素散留在腦中，衝擊它所遭逢的一切，如果傳遞蛋白質發揮效用，大部分的血清促進素就在它刺激腦部之前，全都收回。

血清促進素受體有許多種，每一種都由其獨特的基因所造，目前科學家已經辨識出十來種不同的血清促進素受體，並且複製其基因。受體的多樣和血清促進素神經元分布的廣泛，正是血清促進素影響如此多種不同腦部功能的原因。但血清促進素傳遞蛋白質只有一種，僅來自於一種基因，因此，會影響血清促素傳遞蛋白質的任何事物，就會影響所有由血清促進素所控制的心理特性。

多年來，學者一直猜測血清促進素可能與逃避傷害有關，證據包括在自殺未遂或成功者的脊髓液中，發現低量血清促進素的代謝物。此外，在極度沮喪者身上也發現低量的血清促進素傳遞蛋白質。然而問題是，學者無從測量人類腦部眞正的血清促進素含量，因此這可能算是非直接的關聯。

另一個線索是大受歡迎的抗憂鬱藥「依普尼西」（Iproniazid，譯音）。這種原本用來治療肺炎的藥，抑制了血清促進素的清除，迫使細胞釋出更多的化學物質，增加興奮的細胞數量，造成使人心情舒暢的副作用。不過血清促進素和心情好壞的關聯並不能因此確定，因爲「依普尼西」清除了一切，不只是血清促進素而已，因此它也許是作用在另一種會影響情緒的腦部化學物質上。

接著開發的重要抗憂鬱藥是「依米普米」（Imipramine，譯音），此藥以不同的機轉影響血清促進素：它會抑制中樞神經細胞對血清促進素的再吸收。這種藥物似乎也可證明血清促進素和沮喪有關，但它也影響腦部其他化學物質，因此造成許多副作用。

接下來的研究，是要找到一種只以血清促進素而不包括其他物質爲對象的藥物。艾利勒利（Eli Lilly）實驗室的學者合成一種又一種的分子，想要阻止血清促進素吸收入細胞，結果就是 82816 這種混合物。這種藥物在動物實驗中，阻絕血清促進素的功效是其他藥物的兩百倍，而且沒有太多副作用，此藥就是 fluoxetine，以 Prozac（百憂解）品牌銷售。

百憂解主要的作用就是抑制沮喪。根據美國精神病學會的定義，所謂沮喪，就是發生如

持續心情低落、喪失生活樂趣和興趣、身心困擾、睡眠障礙、體重改變、無精打彩、無法思考、不能專心等一系列症狀。這種沮喪對病人生活影響至鉅。

雖然百憂解對此種症狀有其功效，但比起「依普尼西」來，並沒有高明多少，不過當它應用在其他的病況，諸如較「非典型」的沮喪、焦慮、驚慌失措和恐懼社會的病例時，病人能得到極大的紓解。有趣的是它正巧配合了逃避傷害最極端的形式。如果百憂解是針對血清促進素發揮功能，協助人們克服逃避傷害的症狀，那麼血清促進素就很可能是造成逃避傷害種種問題的主因。

這個理論的問題是，百憂解究竟如何作用還不清楚。艾利勒利實驗室解釋，百憂解抑制了血清促進素傳遞蛋白質，於是腦中流動血清促進素的量增加。這個說法認爲，血清促進素的量低，是造成沮喪和逃避傷害的原因，因此高量的血清促進素應能減輕焦慮和沮喪。但另一派說法以動物和人類實驗爲證，認爲血清促進素的訊號是造成焦慮和沮喪的原因，百憂解必須減少血清促進素的訊號，因此，百憂解雖然在數小時內就能抑制血清促進素的再吸收，但要藥物發揮作用，需服用數周甚至數月。到目前爲止，雖已證實血清促進素和逃避傷害之間有重要關聯，卻還不知道，情緒好壞究竟是因血清促進素的低或高或有所改變而來。

百憂解對較不嚴重的逃避傷害效用神奇，病人不但能克服沮喪，而且覺得舒暢無比。如莎莉不但不再沮喪，而且她的個性和生活也因百憂解而改變。克拉瑪書中寫道，莎莉不但在工作上更加積極，也開始約會，甚至去跳舞。莎莉談到百憂解使她的個性首次眞正發揮，不

禁眉飛色舞。接受百憂解治療十八個月後，她訂婚了。

莎莉談到她未來的婚姻：「這是一大步，但我覺得很好，我順勢而爲，但不致過度。我愛他，而他也愛我。從前我覺得自己封閉，現在我覺得幸福快樂。」

天生的百憂解

莎莉只不過服用了改變血清促進素的藥物，就由沮喪轉爲快樂，但我們依然不知道，她起初是爲什麼沮喪，也不明白爲什麼有人天生就快樂。如果基因是其間關鍵，那麼首先該探討的，就是生產血清促進素傳遞蛋白質的基因，因爲百憂解乃是針對此傳遞蛋白質而作用。

這種傳遞蛋白質基因首度被分離出來時，許多學者群起實驗，想要證明它是解開各種心理疾病祕密的萬靈鑰匙。開頭的結果使人失望，這和躁鬱症、精神分裂或其他任何標準精神病都無關聯，這把萬靈鑰匙打不開任何鎖。不久，精神病遺傳學者放棄了血清促進素傳遞蛋白質，而湧向下一個流行的基因，這也是爲什麼精神病遺傳學被視爲流行科學的原因：實驗受「熱門」影響，而非由邏輯而來。在此例中，精神病醫師搖身一變成爲科學家，雙手一攤說：「什麼也沒有」，就算傳遞蛋白質對行爲有重要影響，他們也會說，所有的人都會有相同版本的基因。

然而這些精神病遺傳學者錯了，而且這不是第一次犯錯。早先他們犯過相反的錯誤：不斷「證實」本來就錯誤的假說。他們宣稱已經發現精神分裂症的基因，卻無法重複作出同樣

的結果，這些「錯誤的正面假設」招致媒體大篇幅的報導，他們也做了許多「錯誤的負面假設」，也就是宣稱某個基因和某種疾病並不相關，其實不然。這種謬誤會造成更大的影響，因爲他們會使可能只差臨門一腳就能有所突破的學者放棄研究。

幸而有兩位以血清促進素傳遞蛋白質爲研究對象的學者堅持下去：一位是研究血清促進素二十餘年的美國心理衛生研究院資深研究員墨菲，另一位是墨菲在博士後研究時期的同學，現在德國符茲堡大學（University of Würzburg）主持實驗室的李斯克（Peter Lesch）。他們倆對於基因如何接受人體訊號（如荷爾蒙和壓力）而開關特別有興趣，也追本溯源，探究促成傳遞蛋白質基因啓動的DNA上游。這個基因有一塊區域因爲組成及構造異常而特別有趣，而且當這塊DNA被去除時，基因的活性也增加了。這表示這塊區域是用來減緩啓動基因的過程。有趣的是，這塊區域包含了同一序列二十一至二十二個鹽基十六次不完全的重複，就好像一首樂曲以些微的差異重複十六次一樣。李斯克猜測，這個不斷重複的結構可能很重要，因爲每個人各不相同。

李斯克檢視不同人的同一塊DNA，果然發現了差異：百分之五十七的基因有十六次完整的重複序列，而百分之四十三則只有較短的十四次重複序列，這其間的差異達四十四個DNA鹽基，就好像有些人的DNA受不了重複唱同一曲調，而提早結束一樣。

要檢視這樣的變異是否造成不同結果，有三個方法。首先，李斯克把這些DNA殘片分解爲在培養皿上成長的細胞，長基因比短的強兩倍。李斯克爲了確定DNA不是因爲自然環

境的不同而有不同的反應，因此測試了長基因、短基因，以及其他變異基因的白血球。擁有兩份長基因的細胞，比只有一、兩份短基因的細胞可以製造兩倍多血清促進素轉移RNA。最後的實驗是檢視製造出多少血清促進素傳遞蛋白質。當然，只有長基因的細胞比短基因的細胞能夠連結更多的血清促進素。

這三個實驗顯示，人人都有製造血清促進素傳遞蛋白質的基因，但量不相同。約百分之三十二的人口擁有兩份較強力的長基因，能製造高量的血清促進素傳遞蛋白質，而其他百分之六十八的人，只擁有一或兩份較短的基因，因此製造的傳遞蛋白質較少。

血清促進素和個性

墨菲和李斯克的努力有了回報，他們發現了DNA中的遺傳變異，會明顯影響血清促進素的傳遞，這是可以控制腦中血清促進素含量的小按鈕。現在的問題是，這種「天生的百憂解」對人體究竟有什麼影響？它對人的天性究竟會造成什麼效果？

墨菲和李斯克很確定，這個基因不會是某種心理疾病的關鍵，因爲它太普遍了，如果說這是造成抑鬱的因素，那麼豈不是全球人口中至少有三分之一都覺得沮喪難過？他們猜測，這個變異所影響的應該是較普遍的個性變異，不過他們的研究對象都是不尋常的對象：嚴重的精神病患。他們需要大批健全正常人的DNA樣本和個性資料，因此他們找到了我。

墨菲和我曾經合作尋找追求新奇的基因。他知道我有他所需要的資料，於是幾周之內，

研究員過濾五百零五人的基因型（genotype），找出血清促進素傳遞蛋白質上游的DNA區，他們研究了我們有個性分數紀錄的每一個人——本地大學生、性別與愛滋病研究中的同性戀男子、手足、父母，不分男女老少、白黑黃棕各色人種。作完所有的準備工作之後，只差把資料和個性測驗的分數配合而已了。

首批資料送入電腦之際，大家屏息以待。學者已經列出血清促進素的各種功能——由焦慮到沮喪到挑釁，由飲食到認知和性，現在就是眞相揭曉的時候了。也許血清促進素的影響太大，反而找不出我們欲尋覓的狹隘特色範圍。我們等著電腦顯示幕上出現星星符號，電腦掃瞄統計資料之後，如果出現兩個星號（＊＊），就表示僥倖的可能不到百分之一。

我們最先依據的是測量五種特性的標準個性測驗，首先輸入謹愼可靠特性受測者的DNA資料，如果謹愼特性分數高或低的人在這塊DNA上有任何相同點，電腦就會逮到它，標識星號。這個測驗的結果是負面的，沒有星號，沒有關聯。接下來我們又測試開朗的特性，依然一無所獲。我們再輸入第三個特性項目，外向活潑，結果也沒有星號出現。

第一個有結果的是親和力，親和與否和侵略性息息相關，而侵略性正是由血清促進素所控制，因此能作出結果的確說得通，只是其關聯不強，只有一顆星。這個結果使我們略獲鼓舞。接下來要測試的第五個特質就是逃避傷害，也就是測量焦慮、情感穩定度和對壓力的反應。這些都是如果要探索遺傳百憂解應該檢視的特性，如果這裡也沒有結果，那麼就不會有結果了。

我緊盯著顯示幕，新的數目字跳了出來，我不禁笑了，因爲出現的不只一顆星，也不只兩顆星，而是三顆星，表示偶然的機率不到五百分之一，正符合我們預期。

這才不過是開始而已。

接下來，我們由每一個可能的角度檢視這些資料，免得我們有所遺漏，或是收集的受測者樣本有所偏差。我們先把受測者依來源區分爲來自「美國心理衛生研究院」和「美國防癌學會」兩組，發現兩者結果相同，都對逃避傷害顯現出強烈的關聯，但對其他因素則無反應。接下來我們檢視男女、一般人和同性戀，發現依然只有逃避傷害的因素展現強烈關聯；最後我們針對年齡、種族族群、教育和收入作分類，不論如何變化，結果依然一致。

我還是不相信，也許這個結果只是因爲個性測驗五個因素的架構而造成的巧合，也許我們的問題和答案歸類的方式，引我們走向錯誤的方向。

我們的受測者接受兩個不同的測驗。由於如何描述並測量個性是衆說紛云，我們希望用更多不同的標準。第二個測試稱作「十六個個性因子檢視」，由美國心理學先驅卡特爾(Raymond Catell)在一九四〇年代設計，這十六個個性因子把個性區分爲由十六個核心特性所構成的五個因子。

我們把受測者的DNA資料和卡特爾的特性相配，五個因子中只有一個出現一顆星：焦慮。這個關聯正合我們的預期，證明我們的發現：這塊DNA域區和一種基本的個性特性有關。

最後的分析是檢視克隆寧格的預測。他認爲血清促進素可能和逃避傷害有關，現在我們正好有機會測試此說，果然不錯。我們發現，這塊DNA區和他稱爲「逃避傷害」的特性有重要關聯，若以數學方式重新排列組合五因子測驗的問題，就會發現，他所辨識出來的其他特性並無關聯。這再次證實克隆寧格理論。他指出，多巴胺和追求新奇相關，果然不錯，現在他又再次證明血清促進素和逃避傷害有關聯，他的個性模型的確有理。

還有一點相當有趣，擁有最高程度的焦慮相關特性的人，基因啓動子（promoter）較短，也就是說，血清促進素傳遞蛋白質效力最低的人，最焦慮。這個說法和艾利勒利實驗室對血清促進素作用的解釋正好相反，艾利勒利實驗室認爲，血清促進素傳遞蛋白質量降低和逃避傷害症狀減緩相關才對。我們的結果比較符合「傳統」模型，即血清促進素會造成（而非減輕）焦慮、沮喪及其他逃避傷害成分。

不過我們很難對血清促進素作用的方向作任何結論，因爲也有可能是血清促進素傳遞蛋白質基因長期抑制，最後經由反饋或補償機制，減緩了血清促進素的訊號。我們需要的是直接測量腦中血清促進素訊號的方式，但迄今這種作法還不可能。

我們的研究不僅證實血清促進素傳遞蛋白質和逃避傷害之間有所關聯，也首次提出有力的證據，說明逃避傷害的多種因素和基因有關。因爲DNA裡的差異，與逃避傷害的幾個層面如焦慮、沮喪、敵意、悲觀和疲勞都有關聯，因此這些結果證實，一組基因（在此例中僅有一個基因）可以影響人的個性。

焦慮與演化

爲什麼三分之二的人口都擁有讓人覺得焦慮、沮喪和悲觀的基因變異呢？大自然眞的那麼殘酷嗎？顯然，最極端的逃避傷害形式在演化上並沒有意義，如果基因的目標是爲了要傳遞給未來的世代，那麼使人類恐懼社交因而無法傳宗接代的特性，豈不是造成了反效果？同理，人若因嚴重憂鬱而暮氣沈沈，便無心傳宗接代，照顧子女。然而血清促進素啓動區域的基因，常和輕微的焦慮和憂鬱有關，而輕微的憂慮沮喪對人類演化反倒是好事。

演化心理學者認爲，輕度的焦慮和憂鬱在許多情況下都有其好處，例如會吵的寶寶就比安靜的寶寶更吸引母親的注意。非洲的實驗顯示，在饑荒時，「難帶」的寶寶比乖孩子獲得更妥善的照顧。同樣的，在遭逢險境時，焦慮也極爲有用，聽到獅吼轉身就逃的獵人可以擇吉日再出獵，而逞匹夫之勇，赤手空拳去攻擊獅子的獵人，卻可能見不到明天；夜裡避開治安不好地區的人，也比自找麻煩者較不容易遇害。在達不到目標時的失望和沮喪，會使人能停下腳步，深思熟慮，再擬出更妥善的計畫，而非盲目地繼續毫無效果的行動。

這樣的理論可以解釋，爲什麼血清促進素傳遞蛋白質基因的逃避傷害因素依然存在，但不能說明爲什麼它們含有這麼高的量。我們的推測是基於更直接的機制：性，這在第六章將會有更詳盡的探討。擁有短血清促進素傳遞蛋白質基因的人，比基因較長的人更常發生性行爲，在精神病學者和性學者看來，這是意料中事。輕微的焦慮經常是和性欲增強相關的，而

如百憂解這類抗憂鬱藥物，最常見的副作用就是性欲減退。

基因不在乎你是抑鬱或快樂；基因在乎的是要傳遞給下一代，而傳遞的唯一方式是經由性行爲，因此使你焦慮而在性方面活躍的基因，就較有機會保存下來。

其他的影響

人會爲種種原因而焦慮或鎮靜、沮喪或快樂、憤怒或平和，血清促進素傳遞蛋白質是原因之一，卻非唯一的原因。我們的資料顯示，血清促進素傳遞蛋白質的差異，對整體變異性有百分之三或四的影響，對逃避傷害、逃避傷害和焦慮，也有百分之七至九的影響。因此假設其他基因也有相同的力量，那麼血清促進素傳遞蛋白質可能只是影響這些天性的十一至十四種不同基因之一。目前對其他的基因尚不得而知，也許其中有些和血清促進素訊號的其他層面有關，而其他的影響則未知。

當然基因並不代表一切，行爲遺傳學的研究已經顯示，環境（即非遺傳的一切事物）至少在逃避傷害的特性上也同樣重要，然而究竟哪些是重要的環境因素還不清楚。卡根已經有證據顯示，天生羞怯的嬰兒如果受父母鼓勵而防衛自己，那麼長大後就會比嬌生慣養的寶寶更容易擺脫羞怯。但整體而言，教養並無太大效果，因爲雙胞胎的研究顯示，共同的環境（包括一般的教養方式）在統計上對逃避傷害因素幾乎沒有任何效果。

學者甚至不能確定，獨特的人生經驗對天性是否有所影響。一般人都覺得，富有環境可

以算是一種獨特的經驗，但研究發現，就算發了橫財，也不會改變焦慮的程度。伊利諾大學的心理學者狄納（Edward Diener）發現，中彩券的人在幸運之神光顧一年之後，並不比原先快樂，同樣的情況也發生在我們通常歸於滿足的因素，如結婚、成家或升遷等，對於快樂與否只有極其微小的影響。

同樣教人驚訝的是，負面的事件諸如離婚、喪偶、遭炒魷魚或甚至脊椎受傷，對沮喪抑鬱都只有些微的關聯。這類的事件不論好壞，都只會使人快樂或悲哀數周或數月，但過半年，他們的情緒又回到從前。這使得有些學者認爲，腦部對快樂有一定的容量，一如身體對體重有固定的標準一般。

這些影響綜合起來，說明了爲什麼遺傳規則會有例外，例如四十一歲的羅素擁有長基因，應該在逃避傷害方面分數低才對，但他的分數高居前百分之十，他的確曾有過嚴重的沮喪問題，迄今還求助於治療師。他IQ遠超過一般人，但因爲缺乏自信心，而只作臨時辦事員的職務。另一個例子則是丹尼爾，中年的他有短的DNA基因，逃避傷害的分數應該很高，但他屬於最低的百分之十，從未求助於精神病醫師，婚姻美滿，而且在社交生活中相當活躍。雖然在遺傳上他應該有神經過敏的症狀，他卻是個自信、成功、自在而隨和的建築師。

這兩個人證明了DNA未必就是不可更改的命運，個人特質可能超越遺傳的天性。就丹尼爾的例子而言，他強烈的特質克服了遺傳的問題，至於在出生時原不該沮喪的羅素卻依然抑鬱寡歡。這正像有些人雖然長得高，卻不打籃球一樣，擁有「快樂」基因的人，也可能依

然消沈沮喪。如果你覺得自己逃避傷害的程度過高，那麼也有許多方式可以改變你的人生觀，例如努力培養積極的態度、換工作、減重、度假、作運動，甚至偶爾來一客巧克力聖代，淋上熱呼呼的糖漿。

如果你逃避傷害的程度已足以影響你的人生，那麼就得尋求專業的協助，逃避傷害最嚴重的時候可能出現精神極端症（bipolar disorder），亦即一般所謂的躁鬱症（manic depression），患者時而消沈，時而躁狂。此症以含鋰藥物治療極有效，能夠協助平復高低起伏，不過有些人服用後並無效果，有些則表示他們懷念自己「興奮」的時期。

精神極端症不只是嚴重的逃避傷害，科學家迄今還不了解人類腦部的運作機制，但已經明白，精神極端症和遺傳有強烈的關聯。這種症狀經常在家族成員之中出現，研究也已經證明，躁鬱症患者的雙親和手足患病率也增加十倍。雙胞胎出現這種病癥更是不足爲奇，躁鬱症患者的同卵雙生手足罹患此症的機率，較一般人增加了四十倍。

顯然環境也是精神極端症的重要因素，但我們並不確定，究竟是環境中的哪些因素造成影響。環境影響的最佳證據是，過去二十年來，精神極端症的病例大幅增加，發病的年齡也越來越年輕，顯然我們的生活方式中，有某些因素促使了躁鬱症的增加。

目前學者已經展開全球性的研究計畫，要找出致病的基因，已經找出幾大塊染色體區域可能有關，但究竟是那些基因則不得而知。精神極端症之所以神祕，原因之一是，就演化觀點而言，它是不合道理的。爲什麼這樣難處理的情況會遺傳下去？既研究躁鬱症，本身也是

患者的心理學者賈米森（Kay Jamison）說，這種病癥在有些人身上可以發展爲豐富的創造力，許多知名藝術家、作家和科學家都有這種疾病，如畫家梵谷、英國詩人布雷克（William Blake）、美國詩人惠特曼（Walt Whitman）和小說家愛倫坡。

躁鬱症是極端的例子，但情緒偶爾低潮未必不好。所有的情緒或情感——甚至包括讓人難過的情感，都有其價值和重要性。我們的目標不是要壓抑情感，而是要以正面的情緒平衡負面的情緒。**快樂與否取決於正面與負面情緒的比例，而非壓抑所有焦慮、悲哀和恐懼的情緒。**每一個人偶爾都會有負面的情緒，否則人生就變得疏離而冷漠，唯有在負面情緒失控時，才會擾亂我們的生活，使我們生病。

逃避傷害的分數會反應出我們遺傳的情緒範圍，儘管如此，但這個範圍之內依然有很大的彈性，也就是說，藉著刻意的努力，很容易就能超越這個範圍。研究逃避傷害遺傳學的心理學者萊肯（David Lykken）建議：「固定保有一些簡單的樂趣，能夠使你維持在天生的情緒範圍之上。找些能讓你保持愉快心境的小事，吃一頓美食，養花蒔草，與朋友相聚，讓生活中時時保有這些愉快的事物，長久下來，它們帶給你的快樂，遠超過讓你一時興奮莫名的大成就。」

3 暴躁，還是平和？

憤怒是人的天性。對於憤怒和侵略性，
基因及它所控制的腦部化學物質有相當重要的影響，
但人類不是完全受基因主宰。
研究基因在憤怒及暴力等問題上所扮演的角色，
是爲了了解哪些是可以改變的，而哪些不行。

週五下午快要下班了，正當你收拾桌面準備到托兒所去接兒子的時候，老闆把你叫進辦公室。「報告呢？」他問道。這眞教你氣惱，因爲早上你已經向他說過，報告會遲交，因爲你指定寫這份報告的人打電話來請病假——至少她是這麼說的。現在你想到，誰知道她是不是一大早就去海邊度週末了。你全身僵硬，面紅耳赤，準備反唇相譏，但你極力忍住。你嚥下憤怒，對他說：「週一早上會交，我保證。」這時，你已經知道，週末泡湯了。

你力持鎮靜，但你的身體對壓力起了劇烈反應，在你的中腦，扁桃體發出作用迅速的化學物質，使你的肌肉緊張，血液湧向皮膚表層，使你惱怒。這個不過杏仁大小的器官，也釋出信息給腎上腺，產生壓力荷爾蒙，使腦部對下一個侮辱或壓力更爲敏感。你的身體高度警戒，準備行動。你走出大門準備上車，打算把辦公室的不愉快拋諸腦後，但已經太遲，你的腦部已超支了。

等你抵達托兒所，已經是六點二十分，托兒所早就關門二十分鐘了。遲到一分鐘一美元的罰款，已把你整週帶飯盒辛苦省下的飯錢花光了。其他的孩子已被接走，只有你兒子孤伶伶站在車道旁，抱著午餐盒和今天的美術勞作。托兒所的老師由轉角現身，通常你看到她總可以聽她說兒子今天的表現如何，但她今天竟把你兒子孤單丟在人行道上。

「你到哪裡去了？」你氣惱地說。

「你又到哪裡去了？」這位年輕老師氣呼呼回話：「我們六點就關門了，我只不過到辦公室去打電話看你到底出來了沒有。」

你努力壓抑對她吼叫的衝動，深吸了口氣說：「對不起耽誤了，謝謝你等我。」

你把兒子綁在安全椅上，一邊覺得自己有點反應過度，但怎麼能怪你：老闆混蛋，同事懶惰，你自己不該遲到……你只想趕快回家喝杯飲料。兒子嘰哩呱啦講個不停，可是你只聽到自己腦海中的怒吼。

你得先到超市買點東西。不出所料，停車場早就擠得滿滿的，正當你好不容易看到停車位想擠進去，卻有一名年輕男子駕著老舊的本田插隊，你按喇叭，他也作出侮辱的手勢。你在腦中想盡了辱罵他祖宗八代、他車和他臉的各色話語，但你沒有出口。超市中鬧哄哄的，走道上都是人，你緊緊抓著推車扶手，在你腦中，化學物質暴增，若你是拳手，早就把對手的頭都打斷了，但現在你只能專心算著車內只能有九樣商品，才能由快速結帳台結帳回家。

「媽媽，我可不可以買點糖果？」你兒子用那種你一定會回應的語調哼道。

「不行。」

「爲什麼？」

「因爲不行。」

「哎哎哎。」他尖叫起來，扭動身體爬出推車，差點就落到硬梆梆的地上。

「坐下，閉上嘴！」你叱道，把他推回推車裡，但你沒注意他的腳卡住了，你越用力推，他叫得越大聲，你差點就給他一耳光。

「不要再叫了！你實在夠壞的！」他繼續扭來扭去，你抓住他的下巴，把他的臉轉過來，

吼道：「給我住嘴！」

其他人開始瞪著你們瞧，你兒子知道你可不是開玩笑的，他很少看到你像這樣，他還那麼小，也讀得出危險的訊號，總算循規蹈矩，像個小紳士。你付了帳，把東西搬回車上，開車回家。平靜下來之後，你不禁自問：「我究竟是怎麼了？爲什麼爲這些小事抓狂？甚至還差點打了孩子。我究竟在想什麼？」

其實一直到這一連串事件的最後，你都沒有在思考；邊緣系統的扁桃體已經接管你的腦部，主司思考的皮質被擺到一旁，完全被忽略了。你的反應正像是穴居祖先對來襲的山獅所起的反應一樣。人腦的設計原就能產生憤怒，而且不知爲什麼，我們的腦部對敵意、挫折和憤怒的回應都不是理智或判斷，而是更大的憤怒。不論就遺傳或生物學而言，我們都跡近危險的邊緣，而且越來越接近。

處理憤怒

偶爾發怒並不是問題，否則你就不成爲人了，問題是你如何處理這樣的情緒。你是否讓憤怒轉爲侵略和暴力？還是轉變爲更努力、更勇敢和更好的表現？你是讓憤怒一再累積，直到爆發在無辜者身上，抑或能夠透過適當的管道宣洩你的精力？

憤怒儘管是天性，但並不表示它就美好，也並不意味著我們得向它屈服。**我們可以養成情感和認知的習慣，控制憤怒，將之化爲生產力**。我們全都想控制自己的脾氣，這是人類社

會中極重要的一環。這麼多世紀以來，人類已經想出各種各樣的方法（不論是個人抑或集體）來控制怒氣。如果每一個人都能百分之百控制自己的脾氣，就不需要這麼多法律條款或監獄了。我們發明了種種運動項目，依約定的規則和範圍來發洩並酬報我們的侵略性；宗教也是抑制我們侵略本性的一種方法，基督教的教誨要我們在別人打我們左頰時，連右頰也伸出去，其他的宗教則教我們如何消除憤怒。有些人嗑藥或酗酒來發洩怒氣，而現代也有許多自助的方法，教我們如何處理自己的侵略性。

在憤怒的例子中，古人的忠告遠比現代流行心理學者的建議都好。愛你的敵人雖然困難，卻比較合乎心理健康，伸出另一頰也比打架來得好。最糟的作法則是依某些治療師的話，「發洩」怒氣，這只會使你更憤怒。關於侵略性還有另一則迷思：憤怒肇因於童年不幸的經歷或惡劣的居住環境；慈愛的雙親可以使孩子長大之後不會有暴力行爲。這些理論都是因爲對於腦部如何運作和人類天性本質的誤解而產生。

憤怒通常導向他人，因此才會造成社會問題。由敵意和挫折發展爲反社會行爲和犯罪，是現代社會面臨最重要的課題。沒有人希望生活在充滿攻擊、謀殺、強暴和傷害的社會裡，而我們卻容許這樣的行爲發生，社會瓦解，戰端四起。人們互相殘殺，因爲對方的部族不對、宗教信仰不對、國家不對、所住的社區不對。這不只是人類天生侵略性造成的。

目前社會的犯罪率很明顯不可能只怪罪於生物學。當今人類的基因組成和一百年甚至一千年前的人類並沒什麼兩樣，我們在基因上依然是同樣的人，改變了的是我們生活和抑制自

己行為的方式。犯罪並非個人問題而是社會的問題，預言現代人是否有暴力傾向，不可能由實驗室中的血液測試得知。預測哪些人最可能出現暴力行為，最好的方法是看他們住在哪裡，如何生活。如今的暴力犯罪和腦部的化學物質無關，而是和貧窮、貧富差距、種族分布、都市的汚穢、缺乏個人責任感、家庭破碎，以及平民社會惡化有關。

但僅僅社會和環境因素不足以解釋暴力和犯罪——如果這樣簡單的想法屬實，那麼任何生在貧民窟的人都是罪犯，生在富裕家庭中的孩子都會成為模範公民了。眞相遠比此推理複雜。所有的研究都顯示，憤怒與敵意及其表現出來的結果，如犯罪和暴力，原因都不只是環境或生理。**基因不會造成罪犯，但環境也不會；唯有基因和環境、天性和特質一起作用，才會造成犯罪的後果。**有些人暴力是因為他們腦部化學物質的運作，但也有些是因為社會中暴力行為充斥。在人類行為中，沒有其他領域如暴力這般受先天和後天兩者交互影響如此深遠。

失常的憤怒

人偶爾會發脾氣，但有人永遠處於憤怒的狀態，經營一家小印刷影印店的中年婦人梅格就是一個例子。

梅格看大多數人都不順眼，覺得他們要嘛太笨，要嘛太聰明；他們窮是因為懶惰，富是因為運氣。梅格不喜歡人的時候總對他們不假辭色，過去六年來，她已經請了十一位兼差員工，沒有一個做滿九個月。最近一個也因一筆大生意不小心多印了幾百頁被罵成「低能兒」

之後，遞辭呈走路，最後一次薪水還被扣了多印的損失。

一點點小事梅格也忍受不了。如果在車陣中被人超車，她立即大按喇叭，由窗口破口大罵表達憤怒，也不只一次遭對方以拳頭相向威脅。釘書針用完就足以讓她向員工長篇訓話。小時候她玩積木因為無法堆出圖例所示的房子，竟把積木丟到洗衣機槽內。

梅格覺得，別人看她，就和她看別人一樣不堪。她最喜愛的消遣活動是盤算別人為什麼不喜歡她，避開她。通常她總覺得是因為她中東族裔的血統及老闆娘的身分，卻從不覺得自己的行為會使人退避三舍。如果客戶把生意給別人做，或是舉辦活動獨漏她，她就處心積慮想要報復，她從沒有寬恕與忘卻的念頭，她的座右銘是以眼還眼，以牙還牙。

梅格眞心喜愛的事物只有一項，那是她自大學起愛上的划船。她大一時學校划船比賽只有男生才能參加，梅根就聘了律師，向學校威脅如果不讓女生參加，她就要提出控訴。校方屈服之後，她組了一支女子隊伍，身負隊長之職。她辛苦訓練隊員，身體上的活動讓她覺得十分舒暢。她的隊伍在八人或四人賽中表現不佳，因為其他隊員老是趕不上她的要求，她也不喜歡受舵手的指揮。但在單人項目中她表現傑出，贏得多項比賽，再沒有比超前一划，把所有的船都抛諸身後更教她快樂的事了。

梅根是個極端的例子，但這個例子說明了憤怒和侵略性的基本架構。她個性中最明顯的特性是敵意：對世界和她周遭的人充滿了敵對的觀感。就個性分析而言，敵意其實與避免傷害、逃避傷害和焦慮息息相關，這幾個特性的關聯本在意料之中：逃避傷害、神經過敏和焦

慮全都是不愉快的感受，而敵意則是對他人有不愉快的感覺。這些人以負面的觀點看待一切。

厭惡旁人是一回事，將這心情表達出來又是另一回事。心理學者以各種方式為憤怒分類，可能是缺乏親和力。按照克隆寧格的看法，侵略性是逃避傷害（天性）和缺乏合作能力（特質）兩者的結合。不論如何，侵略性都是出於敵意而產生，不論是以惡言或暴力的形式表達出來。

別人常勸梅格，在發怒之前「先數到十」，但她發作的時間往往數不過一。心理學者稱這種迅速的反應為「衝動」、「缺乏自我控制」，或是「缺乏約束力」，意味著不經大腦思考就採取行動，這是憤怒的人共有的特色。梅根除了衝動之外，她也什麼都不怕。大多數人總把畏懼視為弱點，其實恐懼是人類最有用的情緒，恐懼使人不致作出諸如毆打老闆之類的自毀行為。我們由內心感到恐懼，這是一種身體的感受：胃部緊張、口乾舌燥、皮膚起雞皮疙瘩。這些都是人體對大腦邊緣系統所發訊號的反應。

人都會有某種程度的敵意、好戰和衝動，問題是我們如何控制。在梅格的例子裡，她的侵略性曾有過一次好結果，也就是她在划船賽中的勝利。憤怒的人通常都愛競爭，在他們看來，世界一如叢林，他們就像追求新奇的人，喜愛行動和冒險，但他們的動機在於勝利的興奮，而非風險的刺激。他們特別喜歡只有一個贏家，其他人都失敗的激烈比賽。

梅格的侵略性和憤怒傷害了自己和家人，但她還算幸運，至少她從沒有殺人放火或是被送進監牢。她雖然討人厭，畢竟還不是罪犯。她沒惹上麻煩究竟是因為她出生在富裕的家庭，

抑或因爲她是女性，還是因爲她遺傳的天性並沒有暴力傾向？攻擊性的罪犯和討厭鬼其間的差異在那裡？是基因、環境，抑或兩者？

雙重困擾

解析基因和環境之間交互作用的角色，就像解析犯罪行爲一樣複雜，因爲孩子是父母基因和環境兩者的產物，很難區別行爲的原因。同樣的父母既提供基因也提供環境，因此究竟何者影響較大，如何影響，就更難了解了。最有效的方法是研究誕生之後即與生父母分開，由遺傳方面毫不相關的養父母撫養長大的孩子，如果孩子長大之後像的是親生父母，顯然是基因的作用；如果他較像養育他的人，則環境就是關鍵。

在美國，最大規模的收養案例實驗是由卡德瑞特（Remi Cadoret）及同僚所作，他們在二十年間，研究了一千多個愛荷華州的家庭，比較的對象是在法律、酗酒或和人相處各方面有困擾的父母所生的子女，以及沒有這方面困擾的父母所生的子女。所有的孩子在出生時或幾天之後，就與親生父母分離，由毫無血緣關係的家庭收養。他們想要追究的基本問題是：被收養的孩子比較像貢獻基因的親生父母，還是像提供環境的養父母？

答案是兩者皆非，但也兩者皆是。對沒有問題基因的孩子，家庭的環境並沒有造成多大的差異，就算養父母離婚、酗酒、嗑藥，或有其他方面的問題，孩子們長大之後表現的行爲依然如在好家庭成長的孩子一樣，有些成爲好孩子，有些則會惹麻煩，但其比例是正常的，

不會因其家庭生活而有改變。也就是說，在基因健全的情況下，教養的環境差異沒有那麼大。

但當基因不好的時候，家庭的環境就是決定成敗的關鍵。家庭環境惡劣之時，遺傳了問題基因的孩子風險增高。在這些家庭中，兒童和青春期侵略行爲的比例大增，諸如說謊、偷竊、曠課和退學種種惡劣行爲的比例，增加了百分之五百。其中有些孩子後來並無大礙，但壞孩子與好孩子的比例有了偏差。唯有基因既不健全，家庭環境又不理想的孩子，攻擊和反社會行爲大幅增加，這也顯示出遺傳的並非壞行爲或侵略性，而是對環境的基因敏感度。基因並不會使人反社會，而是使人較容易受到影響。壞的種子在好的土壤之中，依然有好的機會，但壞的種子種在貧瘠的劣土中，卻會凋萎。

天性具侵略性的孩子是雙重的危險因素，因爲他會破壞家庭。有一個極端的例子：一名背景特別複雜的四歲男孩，由一對已經育有一個小女兒的夫婦收養，男孩只有四歲，卻是個麻煩人物。這對夫妻把他帶回家一星期之後，就打電話給收養機構要退還這個孩子，經過諮商，他們非常不情願地同意再把他留下，但他的行爲實在教人頭痛，夫妻爲此不知吵了多少回。不到兩年，他們離婚了。最後他們終於把孩子逐出家門，因爲他槍殺了他們的女兒，被送進監牢。

最詳盡的收養資料來自瑞典，一九三〇至四九年八百六十二個斯德哥爾摩出生，且在極幼時就被非親屬收養的非婚生子，每一個都有紀錄，學者調查了有關犯罪行爲、飲酒和禁藥藥癮的所有資料，比較親生父母、子女和養父母之間的異同點。

犯罪紀錄顯示，基因和環境之間有相當驚人的相互關聯。如果親生父母和養父母都屬於低犯罪率的群體，那麼被收養的孩子被捕的紀錄就很低(百分之三)，而且大部分是因爲小罪，這個比例和一般人口中的比例相當。如果收養孩子的家庭屬於高犯罪風險的家庭，孩子的犯罪率就微幅升高至百分之七。接著是高犯罪風險父母所生的子女，犯罪率達百分之十二，但最高的犯罪率（小罪）則屬由高犯罪率父母所生，又被高犯罪率養父母收養的孩子，高達百分之四十。這又是壞種籽栽培在惡劣土壤之中的例子。

這些結果可能會讓有心收養孩子的人心驚，但我們得強調，不論基因的背景如何，大部分的孩子後來都有不錯的表現。這些研究對想要收養孩子的父母反而應該有鼓舞的作用，因爲它們顯示了就算最糟糕父母所生的孩子，也未必會跟從壞父母的腳步，而對基因組合最壞的孩子，最良好的家庭環境會造成差異的表現。

當基因主控時……

雖然優秀的父母可以培養基因惡劣的孩子，但時機最重要，就像一朵略微凋萎的花朵插在水中就可以恢復生機一樣，孩子也要有愛滋潤。但如果等得太久，孩子就像枯萎的花朵，不可能復原了。干預壞基因發展爲惡劣行爲的關鍵時期究竟是何時？答案可以由雙胞胎研究得知。

我們可以由雙胞胎研究了解到，究竟是基因還是環境比較重要。基因並不是在受孕時決

定是開或關的開關，也許你出生時有禿頭的基因，但你的頭髮一直要到中年之後才會落盡。犯罪行爲亦然，某些基因不會立即作用，直到生命的後期才會發揮。在童年時期，決定誰會犯罪的關鍵因素在於環境，長大後才由基因控制。

基因和環境影響力消長的證據，可以由對越戰期間服役的雙胞胎兒時和成年後的行爲研究看出。在八千餘人的訪談中，約有百分之九的人在青少年時期就顯出反社會行爲，約有百分之九在成年時展現同樣的行爲，這和一般人口的比例並無兩樣。

基因的重要可以由兩件事測量：共同的環境，意即一般的教養和學校；以及獨特的環境，即其他一切，包括誤差。下列數字估算出的是應爲少年和成年人反社會行爲負責的因素：對少年而言，基因占百分之七的影響，而一般環境占百分之三十一，其餘的百分之六十二則是因爲獨特的環境或不明因素。成年人的情況則恰巧相反，基因占百分之四十三的影響，而一般環境只有百分之五，其餘的百分之五十二則是獨特的因素。

教養對少年男女比較重要，到成年後卻較少影響，這樣逆轉的結果是如何造成的？多元分析的結果顯示，一般的環境因素（亦即教養）在兩個年齡群中是相同的，但其效果隨年齡增長而降低；在兩個年齡群中，基因也是相同的，但其效果與日俱增。這段期間在量方面唯一有所改變的是獨特的環境——雙胞胎中只有其中一人經歷的環境。

其他針對孩童和成人的研究也顯示出類似的模式，例如在北美、英國和日本針對青少年犯罪的雙胞胎研究中，同卵雙胞胎的相關比爲百分之九十一，異卵雙胞胎則爲百分之七十三。

也就是說，如果雙胞胎中有一個是不良少年，那麼另一個（不論是否同卵）是不良少年的機率就很高，甚至高到如傳染病的程度。惡行就像水痘一樣，在某些家族和社區流傳。惡劣的環境似乎比惡劣的基因更容易產生出惡劣的孩子。受訪的許多社區都有一半以上的孩子違反法令，惹上麻煩，在這樣的社區裡，需要更加優良的基因，才能確保孩子循規蹈矩。

在成人方面情況則迥異，反社會和犯罪行爲展現了更典型的遺傳模式。自一九三〇年代以來，在北美、德國、丹麥、挪威和日本等地所作的七份犯罪行爲報告發現，雙胞胎犯罪關聯的平均比例，在同卵雙胞胎是百分之五十二，在異卵雙胞胎是百分之二十三，相差這麼多，顯然基因占了更重要的角色。如果以最大規模研究（在丹麥所作）的資料來看，累犯有關財物罪行的遺傳性達百分之七十六，有關暴力傷人的罪行的遺傳性則爲百分之五十，很可能和遺傳有關。

如果孩子同住在一起，就會受到共同環境的強烈影響。如果他們的父親買賣毒品，朋友加入幫派，校園暴力充斥，那麼要他們潔身自愛也難。如果同樣的孩子有個受人敬重的成功父親，上的是好學校，那麼就有可能發展成好青年。然而一旦孩子離家，就較少會受到生長過程中所學的影響和限制，他們可以選擇自己的朋友和社區，也就是選擇自己的環境。改變的並非他們的基因，而是基因協助他們創造環境（不論好壞）。

把孩子送進少年法庭的是環境，但把成人送進監獄的是基因。因此在從基因到犯罪的這條路上其實有干預的機會，而且這個機會在生命初期就已經出現。關鍵是要明白究竟是什麼

造成差異，是家庭、朋友抑或社區，然後對症下藥。

血清促進素的衝擊

美國海軍陸戰隊向來以勇猛難纏聞名，因此很適合以海軍陸戰隊員作爲研究腦部化學物質和暴力關聯的對象。

發現其間關聯的是生理精神病學者古德溫（Frederick Goodwin），他後來因比較都市貧民窟少年和被鎖在籠中的猴子而引起爭議。他於一九七九年開始對暴力的生化作用產生興趣，並發表報告，談到由海軍陸戰隊退役的人被視爲精神病患。他想研究這些人的行爲，並檢視他們腦部的化學物質。他希望能在這些「壞」海軍陸戰隊員腦部發現某些相同的化學物質。

首先古德溫研究他們的紀錄，檢視其中是否有「過度暴力和精神錯亂的異常現象」。接著，他希望能了解在他們的中樞神經系統化學作用中，是否有什麼不同。古德溫和同事抽取了這些問題人物的脊髓液分析，由於脊髓是腦部的延伸，因此富含腦部的傳遞化學物質。

不過他們就發現一個模式，退役的海軍陸戰隊員有一種化學物質的量降低：5-hydroxy-indoleacetic acid（5HIAA），這是腦部傳遞物血清促進素分解之後的產物；而隊員其他的化學物質看起來都很正常。在許多有暴力或侵略性傾向的人身上，也同樣可以發現同一化學物質的量很低，例如犯下侵略罪行的人、殘害動物的兒童、對母親表現敵意、對他人顯現侵略性的不良學童，以及在侵略、暴躁、敵意或精神錯亂方面分數異常高的男性。

血清促進素和暴力之間有所關聯，應該是意料中事。我們在第二章已經說明，血清促進素對逃避傷害這種天性的諸般特質如沮喪、焦慮、敵意，都有重大影響。如果我們把沮喪看成是對自己的憤怒，而侵略性是對他人的憤怒，那麼其間的關聯不言而喻。血清促進素的任務就是讓人覺得不舒服，它是腦中主司懲罰的化學物質。不論人是對自己或對他人感到憤怒，不論是沮喪或侵略，血清促進素都脫不了干係。

學者嘗試提出血清促進素和暴力有關的論點之後，就以動物為實驗，改變牠們體內的血清促進素含量，立即出現極明顯的影響。經刻意增加血清促進素含量的老鼠和猴子，都變得較不具侵略性，降低血清促進素的量，則會增加侵略和衝動行為。

這些結果不只出現在實驗室中，希格利（J. Dee Higley）赴南卡羅來納州外海佔地四百七十五英畝的摩根島，研究當地的野獼猴（人類的近親）。科學家仔細檢視哪些猴子有侵略行為，哪些會避開這些行為。他們也記錄舊傷和新傷的數量，測量這些猴子惹了多少麻煩。

學者把青春期的公猴分成三組，抽取其脊髓。有些猴子特別有侵略性，總是挑釁滋事，身上傷疤累累；有些特別乖順；有些則在中間。最具侵略性的猴子血清促進素量最低，最溫馴的量最高。有趣的是，最具攻擊性的猴子其他兩種化學物質的量也增加了——一元胺正腎上腺素和ACTH荷爾蒙，兩者都是壓力的指標。

血清促進素的研究顯示，這種腦部化學物質對猴子侵略爭鬥的行為影響高達百分之二十五以上。學者在調查猴子相處的情況之時，發現整天忙著交際、梳理其他猴子毛髮、最愛群

居的猴子，血清促進素的量最高。

接下來要做的是找出這種化學物質如何運作，最合乎邏輯的當然是由腦部的血清促進素受體開始，如果受體和侵略有關，那麼阻擾受體應該就會改變侵略行爲的程度。基因工程使得科學家得以培育出完全缺乏5HT1B血清促進素受體的老鼠。

首批沒有5HT1B受體的老鼠看來似乎正常而健全，這批老鼠全是雄性，牠們在實驗開始前一個月就生活在一起。實驗開始之後，放一批新的老鼠進籠中，如果籠子裡都是正常的老鼠，牠們就會對「侵入者」搖尾示威，在一百六十秒之內就會展開首度的攻擊。這是正常老鼠的自然反應，其間有憤怒和暴力，但大部分是虛張聲勢，至於眞正的暴力行爲，大約每三分鐘不到一次。

但是陌生老鼠若落入經基因工程改變了血清促進素的老鼠群中，命運就比較悲慘，不到九十秒就遭到攻擊，每三分鐘就被咬、被追，受到威脅六次，攻擊的次數比正常情況下快且多六倍。我們不妨想像自己落到暴力犯罪率超過正常比率百分之六百的地區。僅僅是失去十幾個血清促進素受體當中的一個，正常的老鼠就變成了瘋狂的殺手。

看來似乎很明白：血清促進素量低就會造成侵略，而基因對血清促進素的量和使用方式有極大的影響，因此基因必然會造成侵略行爲。

但這個說法不能解釋麥奎爾猴子的行爲。麥奎爾（Michael McGuire）和羅利（Michael Raleigh）在洛杉磯加大飼養黑尾長猴，他們在猴子身上試驗，以藥物控制血清促進素的含量，

結果一如預期，量低的猴子侵略性強，量高的則較溫順，量最高的猴子——和衆猴相處最好的，最有可能成爲領袖。

經常有學童來探視這些猴子，麥奎爾也喜歡讓他們展現科學方面的才華。他請這些孩子選出猴群的領袖，孩子們通常觀察數分鐘之後，就能指出猴王是那一個。麥奎爾笑說：「如果要研究生來作同樣的事，恐怕得耗時六個月。」

麥奎爾和羅利展開實驗，重組猴群，打亂階級。突然，原本排在最高階的猴子落到最後，而原本是追隨者的卻成了領袖。如果重新檢查血清促進素的量，就會發現新領袖的血清促進素量較原先他們作追隨者時高，而先前的領袖則變得充滿敵意且暴躁，很容易有暴力行爲，牠們的血清促進素含量降低了。麥奎爾並沒有刻意改變血清促進素的量，他改變的是社會地位，僅僅這一點，就足以改變血清促進素的量。

和猴子實驗有異曲同工之妙的是大學兄弟會的實驗。羅利和麥奎爾測試了大學兄弟會男生的血清促進素，發現擔任老大哥的人，血清促進素含量都較新加入會者高。沒有人以爲有「兄弟會基因」存在，因此最有可能的解釋是：個人地位的高低，是血清促進素量有所不同的原因，而非結果。

如果這樣的情況在社會上很普遍，我們就可以說，出身貧困、在貧民窟長大、未受良好教育、皮膚顏色、宗教或語言不對的人，社會地位必然較低，因之血清促進素的量也較低，隨之而來的就是充滿侵略心、敵意和暴力，如此惡性循環。但顯然這種暴力傾向只發生在一

小群劣勢族群身上，就連在最惡劣的環境中也一樣，因此還有其他的因素在其中作用。

心懷不軌的男性

基因是否會影響侵略性和犯罪行爲，人們對這個課題一直爭議不休，然而就算是最振振有詞，主張唯有惡劣環境才會造成壞人的論者，也都不能否認一項簡單的事實：一個人是否暴力或有侵略性，最關鍵的影響因素是單一一個染色體——決定性別的Y染色體。

統計出來的證據不容忽視。美國法務部的數據顯示，男性犯攻擊罪的數量五倍於女性，犯殺人罪的案例是女性的十倍，犯強暴罪的比例更是女性的八十六倍。在歷史上，戰爭大部分是男性發動的。在現今的社會上，侵略性不但會使男性喪生，也使他們得以成名獲利。職業運動由男性主宰，至於其他男性的行爲，也不妨參考電視或體育場上的暴力。

合著《殺人》（*Homicide*）一書的戴利（Martin Daly）和瑪格·威爾森（Margo Wilson），有鑑於世上大部分文化都由男性主導，他們不願受到誤導，因此比較了男性殺害男性和女性殺害女性的比例。他們親赴美國各大城市、非洲村落、印度各城及蘇格蘭的社區，但不論到哪一個地方，答案都一樣：男性犯下的殺人案遠多於女性。

最教人印象深刻的發現是，男女性殺人的相對比率一直保持穩定不變，縱使絕對値不同。這意思是說，雖然美國都市的殺人案比英國威爾斯鄉下多，但男性殺人案的百分比相去不遠。例如在英格蘭和威爾斯，一九七七至八六年間，每年每百萬人口平均有三點七件殺人案，同

時期在底特律每百萬人口卻有二一六點三件殺人案，然而兩地男性殺人的比例都比女性多至少二十倍，兩者的比例在英國和威爾斯是二十三點一，在底特律是二十八點七。

如果男女之別僅在於唯一一個Y染色體，那麼它是否與侵略性有直接的關係？老鼠實驗認爲兩者的確有關，因爲只要改變Y染色體的結構，就可改變侵略行爲的程度。這個理論看似完美：Y染色體是男女之間的唯一差別，而男性較爲暴力，因此Y染色體必然和暴力有關，問題是如何找到方法在人類身上測試此一理論。

科學家知道，在某些罕見的例子中，男性擁有兩個而非一個染色體，如果男性暴力的原因在Y染色體，那麼擁有兩個Y染色體的男性就會更暴力。爲測試這個立論的眞確性，科學家作了一個看似合乎邏輯的實驗，但這個實驗在科學和道德倫理方面帶來的困擾，遠比它所解決的問題更多。

他們首先調查監獄中的情況，果然發現了證據。在一般人口中，約每千名男子有一名擁有兩個Y染色體，但在某些獄中人口中，這個數字達五倍高，尤其在一座「瘋狂犯罪」的監獄裡，雙Y染色體的男性——被稱爲「超級猛男」——的比例，較一般人高十九倍。媒體紛紛報導此項發現，有些甚至推論，暴力罪行的「治療」方法，即將在試管中露出曙光。

這樣的推測實在吸引人，因此波士頓一個團體決定追蹤擁有雙Y染色體寶寶的一生，如果寶寶長大之後的確擁有較高的侵略性或犯罪率，就更可以證明Y染色體和此有關。在技巧上，這的確是設計實驗的正確方法，但在道德倫理上無法做到，因爲人類寶寶可不是老鼠。

學者告訴父母說，他們的兒子擁有兩個Y染色體，這對這些孩子並不公平，對研究的設計也不合適，因爲父母可能在得知他們的情況後，以不同的方式養育他們。當社區得知這些小男孩和他們的家庭被當作天竺鼠之後，也舉行抗議遊行和示威活動，反對「生物的宿命論」，這在學術上造成困擾，最後不得不結束研究。這個實驗唯有一個好的結果，就是促成各大學、醫學院和研究機構成立監督委員會，確定在人類身上進行實驗是否合乎道德。

這個事件之後，原來的問題依然未獲解答：多一個Y染色體是否使男性更加暴力？丹麥曾作過一個詳細的大規模實驗，或許有助於了解。這個研究調查了一九四四至四七年出生的三萬餘名男子中，身材最高的百分之十五，科學家以這些人爲研究對象，因爲其他的研究已經顯示，多一個Y染色體會使男性長得更高。然而縱使在這種樣本中，也只有十二名男子擁有兩個Y染色體，顯示多餘的Y染色體實在太稀少，不可能是人類侵略性的主要來源。縱使是丹麥，暴力的男性也不止十二人。

不過這十二名男子中有些有趣的特點，首先，他們在智力方面較一般人平均低，高中就輟學的機率也更高；其次，他們的犯罪紀錄是一般人的四倍，其中四成以上的人曾經被捕，雖然罪名並不重大。因此如果在Y染色體和犯罪行爲之間有任何關聯（而且此說還待證實），也可能是來自智力的間接關聯，而非來自侵略性或暴力的直接關係。

憤怒的荷爾蒙

Y染色體在侵略性中最重要的角色，也許是製造睪丸酮素，也就是使一半人口成爲雄性的荷爾蒙。

證據之一是，這種由睪丸分泌的荷爾蒙在青春期的男性身上大幅增加，一如侵略行爲增加的時期一樣，然後在成年期緩緩下降，一如侵略的程度下降。不過若仔細審視，卻會發現這種理論的瑕疵。男生在青春期毛髮增生，而隨年齡老化則毛髮掉落，這種變化也正符合他們的侵略性。如果體毛和侵略性之間有所關聯，那麼只要男人剃掉胸毛，世界就會更加平和了。

比較好的實驗方法是檢視同齡男子睪丸酮素和侵略性之間的關聯。在四千四百六十二名美國退役軍人的研究中，睪丸酮素的量在前百分之十的人，反社會行爲大幅增加：攻擊、身體侵略、不告而別、和父母師長及同輩無法相處，他們在酗酒、嗑藥、性伴侶人數方面，也都有較高的量。科學家發現，在冰上曲棍球場和體育館中，也有同樣現象，就像在軍營和監牢中一樣。例如冰上曲棍球選手體內睪丸酮素量越高，就越具攻擊性。在二十六名柔道選手中，睪丸酮素最高的不但叫罵得最激烈，也最不能容忍挫折。不只人類如此，雄性、睪丸酮素和侵略性之間的關係，幾乎出現在每一種物種上。這表示這是演化的產物，而非後天學來的結果，唯一的例外反而證實了這個事實。

斑點土狼是少數由雌性主宰的物種，牠們群居生活，一群約八十隻，領袖一定是雌性。所有的成年雌性都能主宰雄性，例如當一群土狼逮到獵物之後，即使是最大最雄壯的公狼，都屈從於最小的母狼。母狼並不是憑著魅力或吸引力維持牠們的地位，如果有公狼膽敢有一絲挑戰之心，牠們就毫不留情地又撕又咬。

柏克萊的學者已經證明，這種性別角色的反轉是由睪丸酮素造成的。土狼的胎兒不論雌雄都浸浴在含有高量睪丸酮素和其他荷爾蒙的子宮裡，其量比其他物種的胚胎都高，甚至比最放蕩狂野的少年體內含量還高。這顯示其他動物的雌性，包括人類在內，在遺傳上都擁有和雄性動物一樣有攻擊性的事物，所缺乏的只是打開開關的睪丸酮素。

由土狼到冰上曲棍球選手的資料，最簡單的解釋就是睪丸酮素會造成侵略性。但請記得，在我們假設血清促進素會造成侵略性時，曾發現血清促進素的量的確會影響行為，但其量也會受行為影響。睪丸酮素也有同樣情況。

由鳴鳥到松鼠，由老鼠到猴子，遭逢侵略情況就會改變睪丸酮素的量，贏家的睪丸酮素量就會暴增，而輸家則會驟減。人類也有同樣的反應。一群睪丸酮素量差不多的大學角力選手在比賽前後經過測量，發現勝者的量增加，敗者則降低。類似的睪丸酮素量變化也出現在網球選手甚至棋士身上。

要促使人體內的睪丸酮素增加，並不一定需要競賽。葛勒德（Brian Gladue）和同事，研究了一群有機會擲銅板決定輸贏五美元的大學生，雖然輸或贏對他們不致有多大影響，但贏

家的睪丸酮素依然會增加。會影響睪丸酮素的也未必是眞正的輸贏，而是輸贏的感覺。曾有實驗請兩人對坐在電腦顯示幕前，當顯示幕閃出「開始」的訊息時，他們就得盡快按鈕。經過三十次之後，實驗者告訴其中之一他是贏家，其實實驗結果早已經決定，和眞正的輸贏無關。不用說，比起「輸家」來，「贏家」的睪丸酮素量大增。

就像血清促進素一樣，睪丸酮素和侵略性之間的關係是相互的：人腦就是會以侵略和競爭來回應睪丸酮素，而又以生產睪丸酮素來回應競爭和侵略。

不難想像，這樣的循環如何在眞實生活上發生作用。天生睪丸酮素就高的孩子，較有可能比較有侵略性，比較愛競爭，尤其當他們進入青春期，睪丸酮素量劇增之後。每一次的勝利（不論是網球場上或在街頭）都會使得他們的睪丸酮素益形增高，更加強他們競爭的意念。但有一件事是睪丸酮素（或任何腦部化學物或基因）無從影響的，那就是孩子到底是會加入足球隊還是參加幫派，會拿網球拍抑或拿槍。

凶殘老鼠的祕密

在大部分的情況下，科學都是循著軌跡有小小的突破，例如，由於男性比女性暴力，又由於睪丸酮素是男性之必需，因此睪丸酮素的量和暴力之間有所關聯，也就不足爲奇。但偶爾也會有意料之外的結果出現，發現造成老鼠暴力行爲的一種獨特基因，就出於偶然。

發現者史奈德（Solomon Synder）也是無心插柳。身爲約翰霍普金斯大學醫學院精神病

學教授的史奈德，對侵略行爲並沒有特殊的研究興趣，但他有心了解腦部如何運作。原是精神病學者的他，很快就發現，想要了解精神病患的行爲並加以治療，必然要先了解腦部分子如何運作才行。他在作實驗了解中風時腦部的運作過程時，偶然發現了一種重要化學物質的角色，以及其出人意料的副作用。

這種化學物質稱爲氧化氮，是腦部細胞的神經傳導物質中最奇特的一種。它和其他的化學物質不同，它是一種氣體，與汽車廢氣中所發現的一樣（但不是牙醫所用的一氧化氮——笑氣）。這種化學物質是由稱作氧化氮合酶（NOS）的酵素所產生，史奈德發現，氧化氮的功能之一是在中風發生之後殺死細胞，使得中風影響更嚴重。

這使得史奈德及其所率的小組不禁疑惑，如果腦部沒有這種化學物時如何運作。他認爲如果沒有這種化學物質，那麼中風復原的情況應該更好。他摘除了老鼠的這種基因，培育出一群腦部完全沒有氧化氮的老鼠。起先，沒有NOS的這群老鼠似乎完全正常，就像其他老鼠一般活動、飲食和梳理自己，這可眞教人失望。凡是發現了某個基因的科學家，莫不希望這種基因有其重要性。史奈德等人爲確定他們沒有任何漏失，還切開了老鼠的腦部，再一次發現其間並無異常。解剖發現的唯一特異之處，是經變種的老鼠在中風後更不易有腦部傷害。這雖是好消息，卻不合道理。爲什麼老鼠和人類腦部會保有這種唯一功能是使中風更嚴重的化學物質呢？

被摘除這種基因的老鼠發生了一種異象，每天早上，研究人員都會發現有一、兩隻老鼠

死在籠裡，看起來不像生病，但死亡率非常高。爲了解究竟怎麼回事，研究人員以攝錄影機二十四小時追蹤，結果發現了祕密：這些公老鼠互相殘殺。

當有正常老鼠放進摘除NOS基因的老鼠籠中時，被摘除了NOS基因的老鼠簡直發狂似的搖著尾巴，又踢又咬又抓。和一般的老鼠相比，經人工變種的這群老鼠攻擊新鼠的比例高達四、五倍。當一群人工變種的老鼠一起放進籠中時，像是在打群架，有些老鼠像袋鼠一樣用後腿站立起來互相毆擊，沒有一隻願意放棄。一般老鼠在屈服時會像狗示弱時一樣，躺在地上四爪朝上，打架即結束，但人工變種的老鼠出現屈服姿態的次數，較正常老鼠少十倍，而且就算其中一方打算屈服，另一方也依然不顧一切地繼續攻擊。研究人員必須在十五分鐘後強制停止實驗，以免老鼠互相殘殺。

人工變種的老鼠不只對殺戮有興趣，而且「性」趣大增。正常雄鼠碰到雌鼠時，第一個反應是爬到她身上，若她不在發情期間，就會明白表示，擺脫他的糾纏。可是人工變種的老鼠卻不管這些，不論雌鼠怎麼叫嚷掙扎，他們都攀爬在她們身上，不管雌鼠是否處於發情期，他們的行動次數是正常雄鼠的兩、三倍之多。

這種惡劣行爲的第一個解釋，就是睪丸酮素作祟，但檢查後發現這些雄鼠的睪丸酮素量很正常。會不會是變種雄鼠聞不出雌鼠有沒有發情？不可能，他們可以像其他老鼠一樣嗅出餅乾藏在那裡。在強健和靈活度兩方面，這些老鼠也很正常，把牠們放在空曠處，牠們就像任何老鼠一樣恐懼不已，並不特別勇敢，只是行爲惡劣。

研究人員最後結論認爲，氧化氮的功能必然是行爲的煞車。人工變種的這群老鼠缺乏生產這種化學物質的基因，辨識不出其他雄鼠的屈服訊號或其他雌鼠拒絕性行爲的訊號。氧化氮在人類身上是否有相同的功能，或者人類NOS基因是否有自然發生的突變，還不得而知。我們只知道，腦部並不一定會像我們所以爲的那樣運作。

X囚犯的故事

到目前爲止，我們只知道一個基因和人類的暴力行爲相關，線索來自我們稱爲X囚犯的男子，他是罪犯生理學討論中最重要的主角，因爲X囚犯的確是他自己基因的囚犯——而且是單一一個基因。

出生於荷蘭的X囚犯，因強暴妹妹而定罪時僅二十三歲，他被轉往收容精神病患的機構，根據該單位的描述，算是安靜而好管的犯人。但有一天他在田中勞動時，因爲看守者要他更努力些而勃然大怒，一把抄起耙子刺進看護的胸膛。

X囚犯的一名女性親戚去看醫師，她想要生孩子，卻因家族病歷而躊躇。她告訴醫師說，X囚犯並非家族中唯一有問題的男子，小時候她自己的哥哥就常拿刀脅迫她脫衣。另一名男性親戚曾企圖以車撞他的老闆。還有兩名男親戚犯下縱火罪，一名男親戚有暴露狂，另一名有偷窺癖。這些男性經常侵犯他們的姊妹，使得她們逃出家庭。

她的詢問帶來了一長串針對該家族的科學研究。這些男人的惡劣行爲各有不同，然而有

蛛絲馬跡可循。被詳細追蹤的八個人均有輕度智障，智商約爲八十五，其中唯一完成小學教育的人也是唯一有正職的一位。八名男子全都重複出現突發的侵略性，有時有暴力行爲，通常他們都害羞而退縮，沒有朋友，一點芝麻小事就暴跳如雷，反應過度。尤其在他們睡不好、作噩夢的一至三天之內，特別容易有侵略性。

這位求助的女子當時還不知道，她家族中男性的問題至少已經有五代的歷史。三十五年前，她的一位祖先就自行作過調查，他訪視家族中所有的男性成員，發現其中九位有心智障礙，另外有五個稍後才發生的病例。X囚犯本身就有三個兄弟、兩個外甥有問題，全都是母系方面的親戚。另有一名母系姨祖母的兒子也有同樣情況，同一系舅公和姨婆的三個兒子，以及兩個外甥也是，總計有十四名男子顯出這種特異的症狀。

這個家族似乎受一種神祕的疾病所困，其症候是心智障礙、富侵略性和惡劣的行爲，受害者均爲男性，其他的男性則都健全正常，而整個家族中無一女性顯出任何症狀。

荷蘭遺傳學者布洛納（Hans Brunner）檢視了這家族的問題，所有有病癥的男性都是從母親這方與其他人有親戚關係，沒有任何一例是由父傳子的。由此可見，造成這些男性惡行的原因是由家族中的女性遺傳下來，但女性都逃過一劫。

布洛納懷疑，造成這種症狀的很可能是兩個性染色體之一的X染色體。男性擁有一個X和一個Y染色體，而女性則擁有兩個X染色體。因此男性總是由母親而非父親那方繼承X染色體。這表示由X染色體所控制的特性總會由母親傳給兒子，正如X囚犯家族中所見的模式。

通常這樣的特色在男性身上比女性明顯，因爲男性在這種基因中，沒有「好」的版本來掩蓋「壞」的版本，而女性在另一個X染色體上，卻有「好」的版本。這也是爲什麼許多和X染色體有關的特性如色盲或血友病會遺傳的原因。

根據這個線索，布洛納和同僚開始努力找出這個基因，將之隔離並找出它的功能——它究竟製造哪一種蛋白質，在腦部又有什麼樣的功能。他們分析家族成員的DNA，以便找出任何和此種症候有關的遺傳標記。經過許多次的嘗試錯誤之後，他們終於發現，所有有問題的男性都有某種特殊標記的一種變異，該負責的正是單胺氧化酶A，這是一種分解血清促進素的酵素，而科學家原本就懷疑，血清促進素和暴力行爲有密切的關聯。

布洛納等人很快就發現，X囚犯和另外四名有此症狀的男性家族成員，在單胺氧化酶A中有同樣的變異：單一的鹽基變異，告訴細胞結構不要產生這種酵素。家族中十二個健全的成員則沒有這種變異。這種變異自然發生的機率不到千分之一，在這些暴力的男性中，應該分解血清促進素的酵素消失了，使得他們充滿了天然的廢料。

「犯罪基因」的發現經全球各大媒體報導，也招致學者的批評。有些科學家不相信，這麼簡單的機制竟會使人變成怪物，持懷疑論調者說，光是這樣的突變無法造成個性的變化，必然有其他的基因牽涉其中，要不然就是他們童年時期曾有什麼特別的經歷。

不過，當老鼠經基因工程擁有同樣的變異時，懷疑的聲浪逐漸降低，因爲這些老鼠也變成凶殘的瘋狂惡魔。經過摘除單胺氧化酶A的基因的老鼠，根本不需要對方挑釁，就猛咬攻

擊其他老鼠，交配時比一般正常老鼠更用力捏擠配偶，配偶在交配時叫得也比其他雌鼠更大聲。不多久，經人工變異的老鼠渾身就布滿了傷疤，以及毛髮被連根拔起時造成的紅斑塊。

這些證據並不能使懷疑者心服，他們仍批評布洛納是「生理的宿命論者」。可惜，在這樣的吵嚷中，忽略了最重要的發現。科學家在發現這個荷蘭家族基因的變異後不久，就擴大範圍，檢視了各種各樣心理問題病患的DNA樣本，其中也包括暴力罪犯，然而沒有一位擁有這樣的變異。由於這種變異太罕見，也被稱爲「孤寡變異」(orphan mutation)。

這顯示出單胺氧化酶A並不能解釋所有或大部分的人類犯罪和暴力行爲，布洛納發現的只是單一一個家庭中異常行爲的來源，而不包括所有的人類。這個發現最重要的是，它證明了腦部化學作用的某一特定層面——一元胺系統在生理上與侵略性有關，不過並未觸及環境因素。要了解環境因素，得運用不同的研究方法。

家庭教養的重要

基因和它們所控制的腦部化學物質，對於憤怒和侵略性有相當重要的影響，但還不能完全控制這些特性。就算是擁有同樣基因的同卵雙胞胎，在憤怒和侵略性的程度上，也可能有極不相同的表現。爲什麼？

不妨把腦部想成肌肉，基因可以決定它是否有長得壯碩的潛力，但眞正要促成肌肉堅實，還是有待運動。不論伍迪艾倫多麼勤勞練身體，他都不可能和阿諾史瓦辛格有相同的體魄，

因爲他沒有這樣的基因組成，然而阿諾史瓦辛格之所以壯碩有力，並不只是因爲基因，也因爲他花了數千小時練舉重。

同樣的原則適用於決定憤怒和侵略性的腦部構造。一個人憤怒反應的頻率與程度，基因的確扮演要角，但他確實的表現則取決於他的情感和認知習慣——經由練習和重複而學得的習慣。學習有效控制並宣洩憤怒，是一生的功課，始自童年，而最初的課程則來自父母和手足的教導。寶寶見到姊姊跺腳發脾氣，如果父母親因她吵鬧就遂其所願，那麼寶寶不是也該嘗試同樣的策略嗎？較嚴重的侵略性很早就會顯現，而其發展端視人們對這憤怒的孩子有什麼樣的反應。

關於雙胞胎的研究顯示，雙胞胎共享的一般教養方式，對他們侵略的行爲在量方面罕有效果。針對全美七百零八個家庭的新研究顯示，孩子們對教養的個別差異十分敏感。這個由喬治華盛頓醫學暨衛生學院學者所作的研究，包含雙胞胎家庭和至少擁有兩個同性子女的家庭，結果發現，如果父母對雙胞胎有差別待遇，不論多輕微，孩子都會有所反應。所有的研究都顯示，父母能爲孩子所做的事中最重要也最容易者，乃是表達愛和情感。雙親告訴孩子他們愛他，或著擁抱他們，孩子就會學到這是種健全的情緒，經年累月下來，雙親總是鼓勵支持的孩子，和手足及其他兒童都能融洽相處。父母親參加母姊會或鼓勵孩子參與校外和家庭之外的活動，也等於教導孩子社會責任。喬治華盛頓大學的研究顯示，積極正面的教養和童年時期正面的行爲有清楚的關係，樂於與孩子溝通，參與共同的活動，對親子都有益。

另一方面，粗暴或是以負面方式對待孩子，在教養上則會造成反效果。如果孩子經常面對衝突和懲罰，就會益發富於侵略性和反社會性格。負面的教養方式包括吼叫、處罰和拒絕，也包括了忽視孩子的存在，因爲這就等於在說：「我放棄了，隨便你去吧。」這等於向孩子的惡行屈服，使得孩子得到混淆的訊號。

喬治華盛頓大學研究有一個重要的發現，那就是負面的教養方式在統計上有更嚴重的影響，負面教養造成惡劣行爲的情況，遠比正面教養促使孩子作出好行爲的情況更多。偶爾責罵孩子，甚至在理由充足時給他一頓好打，並不會造成永遠的損害，危險的是陷入負面的習慣，養成對孩子的負面行爲模式，因爲差勁的教養影響是最深遠的。

悲哀的是，對孩子影響最深遠的雙親，是毆打虐待孩子的父母，這樣的影響有極多的紀錄，而且總是負面的影響。效果很早就顯現出來：在家中遭受虐待的幼稚園生比同學的侵略性高一倍，而且這種傷害會延續到永久。法庭上確認遭受虐待或忽視的孩子，長大成人後因暴力行爲被捕的機率，比未受虐的孩子成人後更高百分之四十二。

受虐兒雖然知道受傷害的感受，他們卻不能和善待人，因爲他們缺乏同情心。當一至三歲的孩子見到另一個受傷或憤怒的孩子時，大部分的反應是表示關切、悲傷或同情，但受虐兒的反應是恐懼或憤怒，甚至攻擊難過的孩子。一開始受虐兒會先試圖忽視這個難過的孩子，但若他依然哭泣不止，受虐兒就會以暴力懲罰較小的兒童。這些富侵略性的孩子展現的是父母對他們的作爲——這模式若不干預矯正，將會持續一生。

當暴力有理……

決定人是否會性格暴戾、充滿攻擊性或反社會的關鍵，不是基因，亦非教養的方式。最重要的因素並不是個人有什麼樣的腦部，或是他們幼時是否受虐，最重要的是地理環境。

居住在大都市貧窮地區的人，和住在鄉村地區的人，兩者在基因方面是相同的，但都市的犯罪率暴增。我們的基因和納粹黨人沒什麼兩樣，但我們覺得自己比較文明。美國各大城市的犯罪率、波士尼亞的戰爭暴行、盧安達或納粹德國的慘況，都不能由遺傳作解釋，因爲基因不會那麼快改變。很難說都市犯罪率增高或集體屠殺行爲的原因究竟是什麼，但絕對與生理無關。

有些人把犯罪行爲歸咎於和遺傳有關的種族，美國黑人的確比白人更可能關進監牢，也較白人更可能相互殘殺，不過他們犯罪的原因並非源於基因。在美國，種族反而像環境因素而非遺傳因素。黑人在美國出生，就得背負某些引致侵略性和犯罪行爲的期待、想法和壓力，生在黑人家庭，表示沒有父親的風險較高，這並非遺傳或生理的影響，而是環境因素使然。其實種族對犯罪率的影響隨著變數干預而減小，例如都市對鄉村、富裕對貧窮，以及有工作對失業。舉例而言，在鄉下地方的黑人，暴力犯罪率就低於純白人的都市地區。

雖然許多研究都顯示，個人在侵略性和反社會行爲上的差異至少部分受基因的影響，但我們得記住，這些研究是在人口比較同質的地區如愛荷華州或瑞典所作的，這些研究特意設

計用來研究個人而非群體的差異。其實理想的實驗是研究在巴西里約長大，而出生於美國康乃狄克州格林威治村的白種寶寶，或是在衣索匹亞一出生就分離的一對雙胞胎，一個到以色列，另一個到冰島。然而這樣的實驗從來沒有做過。果眞做此實驗，其結果也可以預測：社會和文化環境可以預測哪些人會犯罪。

嬰兒由富裕家庭移到貧民窟，基因並不會受到影響，造成他性情好壞的生理因素——睪丸酮素、血清促進素和腦部的神祕運作等，也不會改變。快樂的孩子依然會是快樂的孩子，富有侵略性的孩子不論是在鄉下或是在貧民窟，也依然充滿了侵略性。

那麼我們爲什麼要研究有關侵略性的生理學？有些人遽下結論，認定侵略性的基因研究必然是想要證明，種族的差異會造成犯罪率的不同，簡言之，非裔美人（或是任何你不喜歡的族裔）就是擁有暴力的基因，註定會犯罪。

這個課題備受爭議，甚至在某單位剛計畫舉行暴力遺傳學的會議，就遭評者痛批。這個會議終於在一九九五年於馬里蘭州一個風光明媚的郊區舉行，憤怒的抗議人士衝進會場，打斷演講，他們揮舞著紅旗，由未上鎖的後門衝進來，高喊著口號，駁斥會議爲種族偏見和集體屠殺。有些學者坐在那兒接受辱罵，有些則站起身來回罵。有一位知名的科學家甚至和示威者發生肢體衝突。發生這樣的暴力行爲，顯示評者根本不了解遺傳學：他們把個人差異和群體的差異混爲一談；同時這也顯示了遺傳學者並不懂人性，他們強調基因的角色，很容易被批評爲輕忽了社會的角色。

侵略性遺傳的研究還有另一個危險，那就是會被用來作爲惡行的藉口。怎能讓「生病」或是「基因」促成惡行的罪犯受罰？我們可以想像，侵略性的生理「原因」被發現之後，就會被視爲「正當」，而爲人所接受。如果有人天生就有侵略性，那麼就該自由發揮他們的遺傳命運。我們怎能剝奪他人自我實現的權利？人爲什麼不能和他內心裡的惡徒接觸？

辯護律師多年來致力於此，想要以「精神錯亂」作爲生理藉口爲被告脫罪，接下來可能發展出來的是以基因爲辯護的藉口，克利夫蘭的費利亞吉（James Filiaggi）就是首例。

費利亞吉到前妻的門外，想要強行進入，她趕緊報警，並且懇求警察快來。她還在講電話時，費利亞吉打破了後門，把她追到鄰居家，連續開槍把她射死。費利亞吉的辯詞是他「神經錯亂了」，律師布吉（James Burge）辯護道：「如果沒有服藥和適當的醫療，他當然不該爲自己的行動負責。」辯詞中說，費利亞吉的腦部化學不平衡，會使得他暴怒。

三名法官並沒有買帳，他被判死刑。但未來其他的律師還是會以同樣的理由爲其他罪犯提出辯護，果眞如此，那麼法官和陪審團必得牢記本章主題之一：**天性並非天命，儘管基因、神經傳導物質和荷爾蒙可能造成影響，但人絕非由基因設定的機器人，他還是有很大的自由意志及良知的空間，決定自己應有怎樣的作爲，以及如何評斷他人的行爲**。請記住：光是擁有決定男性性別的Y染色體，已經是強烈的犯罪傾向因素，我們是否該因爲罪犯是男性而原諒他呢？

研究基因角色和侵略性的生理學，眞正的原因是要了解哪些可以改變，哪些不行，哪些

能奏效，哪些不能。例如，認爲表達「理由正當」的憤怒有其作用甚至是健康的，這種謬誤想法瀰漫在我們的文化中，但實際上，這只會使人敵意更強；另外也有人誤以爲把犯人送進監牢就能減少犯罪行爲，然而這卻會造成更多的罪犯。

人類能成爲萬物之靈，是因爲我們盡量運用了我們的基因。我們絕不該向有害的衝動屈服，而應設法宣洩使之有利於我們——這一點，關鍵就在於知識。就個人而言，這意味學著把浪費在憤怒上的精力轉成生產力，並實際做到在情感上和認知上都養成這種習慣，也就是在發怒之前先數到十，逆轉情勢。這也意味著用大腦來改進世界，而非仇恨某個人或群體，以之爲代罪羔羊。這也是說，應以特質來改變天性。

就更寬闊的層面而言，這意味著減少貧窮、改進教育、消除貧民窟、化解種族主義，以及追求對自己和他人的紀律和敬重。侵略在社會上可以扮演要角，只要把它引導向適當的競爭形式諸如運動、比賽、市場經濟，或甚至在國家存亡的關頭保家衛國。祕訣並非否定侵略——侵略性不會因爲被否定就消失——而是要讓它爲我們所用。

4 容易沉迷，還是自有節制？

「不能或不願完全接受這個簡單計畫的人，無法恢復正常……錯不在他們；他們天生如此。」

美國嗜酒者互誡協會如此描述無法戒除酒癮的人。

這話有一些可以成立的部分，

因爲人會對酒、菸或藥物上癮，有一個簡單的理由：

藥物改變了他們腦部的運作；

而任何人都可能上癮，但有些人特別容易。

傑瑞米起晚了，他找不到鬧鐘，因爲早在鬧鐘乍響時，他就把它丟到房間另一頭去了。他知道上班又要遲到了，這毛病給他添了不少麻煩，老闆一定會暴跳如雷。他想著昨晚所發生的一切，懊悔不已，原本他想循規蹈矩，卻碰上老朋友，拉他去飲酒作樂。等他好不容易回到家，卻又因緊繃的情緒無法放鬆，直到凌晨五點才睡著。他向自己承諾：永遠，永遠，永遠不再這樣了。

他淋了浴，依然覺得頭昏腦脹，打不起精神。管它去，他心想，反正已經這麼晚了，再遲幾分鐘又有什麼關係。他要的只是醒酒的靈藥。於是他打開冰箱，把「藥」磨成細粉，煮了雙倍的分量，他期盼美妙的滋味，而嘗到的第一口也使他精神爲之一振。他腦中釋出了多巴胺，引發了一系列再熟悉不過的化學反應，使他心跳和血壓幾乎立即升高。當他開始覺得自己恢復「正常」時，他想道：「這好多了，不過今天就只能到此爲止，不能再多了。」

在辦公室，「藥」效逐漸減退，傑瑞米發現自己難以專心，他開始暴躁起來，無法發揮。但他依然遵守自己的諾言，不再吃「藥」，整整七個小時。在回家的路上，他覺得頭隱隱作痛，很嚴重的頭痛，他記起辦公室隔兩條街就有個地方可以買到這種「藥」，不到五分鐘，他就服用了。「藥」發生效力，讓他「恢復正常」時，他不禁想道，這不算什麼大問題：「我隨時可以停止，我今天就已經證明了，不是嗎？再說，情況有可能更糟糕呢……」

傑瑞米已經上了癮，他顯出所有上癮的症狀：他的耐藥已經增加，雙倍的份量才能給它原本單份就能造成的效果。他不但在身體上依賴，心理上也產生依賴，如果不服用這種藥物，

他就覺得自己「不正常」，不能發揮最好的表現，還出現如頭痛這種戒癮的症狀。他服用此藥已經失控，干擾了他的工作和生活，縱使他想戒除，也無能爲力，反而欺騙自己沒什麼大不了。

傑瑞米所服的「藥」就是咖啡因。

他喜愛的劑量是雙份的義式濃縮咖啡，其他同志則服用拿鐵、卡布奇諾、百事可樂、可口可樂、茶或巧克力糖，其實這些人都是咖啡因上癮，不論這藥物以何種方式服用，效果都一樣：精力爆發、呼吸和心跳加快、血壓上升、覺得心曠神怡。咖啡因之所以造成這樣的效果，是因爲受體和酵素對腺苷（adenosine）起了反應。腺苷是主司精力產生的化學物質，當咖啡因首次進入人體時，服用者會覺得輕微的刺激，但若經常服用，當身體習慣這種藥物之後，不服用反而會使人覺得沒精打彩。

用咖啡因來說明這種極嚴重而攸關生命的上癮問題似乎很奇怪，畢竟咖啡因是世上最流行的藥物，由西雅圖到新加坡都可合法服用，而咖啡是許多地方的經濟作物，在世界貿易上也舉足輕重。咖啡和古柯鹼及海洛英不同，並不會使服用者去搶劫殺人或賣身，以取得金錢購買毒品，它和酒精也不同，不會使服用者形銷骨毀，更不會像香菸那樣，在長久服用之後以死亡爲終局。咖啡是合法的，是使人愉悅的，它的副作用極爲輕微。

但它依然是一種藥物，一種改變心理狀態的藥物。它會使得身心狀態變化，改變人的感

受。它使人上癮的力量並不亞於它其他令人退避三舍的表親——酒精、尼古丁、古柯鹼和麻醉品。上癮的定義是不顧結果強迫性地使用任何藥物，完全喪失攝取時的主控權。有些人的確比較容易上癮，這是因爲受遺傳影響的個性因素和大腦回饋機制作用。但並非所有的上癮情況都一模一樣，不同的上癮物質牽涉到獨特的基因、神經和社會因素。也就是說，對咖啡上癮在某些方面就像對海洛英上癮，但在其他方面則完全不同。要避免或停止上癮的行爲，最好的方法是了解究竟哪些因素會影響所有的上癮情況，哪些則自有獨特的原因。

容易上癮的個性

不同物質的上癮情況息息相關，只要參加「嗜酒者互誡協會」這個互助團體的集會即可見端倪。會場上煙霧瀰漫，咖啡大桶大桶供應，餅乾和高糖份點心也拚命吃。成員，尤其年輕人的開場白常是：「嗨，我名叫黛安，我酗酒又嗑藥。」

研究證實各種不同物質癮頭之間的關係。研究紛紛指出，濫用酒精、毒品、香菸和其他物質的統計數字息息相關。美國國家衛生研究院的一項調查就發現，被醫師診斷爲酗酒的癮君子，一半以上也吸菸，是其他沒有酗酒問題者的四倍高。同樣的，七成的嗑藥者都有酗酒的毛病，也比一般人高得多。

這些不同的上癮情況有什麼脈絡可循？許多由酗酒嗑藥毛病中復原的人都相信，自己有「上癮的個性」，就算他們戒除了第一選擇的藥物，依然會染上別種癮頭。服食海洛英成癮的

人在突然禁絕藥物時，以酒取代，戒酒的人可能以上百貨公司取代上酒吧，甚或戒除一切物質癮頭的人，也可能突然對雜交興致勃勃。

雖然有這樣的證據，許多專家卻認爲所謂的「上癮個性」只是一則迷思，就某些方面而言，他們也沒錯：沒有任何單一的個性可以刻畫出所有上癮者的面貌。事實上，對物質上癮而對個性造成影響，其程度比個性對上癮的影響還大，然而卻有某些核心的個性成分，在上癮者身上一再顯現。辨識出這些上癮性的關鍵，在於了解上癮並非是一個事件，而是有其秩序和邏輯的過程。不同的個性因素在成癮的各階段中，會扮演不同甚至相反的角色。

上癮的第一個階段是開始——喝第一杯酒、點燃第一支香菸，或是服用第一顆迷幻藥，專家稱之爲「初始」(initiation)。看來似乎是想當然爾，但就算是最有可能成爲酒徒的人，如果不喝第一口酒，永遠不可能有酗酒的問題。

最可能和服食第一顆迷幻藥、呑下第一口酒或吸第一口菸相關的個性因素，是追求新奇。第二章曾說過，追求新奇是受遺傳影響的天性特質，使人有追求新感官刺激的欲望，厭惡單調，缺乏抑制，這正是使人首次喝酒或吸食藥物的絕佳配方。他覺得無聊沈悶，不得滿足，想嘗試新的東西，不怕風險——被抓、生病還是上癮都不怕。

我們可由幾方面看出追求新奇和服食成癮之間的關聯。祖克曼在一九六〇年代對大學學生作過研究，當時非法藥物還沒有那麼猖獗，結果他發現，在追求感官經驗方面分數高的學生，較有可能嘗試各種非法藥品。精神病學者克隆寧格，研究了一群以一般人口分布爲組成

的群體，發現追求新奇和酗酒有重要的關係，有趣的是，在十八至二十九歲的年輕人之間關係最強，隨他們年歲增長至五十歲以上而逐漸減小。這意味著當人年輕時，嘗試新事物諸如酒精之類的欲望是使人上癮的原動力，但隨著他們老化，上癮就變成個性的因素作祟。

上癮的第二個階段是繼續服用上癮的物質，稱之為「持續」（maintenance）。嘗試麻醉品並不表示就會持續服用。舉個例子：大部分的美國青少年都曾嘗過酒精、香菸和非法藥物，但只有一小部分服食成癮，大多數都會停止或學會控制服用的方式。其實有些產品如香菸，新手非得強迫自己，才能成為癮君子，同樣的，初嘗酒味者也經常會出現醉倒在浴室內的慘況。

為什麼人會繼續服用造成這些嚴重反應，又不健康，而且也遭社會否定的藥物呢？兩個最重要的因素似乎是焦慮和沮喪。在第三章中曾描述，焦慮和沮喪是逃避傷害的兩個反應，是受遺傳影響的天性特色。這方面分數高的人可能會經常服用藥物和飲酒，以隱藏或「自我醫治」負面的感受。如果他們發現，服用酒精或巴比妥酸鹽可以安撫神經，或是使用如古柯鹼或安非他命這類的刺激物質能使他們精神一振，那麼他們就會持續服用這些藥物。諷刺的是，縱使這些物質已造成反效果，甚至成為焦慮和沮喪的原因，他們可能依然持續使用。

已經有幾個研究發現，濫用這些物質，和逃避傷害及其他回應焦慮、沮喪及神經過敏的方法息息相關，而且關係經常都很複雜。例如，針對飲酒行為的大規模實驗顯示，在五十歲之後，逃避傷害是服用這些物質的主要原因，但這個因素對三十歲以下的人則較不重要。另

一個值得考慮的因素是女性通常較男性焦慮沮喪，而逃避傷害似乎對她們濫用這些東西成癮有舉足輕重的影響。第三個複雜的因素是酗酒嗑藥通常會造成沮喪，因此必須以長期的研究確定究竟何者爲先，是酒精造成沮喪，或是沮喪讓人服用酒精？

上癮的最後一個階段是停止——或者不停止，稱作「斷絕」（cessation）。「斷絕」指的是刻意且特地停止已經建立的習慣或癮頭，這和光是不維持習慣或癮頭不同。刻意戒除任何習慣都是困難的，唯有少數嘗試戒酒、藥和菸的人能夠眞正戒除。

要戒絕癮頭，最重要的性格特色是要自我引導，這是後來學得的特質而非天性。能夠自我引導，意味著明白人生目的，根據這些目標培養良好的習慣，並且能夠延遲滿足。自我指引和小心謹愼的特色有關，能夠面對欲望、控制衝動。最重要的是要能夠三思而後行。

不幸，針對成功戒癮所作的大規模個性研究不多。在美國國家衛生研究院成功戒除菸酒癮的人身上，我們的確見到自我引導、小心謹愼和三思後行的結果，然而事情並不如想像中這麼簡單，因爲這些人追求新奇的天性本來就不高，而追求新奇正是開始服食上癮物的主因。在其他方面還有一些差異，使得這些結果更不淸楚。

也許，爲了獲得三思而後行的最明顯證據，可以和戒癮者一談——而他們經常強調，爲避免故態復萌，「仔細思考」非常重要。

剛戒除酒癮的肯恩描述自己在一次商務旅行時的經歷：「我在三萬呎的高空上。這是我九個月前戒酒之後首次出城，我口袋裡裝著戒酒朋友的電話，公事包裡則有『嗜酒者互誡協

會』(Alcoholics Anonymous) 的資料，我覺得自己非常平靜，很有把握不會喝酒。

「接著我聽到該死的飲料推車聲，冰塊叮噹響的聲音實在教我……也許我眞的有酒徒天性，因爲我突然非常渴望喝杯酒，簡直可以嘗到它在我舌尖的滋味。我眞的可以感覺它。

「正當我要點一杯威士忌時，突然腦中靈光一閃，想到『嗜酒者互誡協會』中指導人告訴我在想喝酒時該想什麼：我回想上一次喝酒的情況，在大飯店的酒吧裡狂飲之後，我整晚都躺在浴缸裡，赤裸裸的，以便第二天一早清洗吐出來的穢物。我還記得清掃房間的服務生發現我昏睡在浴缸時的表情，可不是什麼好看的表情。

「因此當空中小姐問我要喝什麼的時候，我只說『健怡可樂』。爲什麼我沒有說要喝威士忌，到現在我還不明白。」

究竟肯恩爲什麼不喝酒？並不是腦部的化學機制在運作：經過這麼多年的酗酒，他的腦子告訴他的是：來一杯會通體舒暢。基因或天性也並未發生作用，反而可能是他喝酒的原因。拯救他的是他所學到的東西，包括由「嗜酒者互誡協會」和他自己經驗中所學的事物。這是刻意而清楚的記憶，而非情感的記憶，這可以說是特質。

嗑藥時的腦部運作

戒除癮頭或許是特質或意志力所造成，但上癮則否。上癮未必是心智軟弱的信號，也未必是精神分裂的症狀，而是因化學物質刺激腦部造成失調，使得行爲改變。**人對藥物上癮只**

有一個簡單的理由：藥物改變了他們腦部的運作。

上癮過程最明確的證據來自於動物研究。如果給老鼠兩個槓桿選擇，拉下一個可以得到古柯鹼，另一個可以得到食物和水，那麼一開始老鼠拉兩個槓桿的次數相差不多，但要不了多久，牠們就會不顧食物和飲水的槓桿，而只拉古柯鹼的槓桿，一直到死爲止。牠們就像人類的嗑藥者一樣，爲了回饋腦部的古柯鹼而犧牲了自己的幸福。其他的實驗室動物也對安非他命、嗎啡、酒精、尼古丁，以及任何你想得到的藥物有相同的反應，如果牠們無法取得這些藥物，就會有嚴重的戒癮症狀，因此牠們不斷拉下槓桿，直到死亡。

每一種藥物對腦部發生作用的方式各不相同，但所有的上癮物都有同樣的機制：它們啓動了腦部的報酬中樞，伏隔核。腦子的這一部分會辨識出新藥物，並喜愛它，因此當停藥時，腦子就會覺得出了問題。對藥物上癮的動物經核磁共振掃瞄，可以見到在牠們腦部報酬中樞正上方，有一塊新陳代謝活動的紅點，最紅的地方是中樞的外圍，直接與主司情感邊緣系統區域相連的區域。藥物作用在中腦和前腦之間的連接器，是連接舒服感受和特殊行爲的絕佳地點，這裡就是腦部想著「如果這樣舒服，就去做」的區域。

爲了解古柯鹼在老鼠腦部如何運作，學者以迷你探針插入其報酬中樞，取出在服用藥物之前、之中和之後的樣本。腦漿的各種訊號分子中，僅有一種特別增高：「歡樂的化學物質」多巴胺。如果刻意破壞上癮老鼠腦中的多巴胺纖維，老鼠就停止服用藥物，這顯示刺激老鼠的是腦部經由古柯鹼刺激後產生的多巴胺。

從老鼠上癮的研究可知，著實沒有必要討論嗑藥成癮究竟是後天環境抑或先天遺傳，究竟是社會病態抑或醫學問題。牠們服用藥物百分之百是環境促成：古柯鹼並非由牠們體內產生，而必須攝取。如果不是科學家讓老鼠嘗到藥物，牠們永遠也不會上癮。然而，當老鼠首度嘗到古柯鹼的滋味之後，卻受生理的驅迫想要持續服用，對古柯鹼的渴望變得非常強烈，甚至超過牠們對食物的需求。讓牠們上癮的並不是科學家，而是老鼠本身的腦部。老鼠並沒有居住在惡劣的環境中，在幼年時期亦未遭受虐待，更不是飽受壓迫的少數族裔，也沒有因失業而躁鬱。老鼠上癮，是因爲藥物使牠們的腦部有了變化。

人腦也以相同的方式運作。賓州大學的柴德絲（Anna Rose Childress）等人，研究了爲戒毒而來求助的古柯鹼上癮者，這些人獲准持著古柯鹼菸管或是觀看旁人吸食古柯鹼的錄影帶時，腦部經核磁共振掃瞄，可見到最活躍的是由前額葉到扁桃體的中胚層（mesolimbic）多巴胺區、伏隔核太小，核磁共振掃瞄無法見到，但它的確屬於這塊區域。僅僅是古柯鹼的念頭，就足以刺激他們受古柯鹼制約的腦部。

上癮者戒除藥物一週之後，腦部的模式就改變了，多巴胺區域變得沈靜下來，不再有任何活動，細胞本身則受到如頭部受傷一般的傷害。細胞已經有這麼長的時間有這麼高的多巴胺，因此已經喪失了正常的反應。那意味著縱使腦部多巴胺的量「正常」，這個人依然渴望多巴胺，因爲他的腦部已經變得如此遲鈍不敏感，必須要高過正常的量才能產生正常的感受，這就是人渴望藥品的原因。腦部變得唯有在化學成分改變時，才覺得正常。

幸而藥物在腦部造成的改變通常並不是永久的，只要停藥，就可恢復。以核磁共振掃瞄來觀察戒古柯鹼者的腦部時發現，戒酒一年後，多巴胺區已經恢復正常。腦部在這方面自有其彈性，意即如果腦部不再有藥物刺激，就可能由上癮狀態恢復正常。最難受的是前幾週，因爲腦部覺得有所喪失，但逐漸地化學平衡恢復正常，一如藥物可使正常腦部成癮一樣，戒除藥物也可使腦部恢復原先的狀態，或至少接近如此。

上癮的基因

任何人的腦部都可能上癮，但有些人特別容易上癮，主要原因就在於遺傳。動物實驗已經證明，對每一種藥物的每一種可能反應，都受到遺傳因素某種程度的影響。例如有些老鼠只要零星幾滴酒就承受不住，有些則酒量較佳。有些老鼠戒酒時會有狂亂的舉止，有些則毫無困難。有些老鼠服用摻有嗎啡的飲水之後，可以讓嗎啡發揮止痛劑的作用，在熱盤子上行走而毫不畏縮，而有些老鼠的反應沒有那麼強烈。有些老鼠服用咖啡因後比較興奮活潑，有些近親繁殖的動物，只要一點點減肥藥就不再進食，而有些動物則需要較高的劑量。有些老鼠很快就接受尼古丁，有些則出現強烈的反應。

這一切差異純是因爲遺傳，老鼠在同樣的環境中接受測試，受到同樣的影響，唯一的不同只是血統。這並不表示有單一一個「上癮基因」，其實，不同的反應由許多不同的基因控制，而控制對一種物質反應的基因，和對另一種物質反應的基因也只有部分相同。基因不會控制

上癮，只會控制動物對物質的反應、可以接受的劑量，以及物質對牠們行爲的影響。

人類和動物一樣，幾乎每一種可以上癮的物質——由酒精到安非他命到尼古丁，都顯示出遺傳的影響。基因不但會影響人是否會服用某種藥物，也影響藥物如何作用在人身上。例如安非他命對大部分人都是刺激物，但對患有過動症（主要是遺傳造成）的兒童，同樣的藥品卻可以減少活動，改進注意力。到目前爲止，哪些禁藥和哪些特定的基因有關，還沒有多少證據，科學界只作過少數有關吸菸遺傳的研究，而投入經費最多的研究則是針對酗酒。

酗酒

酗酒與遺傳的關聯備受矚目並不足爲奇，因爲酒精是人類服用時間最長久的藥物，對健康和社會影響至鉅。人人聽過酒徒家族專出酒徒的故事，根據經驗，酗酒也經常出現在整個家族中。其實，預測某人未來是否可能酗酒，最好的辦法是觀察他的近親。酒徒的男性親屬本身亦爲酒徒的數量，是正常人的五倍。

但只因爲家族中有某種情況，並不表示它就屬於遺傳，也許孩子們喝酒是出於模仿，或是因爲在酒徒的家庭中生活太難過。科學家爲了解這點，追蹤了把孩子交由其他家庭收養的酒徒父親。不論在美國或瑞典，酒徒的親生子女也成爲酒徒的風險，都較非酒徒的子女高四倍，雖然他們出生幾週後就與親生父母分離。如果把實驗倒過來做——非酒徒的孩子由酒徒收養，孩子在家中也會接觸到酒精，但酗酒的風險並不會增加。同樣的，當酒徒有孩子被別

的家庭收養之後，酗酒的機率和在自家長大的兄弟是相同的，顯然光是暴露在酗酒家庭的環境中，並不足以使人成爲酗酒徒，有些酒徒的子女可能比一般人更厭惡酒精，因爲他們親身經歷了酒精之害。

基因顯然對酗酒有更強烈的影響，但並非每一位酒徒都受到基因同樣的影響。酒徒各有不同，飲酒的原因也殊異。克隆寧格把酗酒者分爲兩群，第二種的酒徒幾乎全是男性，年輕時就開始喝酒，通常都會有反社會行爲。這是有吵鬧、擲瓶、踢門等暴烈動作的醉酒。第一種的酒徒則男女都有，通常都是在中年才出現酗酒問題，如成天抱著啤酒不放。瑞典的收養資料則顯示，第二類的酗酒行爲強烈受到遺傳因素影響，而第一類的酗酒行爲，尤其是女性，則多由環境造成。

甚至還算「溫和」的酒徒，其飲酒量也和基因相關。例如瑞典一項雙胞胎飲酒量關聯性的研究發現，同卵雙胞胎飲酒量相關性是異卵雙胞胎的兩倍，顯示出遺傳的強烈影響；但也發現和教養並無明顯關聯。其實，飲酒眞正最受家庭因素影響的部分，是在青少年禁酒方面，也許是因爲雙親禁止青少年飲酒所造成。

雙胞胎的研究顯示，基因對酗酒有舉足輕重的影響，但並未說明基因究竟如何運作。一個可能是基因會影響人對酒精的容忍度。在所有人口中，酒精對一小部分——約百分之三至二十的人是穿腸毒藥，如果這些人喝酒，身心均會受到戕害。酒精對他們而言是殺人工具，會造成急性酒精中毒、肝病或心臟衰竭，也可能間接造成營養不良、車禍或自殺。這類的人

喝酒並非自願，而是因爲他們無法克制自己，因而酗酒成癮。

怎麼會造成酗酒？答案很複雜，但部分的原因是簡單的新陳代謝。有些人甚至在酒精入喉之前，就會有不同的反應，我們姑且稱這樣的人爲「前酗酒徒」（pre-alcoholics）。由遺傳決定的生化路徑，使得前酗酒徒對酒精產生更加渴望的反應。非前酗酒徒如果喝酒過量，就會覺得難受，必須停止，大部分人在生理上都有煞車，避免飲酒過量，然而前酗酒徒因爲遺傳上的差異，卻沒有這樣的煞車。在最糟糕的情況下，控制甚至反向行之：生理煞車由加速器取代，正常人喝幾杯之後會減緩飲酒的速度，但前酗酒徒反而會加速。

找出造成前酗酒徒的基因，是美國國家酗酒協會的當務之急。不過經過大規模的研究，花下大筆經費，結果依然少得可憐。一九九〇年，聖安東尼德州大學衛生科學中心的布洛姆（Kenneth Blum）及同僚曾發表研究結果，他們比較了三十五名酗酒病人和三十五名正常人後，發現兩組人有一個基因差異：製造多巴胺受體D2DR的基因。然而其他學者重作這個實驗，卻得不到相同的結果，後來發現這個基因隨族裔不同而有差異，可能會推翻實驗的結果。最後更發現，這個DNA序列位於目前所知毫無功能的染色體上，也就是說他們發現了沒有任何作用的基因。也許，全面的人類基因組掃瞄有助於了解，而這也是全美酗酒研究和遺傳學者目前的策略。

追蹤人類酗酒基因的進展很緩慢，但實驗室動物的研究相當成功。科學家比較了在遺傳上基因純一的動物，可以發現哪些基因和身體對酒精的反應有關，不過最重要的發現卻是無

心促成的。科學家飼育了一群缺乏血清促進素受體（5HT1B受體）基因的老鼠，以測試血清促進素和侵略性是否有關。果眞如此，這種老鼠的確比一般老鼠更具侵略性，而由於在人類身上侵略性和酒精經常是一體的兩面，因此科學家也想了解，這些老鼠是否有飲酒的問題。

科學家讓老鼠選擇水或攙有不同量酒精的水飲用，一開頭，變種老鼠和正常老鼠都不免攝取一些酒精，接著變種老鼠就顯得難以停止，牠們攝取的酒精量是正常老鼠的兩倍，吞下酒精量達百分之二十（相當於威士忌加汽水的酒精量）的液體。由於酗酒者在一開始接觸酒時就有好酒量，因此科學家也測試這些變種老鼠對酒精的敏感度，把牠們放在格子裡，看牠們是直直走，還是走得歪七扭八。果然變種老鼠就像人類的前酗酒徒一樣，有很好的酒量，可以接受更多的酒精。

這些老鼠證明了酗酒問題和一開頭的酒量及酒精攝取有關，也證明了單一一個基因可以影響兩個過程。不過這樣單一的基因對人類是否有影響，還不得而知。

酒徒以瑟

我們的英籍朋友以瑟年近中年之末，清瘦、英俊、口才便給，他清晰的口齒、牛津大學的教育和一身挺拔的西服，很容易就會被當作電視明星，然而他有個弱點：酗酒。

「我十八歲離家上大學時開始喝酒，」以瑟說：「一開頭我就是酒量最好的人，其他人

都醉倒了，我卻還清醒得很，因此我晚上參加牌戲贏了很多錢，其他牌友連牌都看不清了，我還能腦筋犀利。」

以瑟的好酒量可能在他開始喝酒之前就已經存在，而且隨他喝酒而增進。這種天生的好酒量已經研究證實，例如讓小男孩接受少量的酒精，酒徒的兒子酒量就比一般孩子好；測試他們喝酒之後是否可以站直，非酒徒的兒子搖晃的程度是酒徒之子的四倍。酗酒者的孩子也比較不會在酒後想吐、頭暈或醉酒，酒精甚至對他們荷爾蒙的產生和腦波，都有不同的效果。

以瑟回憶道：「大約有七年時間，我的喝酒時光非常美好，大家都喜歡聚會中有我，我有點小聰明、言辭詼諧，擅長辭令，當然這是因爲我在聚會之前，就已經喝下一品脫的琴酒。」

這個酗酒初期過程被稱爲「適應期」，酗酒者的新陳代謝起了改變，容許吸收更多的酒精，其中樞神經系統也在改變，越來越依賴酒精的刺激。他最重要的解酒器官也增加了微小體乙醇氧化酶的釋出，把酒精轉化爲較沒有傷害性的副產品。細胞的發電廠——粒線體也增大變形，以適應以酒精形式提供的能源。

在腦部，細胞膜也有了變化，細胞膜是由脂肪物質產生，對酒精溶液特別敏感，低量的酒精會啓動細胞膜，釋出造成愉快官感的化學物，而高量的酒精則會減緩細胞膜的活動，造成含糊不清的發音和暈眩。酗酒者腦部的細胞膜會回應源源不絕的酒精，變得更強韌，它們改變了形狀和組成，因此需要更多的酒精，才能產生效果。酒徒如果要享受飲酒之樂，必得喝到身體和腦部的防衛機制一直保持在紅色警戒狀態的地步，才能滿足。

這種適應的能力就是酗酒者的獨到之處。他們天生的遺傳使得身體和腦部能夠逐漸增加對酒精的容忍度。非酗酒者則沒有這種遺傳，無法容忍這樣的破壞，對他們而言，飲用這麼多的酒精會使他們噁心甚至昏迷，而且還會有難過的宿醉。他們的身體無法像以瑟那般忍受這麼高的酒精，但再怎麼強的酒徒，也不可能永遠喝下去。

「後來我發現馬丁尼加三顆橄欖的喝法，這是我們英國沒有的新喝法，情況就急轉直下了。」以瑟說。

此時以瑟進入酗酒的第二階段，即中期，特點是喪失控制、對酒精的容忍度起伏不定，而且身體上開始產生依賴性。他會誠心向自己保證，只在商業午餐或社交場合時喝兩杯，最後卻總是喝得超量。他不再能確定自己喝酒後會有什麼樣的反應，有時候得連喝五、六杯馬丁尼才有點感覺，有時候一杯葡萄酒就承受不住。他由在早上喝一杯以治宿醉，到早上必須喝一杯以免全身發抖。他的工作大受影響，而在多次警告之後，他終於被任職的銀行炒了魷魚。

「找新工作可不容易，」以瑟說：「沒有人相信我所說的，離開上一個職務是因爲追求社會平等，他們聞都聞得出來原因。我連去面試的時候，都離不開酒瓶。」

由想喝酒到非喝酒不可，這其間逐步的轉變是腦部適應狀態改變的結果，也就是「神經適應」的過程。腦部努力要維持平衡，當酒精存在之際，腦部嘗試要恢復平衡，主要的變化在伏隔核的多巴胺區(即古柯鹼反應的同一區域)，以及調節腦部神經細胞爆發的系統。

酒精和古柯鹼一樣，釋出伏隔核中的多巴胺，帶來滿足感。但隨酒徒飲用更多的酒精，多巴胺的細胞萎縮，因此當得不到酒精時，酒徒就會覺得難過，希望再來一杯。

另一個效果比較普遍，GABA，即γ氨基丁酸（gammaaminobutyric acid），這是一種抑制腦部神經傳遞的胺基酸，其受體對酒精特別敏感，似乎也是造成其愉悅感受和停止攝取時不愉快感受的原因。長期飲用酒精改變了GABA受體，因此若得不到酒精，它們就不能抑制腦部的訊號，使得人特別容易會有強烈的焦慮感和抽搐。如果老鼠生有瑕疵的GABA系統，就比較不會受酒精的影響。儘管目前還未證實，但GABA系統在遺傳上的差異，應能清楚說明酒精反應的差別。

以瑟失業後，很快就達到酗酒的最後一個階段。

「我很自豪自己每天早晨喝酒的方法，這是經我巧妙設計而來的。不論前一晚我喝了多少，都小心留一點明早再喝，不過問題是我抖得太厲害，沒辦法把它倒在杯裡或直接由酒瓶中喝，爲此我還撞壞了一顆牙。因此我就先找到最大的調理碗，一隻手倒下琴酒，一隻手倒下調酒用的通寧水，再用吸管吸。這個我辦得到，悲哀的是我竟覺得能這樣做證明了我並非酒鬼。我騙自己說，我用聰明才智解決了一個難題。的確，談到喝酒，我可是聰明極了。」

在最後階段，酒精的容忍度已經降低，因爲肝和腦都已經受損。腦部無法逃避酗酒的懲罰，如今需要更多的酒精才能維持平衡。上癮的症狀嚴重到酒鬼得不停喝酒，否則就會痛苦難當。結果變成身心都只爲了飲酒而存在。

以瑟算是幸運的，他十二年前戒了酒，恢復了健康，也重回工作崗位。雖然因爲這些年的空白，使他的事業生涯未能有所進展，他也得彌補當年酒醉時樹立的許多敵人，但至少他還活著。如今他更有理由戒酒：他的兒子也酗酒。他兒子二十二歲就到「嗜酒者互誡協會」求助，在老爸的鼓勵下，目前也戒了酒。

不用神經學者開口，以瑟就知道：他的多巴胺和GABA區域被酒精改變了；他上癮了，這事實一天比一天明白。以瑟也不需要遺傳學者告訴他，酗酒的情況會遺傳，他自己的兒子就可證明。雖然有這樣不利的神經化學和遺傳因素作祟，他卻能不再喝酒，爲什麼？

「很簡單，我戒了酒。」以瑟說，他說得非常簡單，但也說明了全球治療酗酒的通則：戒酒成功的方法只有一種：完全禁酒，不只是減少，不只是由烈酒轉爲啤酒，不是只在下午五點之後喝酒，而是根本，完全，滴酒不沾。試圖「控制」飲酒的酒徒已經得知——通常是很辛苦才得知——除非這樣，否則戒不了酒。這也是爲什麼流行病學者的調查顯示，預測酗酒是否會故態復萌的最佳指標，就是先前是否有故態復萌的經驗。

酒徒經常有個錯誤的想法，以爲自己喝酒是情感遭遇挫折而得的結果，而非原因，因此求助於精神病學者或心理學者。雖然這是一種治療的方法，但有許多心理健康的專業人士並未察覺酗酒的症狀，而以更多的藥物來治療病人，甚至使用鎮靜劑，結果使問題益形複雜。如果你覺得自己有酗酒的問題，那麼這個問題部分是遺傳造成的。

勾起癮頭的尼古丁

王爾德曾俏皮地說：「香菸是完美樂趣的完美典型，它的味道細膩，教人不得滿足，我們還能再要求什麼呢？」沙特則以存在主義的眼光來看它：「不抽菸的人生不值得活。」

尼古丁和咖啡因一樣，是全世界消耗量最大的影響心理狀態之物，有關菸的數字讓人心驚。全球有四分之一以上的人口，約十億人，攝取香菸、雪茄、菸斗、鼻菸和菸草口香糖中的尼古丁，付出極高的代價。每一年，美國約有四十萬人因吸菸而死，醫療費用高達五百億美元；主要的殺手是肺癌、氣腫、心臟病、動脈硬化和中風。三十五至六十四歲的死亡者，有四分之一是因爲吸菸，大概有三分之一至一半的老菸槍會因這種使他們上癮的物質而死。每一支菸都會使經常吸菸的人喪失五分半鐘的壽命。

爲什麼人會不顧死亡的危險，依然繼續吸菸？他們並不是不知道吸菸造成的危害。任何在吸第一支菸就頻頻咳嗽的人都知道，菸絕不是好東西。自菸草由新大陸引進舊大陸起，「毒菸」對呼吸的惡劣影響已經衆所週知，早在十八世紀初，就有整本整本的書探討香菸對心臟血管功能的影響，此後有心人士致力於公共教育活動和立法，務使人人明白吸菸之害。縱使如此，還是有人視死如歸地點燃香菸。

美國食品暨藥物管理局在一九九六年公布原因：尼古丁是致癮物質。菸草業者及其他既得利益者紛紛質疑這個令人震驚的「發現」。然而這個事實數世紀以來是不爭的事實，請看

看：癮君子找不到香菸時撿起菸灰缸裡的菸蒂，飢渴地吸食，燒到手指頭亦不顧，或是到醫院外的吸菸區，看看醫護人員忙不迭地抽菸，就可以知道。

我們早已知道尼古丁會使人上癮，如今更了解這種藥物如何在腦部運作。最新的研究顯示，尼古丁依三個獨特的腦部機制運作，每一種機制都足以讓尼古丁成爲致癮藥物，三種機制合起來，編織成緊密的細網，教人不上癮也難。

第一個機制在尼古丁抵達腦部時開始運作，只需要吸入香菸幾秒即發生。尼古丁結合成一種和學習記憶有關的特殊蛋白質，神經細胞的尼古丁乙醯膽鹼受體。通常受體是由自然的人體物質乙醯膽鹼（acetylcholine）啓動，但不知爲了什麼原因，也可以由植物毒品尼古丁引發，這也是尼古丁能「提神」，集中注意力，刺激腦部的原因。根據美國國家衛生研究所的問卷調查，癮君子吸菸的理由經常是「要集中心神」，而實驗的確也顯示，尼古丁能改進短期的學習和記憶。有一陣子，醫師甚至用尼古丁來治療阿茲海默症（Alzheimer's disease，即俗稱的老年癡呆症）患者，因爲它似乎能使病人的腦部發揮更好的功能。

第二個機制發生在尼古丁刺激伏隔核，釋出多巴胺之際，這也是和古柯鹼、安非他命及嗎啡相同的機制。如果你觀察注射了藥物的老鼠腦部活動的掃瞄，根本不能分辨究竟注射的是尼古丁或古柯鹼。

第三個機制由紐約布魯克海汶國家實驗室的佛爾（J. S.Flowler）等人所發現，其運作方式是抑制腦部的酵素單氨氧化酶B（monoamine oxidase B，MAO-B）。菸癮重的癮君子M

ＡＯ-Ｂ的量比其他人低百分之四十，ＭＡＯ-Ｂ的功能是減弱一元胺——多巴胺、血清促進素和正腺上素，這些物質都會強烈影響我們的感受。其實，單氨氧化酶組化劑常用來作抗憂鬱的藥物，意味著尼古丁的確可讓某些人覺得心情較不那麼低落。研究顯示，自稱沮喪高過「正常」量的人，成為吸菸者的機率是一般人的四倍。

尼古丁可以使你覺得更聰明更愉快，難怪癮君子不肯放棄。

吸菸的基因

一般人聽說有研究在探求吸菸是否源於遺傳時，通常的反應都是困惑地皺起眉頭，或是冷笑說：「這怎麼可能遺傳，我以前一天抽一包菸，但現在我戒掉了。」這種懷疑論其實和科學無關，而是牽涉了人對事物的觀感與見解。酗酒被視為病態已經五十多年，沒有人懷疑這種疾病可能源於遺傳，然而一直到最近，人們依然覺得吸菸是一種「習慣」，很少把它和基因聯想在一起。再加上菸草業者的遊說，因此美國國家衛生研究院可以有整整一支分支機構（酗酒研究所）在研究酗酒，但舉世研究吸菸與遺傳關係的單位少得可憐。

第一個雙胞胎吸菸研究始於一九五八年，費雪（R. A. Fisher）注意到，同卵雙胞胎的吸菸相關率較異卵雙胞胎高，這是和基因相關的關鍵指標。此後約有十八個研究，發現同卵雙胞胎較異卵雙胞胎更有可能都是癮君子，或都不吸菸。遺傳可能性約由百分之二十八至百分之八十四，而所有結論顯示，遺傳可能性為居於中間的百分之五十三。雙胞胎的研究顯示，

家庭環境和吸菸與否並無明確的相關證據，癮君子的子女吸菸，是因爲父母給了他們吸菸的基因。在我們的社會中，所有的孩子都面對吸菸的環境，但若僅就「環境」因素而言，同輩的壓力可能更甚於父母的影響。

雙胞胎的研究後來擴展，探討如果雙胞胎中有一個戒菸或試圖戒菸，另一個是否會同樣戒菸成功或失敗？結果顯示，基因會影響人吸菸，也會影響人戒菸，但兩種基因是不同的。

這兩種基因尚未辨識出來，不過我們似乎可以由追求新鮮感的基因著手，尤其是和多巴胺訊號相關的基因。美國國家衛生研究院的幾個實驗室發現，血清促進素受體的基因和吸菸相關。如果這一點能成立，將有助於提出一套戒菸的新方法。和繼續吸菸相關的基因，或許和逃避傷害的基因有關，尤其是血清促進素。控制對尼古丁敏感的基因，是完全未經探索的領域，也許這就是尼古丁受體基因。老鼠研究已經顯示，基因在開頭因尼古丁引起的興奮，扮演關鍵角色，而這也是預測接下來對尼古丁的忍受度和是否會上癮的指標。

戒菸

對於吸菸，最好的建議就是最簡單的一句話：不要開始。尼古丁是非常容易上癮的藥物，大部分的人如果經常吸食，必定上癮無疑。也就是說，尼古丁和酒精不同，因爲很多人經常喝酒，但不會酗酒。

由於腦部三個獨特的機制，再加上遺傳和心理和行爲因素，使得戒菸益形困難，有八成

的菸槍說他們有意戒菸，但每年只有百分之七成功。而且戒菸後再犯癮的比率，和吸食海洛英一樣高。

但困難並非不可能。好消息是，目前已經有許多很好的戒菸策略，如果一個方法不成，不妨試試另一個方法。第一次戒菸失敗是很可能的，就算能戒幾天也好，因爲不吸菸的每一天都使你的身體少受一點菸害。請記住，影響你壽命長短的是你吸菸時間的總和，而非你戒菸的次數。

我們研究的一位受訪者湯瑪斯，青少年時期就開始吸菸，到他四十七歲時，每天得抽三包菸。大家問他怎麼可能一天內吸掉這麼多菸——相當於一小時四支，他說他家裡每個房間都有菸灰缸，他經常廚房裡一支、浴室一支、客廳一支。他說，「有時我會忘記眼前煙灰缸裡有一支菸，就又點了另一支。」湯瑪斯曾經酗酒，如今逐漸康復，他的家族有上癮的病史。

湯瑪斯的牙醫注意到，他臉頰內有一小塊白斑區，他求助於口腔腫瘤醫師作病理檢查，在等待結果的那一週，他發誓只要結果出來，就絕不再吸菸。他詢問醫師如何戒菸，醫師也開了含有尼古丁的戒菸口香糖給他。

檢查結果出來是陽性的，湯瑪斯進行了手術，甚至去除了他部分的舌頭，使他難於開口說話。雖然有這麼強烈的誘因，湯瑪斯依然無法說戒就戒。他第一次嘗試尼古丁口香糖的時候，簡直忍受不了那味道，因此戒菸戒得非常痛苦。一個月不吸菸之後，他又找出那包原封未動的尼古丁口香糖：「它花了我三十美元呢，我一定要再試一次。」

他還是不喜歡這個味道，但感受到從前尼古丁給他的那種興奮。「很快我就變得非要有那種口香糖不可。早上起床、飯後、看電視的時候——任何時候我都想吸菸。我知道這個過程，但就是克制不了這種渴望。」很快地，湯瑪斯又開始服用尼古丁了，攝取的管道不同，但上癮的情況則一。他又花了三個月，再加上醫師的幫助，好不容易才戒掉，這次是永遠戒掉了。

湯瑪斯故事說明了三點：第一，尼古丁是強烈的上癮物質，不論攝取管道爲何；其次，上癮的毛病經常是一起發生的，湯瑪斯的吸菸，和他的酗酒及其家族的上癮歷史似乎都有關係；第三，就算是天生有上癮遺傳基因，本身也十分依賴尼古丁的癮君子，依然有可能完全戒除吸菸。

永遠的吸引力

人總有強烈欲望想要體驗不同的知覺狀態，想要改變腦部的反應。由喜愛旋轉，而轉到頭暈的幼兒，到下班後回家喝一杯的父親，改變腦部化學組成的欲望都非常強烈。也許這是人類天生的本能。有些文化運用藥物以追求宗教上的極樂經驗，有些則以此紓解社會的緊張。有些個人以藥物開啓心靈，有些則用藥物封閉內心世界。有些人想要加快自己的速度，有的人則想要放慢自己的腳步。人總爲了種種不同的原因，希望改變他們感覺的方式，但他們用的技巧是一樣的：減慢這裡的神經鍵，加快那裡的神經傳遞原，關閉這個基因，開啓那個基因。

雖然有些科學家致力於消除酒精、香菸及其他危險藥物之惡，但也有些科學家調配出新的藥物。如果歷史可爲殷鑑，那麼我們將不斷實驗各種不同的意識狀態——不論是藉著沈思冥想、祈禱或是化學品。

5 談到愛情的時候……

在無限的空間範圍，兩個人的路徑怎麼會交錯，因互相吸引而結合？
是什麼力量使他們熱情投入對方懷抱，卻又有可能把兩人分開？
答案既簡單又複雜：愛情。
浪漫之愛是性和生殖的表現，
而性和生殖則是所有人類動力中最有力的一項。
我們對愛情所做的抉擇，是我們一生中最重要的選擇，
不論在幸福感或是在傳宗接代兩方面皆成立。

保羅和梅德琳邂逅於大學時，那時是暑假，兩人都到北部的湖邊遊玩，在一個酷熱的晚上相識於擁擠的酒吧，他倆一見鍾情，相見恨晚。兩人談了幾句，言語和姿態都充滿感情但不挑逗，梅德琳如一把閃亮的刀刃，滑進了保羅的心房。不過在梅德琳這方面，保羅並不只是她賣弄風情的對象，他很特別，或許正是能了解並關愛自己那複雜靈魂的伴侶。

但她得赴巴黎，而他得回到城內追求自己的事業，兩人偶爾寫寫信，不過相隔七年未再相見。這段時間中，他倆各自交了其他男女朋友，各有數段程度不同的戀情。他們從沒有明白說出來，但各自在心中爲對方保留了一席之地，總懷著未來還會共度人生的希望。兩人之間的距離不但沒有阻隔對方，反而在彼此的想像中益增情趣，各自編織了對方也能明白的夢想。保羅經常想到她香唇的沁涼滋味，以及他倆身體的契合，梅德琳則忘不了他的微笑，以及他納她入懷時的溫暖安適。

好不容易過了七年，他們訂了相會的日子。這次的會面其實很危險，因爲兩人都抱持了過高的期待，而不顧現實。是不是應該繼續保持通信的完美關係就好？萬一兩人早晨一起醒來，卻發現自己根本談不上喜歡對方，又該怎麼辦？

保羅興奮極了，在飛往度假島嶼的長程班機上根本睡不著。梅德琳已經在島上，焦急地在被海洋潤澤的小屋中靜候他的到來。兩人見了面立即相擁上床，浪濤之聲浸潤他們全身，屋頂上旋轉的電扇輕柔地在他們身上轉動。

他們共度了一週，享受陽光，心境平和。他們的重逢一如想像中甜美：熱情如火、如膠

似漆。一週結束，兩人已經下定決心廝守終生，唯一的問題只在時間。他們的疑惑已獲得解答，他們將是終生的伴侶。

保羅回去工作，梅德琳則搭船回家。船長非常強壯英俊，開朗風趣，令人著迷。梅德琳深深受到吸引，但她也知道如果放任此情發展，就不可能回到保羅的身旁。梅德琳儘管猶豫，但船長輕輕執起她的手，她不由自主漂向他身旁。

她打越洋電話把這件事一五一十告訴保羅，鉅細靡遺，他簡直傷透了心，雖然想對她或對船長發怒，卻又做不到。梅德琳說，她很迷惑，不知如何是好，她兩人都愛，無法取捨。

幾週後她再打電話去，保羅並非獨自一人。他已經喝了酒，和一個他根本連姓啥名誰都不知道的女人在床上。梅德琳劈頭就問：「你不是一個人吧？」他也老實回答說：「不是。」她勃然大怒，把電話線都拉斷了，丟在地上。她才不想承受這樣的痛苦，尤其在這樣迷亂的時候。她覺得保羅已經毀了兩人的關係，她和船長的事根本沒什麼大不了：他已經結婚，有三個孩子。梅德琳對保羅的感情又細火慢燉了幾年，最後她說服自己恨他。有很長一陣子，保羅每天想她，但最後她也由他腦中消失了，此後兩人再也沒見面。

逃不掉的愛

保羅和梅德琳之間究竟怎麼回事？在這樣龐大的星球，在無限的空間範圍，兩個人的路徑怎麼會交錯，合而爲一？是什麼驅使他們在一起？什麼力量使他們如此熱情投入對方懷

抱，接著卻又如此猛烈地把兩人分開？答案既簡單又複雜：愛情。戀愛或失戀，是人一生中最值得記憶的感情經驗。我們對愛情所做的抉擇，是一生中最重要的選擇，不論是在幸福和滿足或是在傳宗接代兩方面皆是如此。

這些情感之所以如此強烈，是因爲浪漫之愛是性和生殖的表現，而性和生殖是所有人類動力中最有力的一項。然而愛情並不能簡化爲交配，而且比起其他任何情感來，它是最容易受到偶然、文化、社會習俗、巧合甚至命運影響的情感，所以人間有各種各樣的愛情故事、歌曲、詩篇和電影。爲要解釋浪漫之愛，我們發明了如山一般高的言辭，而深藏其中的基調乃是男女肉體欲合而爲一。這種結合的需要，是全人類最根深柢固，也最受天生遺傳影響的行爲。

愛的力量非常簡明。人類傳遞基因的方式是透過性行爲，如果誰擁有不能行性行爲，或是對此道沒興趣的基因，那麼他們就沒有孩子，這種基因也就無法傳遞給後代。這些人或許看來不錯，甚至表現優異，他們其他的基因可能都很優秀，使他們親切慷慨或強壯聰明美麗，但如果他們沒有性行爲，這些基因就會永遠喪失。擁有正常性行爲基因同時又找到伴侶的人，得以生育小孩，傳宗接代，他們的基因一直傳遞到我們身上，就算他們其他的基因不良，自私小氣愚笨，也沒有關係，因爲他們的基因一樣可以傳遞到下一代。

這是無可逃避的演化邏輯，是生命組織的架構。對於我們所有識與不識的祖先，甚至回溯到人類的起源，有一件事是可以確定的：他們都有性行爲，都生養子女，否則我們就不可

能在此。當他們結合之時，就把使他們有興趣而且能夠行性行為的基因，傳遞給了下一代。

演化甚至也說明了某些使人困擾的人類特性，諸如嫉妒、占有和不忠。男女結合之後，基因促使他們待在一起，直到能夠生養第一個孩子為止。保羅和梅德琳開頭一見鍾情，立即行魚水之歡，一遍又一遍，目的是在生殖。這段關係最後因不忠實而同樣轟轟烈烈告終。女人琵琶別抱，男人常會勃然大怒，因為她可能因其他男人而懷孕，意味著他得費盡所有力氣，養育擁有別人基因的孩子。而當男人另結新婚，女人也會嫉妒不已，因為她在養育子女時需要協助。不過另一方面，由基因的觀點來看，一點點不忠也未必太糟，因為這可使得男人到處留種，而女人也可以繼續尋找更好的伴侶繁殖後代。因此男人會希望能擁有許多伴侶，卻會阻止這些女伴和其他男性交配；而女人渴望的是忠實的男人，但她們同時也保留向其他方面尋求精子的權利。

演化可以解釋我們「為什麼」天生對愛有這麼強的感受，但未說明基因究竟「如何」運作。當男女充滿渴盼地交歡時，就算他們是科學家，腦中也不可能想到演化。在歡樂的高潮，男人的思緒通常和他的基因並無關聯，而且在這個時代，兩方面更擔心的可能是不要懷孕。這樣的精打細算只能來自皮質，也就是我們大腦中最近且最高度發展的區域。而早在動物能思考這檔事之前，甚至在牠們了解性和生殖有關係之前，就有了性的渴望，因此，這種「獸慾」必然是由大腦邊緣系統所控制，這塊情感的中樞也是大腦發展較原始的區域。

基因為確保能夠存活，用了巧計，並不刻意喚起我們的意識，也不以繁衍後代為號召，

只讓我們覺得性行爲讓人通體舒暢。基因在生殖器上塑造了數以百萬計的觸覺受體，也以神經把這些觸覺受體連接到最重要的性器官——大腦上。在大腦中，生殖區域的體覺皮質體積比其他區域都大，因此生殖器對觸摸特別敏感。還有基因指定了懷孕時釋出大量荷爾蒙，使準媽媽對孩子充滿情感，另外也有一些位於腦部邊緣系統的基因，協助我們接受相互吸引的訊號，這些我們憑著本能即可得知的訊號，就稱爲愛。

男女兩性差異的根源

身爲人類的成員，男女兩性都有繁衍後代的共同目標，然而如何達到這個目標，兩性卻有截然不同的想法，其間差異就在於精子與卵子的差異。簡單來說，男性就像精子一樣，量多價廉，面對卵子時最好的策略就是：找到它，使它受精，然後忘掉它。女性則和卵子一樣，數量稀少、價值寶貴，一旦受孕，就需要花費極其可觀的時間和心力照顧孩子，因此她們的最佳策略就是挑三揀四，找到可以協助照顧孩子的男人，而忽略其他潛在的伴侶。

這種基本的生理差異造成了男女之間的不同，包括我們和我們的動物祖先共有的基本特性，例如我們會受哪一類的人吸引，怎麼吸引他們，如何追求到我們情感之所欲。男女兩性的生理差異是更微妙差異的關鍵，有如《閣樓》雜誌對羅曼史小說、火星對金星、軍靴對絲襪。沒有基因能阻止男性寧可亂轉也不肯問路，也沒有基因促使女性東家長西家短，人自有個性，並非完全受性別主宰，有很多空間可容自由意志發揮。縱使如此，男女依然有不容否

認的差異存在，而讓人驚訝的是它來自單一一個遺傳開關——單一一個基因。

這個舉足輕重的基因稱作TDF，以它所限定遺傳密碼的蛋白質爲名。既然這個蛋白質正是決定睪丸生成的因素，它位在Y染色體上也就不足爲奇，因爲Y染色體是唯一男性擁有而女性沒有的染色體。在生命之初的胚胎時期，男女兩性並無差異，只除了將來會發育爲生殖器的線痕。如果胚胎是男的，TDF基因就會在受孕八週之後啓動，男女差異即開始出現。TDF基因爲執行其雄性的任務，啓動了另一個製造抑制 Muellerian 荷爾蒙的基因，使得體內的雌性器官無法發育。這個基因的第二個任務，是要啓動一群合成睪丸酮素的細胞，讓這種雄性荷爾蒙能夠促成男性生殖器的發育。TDF就像是鐵路的軸轍：如果它不存在，火車就循著女性的軌道前進，反之則轉向男性軌道發展。

TDF在一瞬間完成工作，火車一旦轉往男性軌道，那麼決定睪丸的因素就不再重要，甚至到孩子出生時，根本看不到這種蛋白質的痕跡。「男性火車」能夠猛力前進，主要是因爲荷爾蒙，尤其是睪丸酮素和由睪丸合成的相關雄性荷爾蒙。這些荷爾蒙導引生殖器官的發展，在稍後也會促成臉部毛髮的生長，以及低沈的嗓音。如果有睪丸酮素，甚至不需要TDF也可以啓動男性的發展。例如懷孕的母鼠如果注射了大量的睪丸酮素，那麼所有的老鼠寶寶都會有雄鼠的模樣，但因並未切斷雌性的發展過程，因此老鼠就有了「雙性」，體內依然有雌性的生殖器。

TDF並非製造男性唯一需要的成分，還有許多「下游基因」也必須啓動，才能確保發

育無誤。在極少見的情況下，這個過程可能會出差錯，造成使人迷惑甚至傷心的結果。

瑪麗亞・帕提諾（Maria Patino）是西班牙女子跳欄冠軍選手，一心一意要出人頭地。一九八五年她代表西班牙赴日本神戶參加世界大學運動會，沒想到還沒有踏上田徑場，她的夢想就成了夢魘——她沒有通過性別測驗。

女性運動員性別測驗始於一九六六年，因爲當時傳言許多頂尖的蘇聯和東歐女運動員其實是男性頂替。原先的測試方式十分簡單：女選手全身赤裸走過由婦科醫師組成的審查小組。如果神戶世大運依然沿用老法子，那麼瑪麗亞無疑必可通過測驗，因爲她看起來和一般女子沒什麼兩樣，有突出的上圍和陰道。然而爲了避免「裸體遊行」的尷尬，主辦單位改採一種應算是較先進的新方法。檢驗小組由選手頰上取出一些細胞，染上特殊染料，再放到顯微鏡下觀察，如果細胞有兩個X染色體，就是女性，會出現一塊黑點；如果細胞有XY染色體，就表示是男性，沒有黑點產生。瑪麗亞的測試結果沒有黑點，意即她有XY染色體，在審查小組看來必然是男性，因此喪失比賽資格。

這個消息對瑪麗亞和她父母親不啻晴天霹靂，她從沒有懷疑過自己不是女兒身。更進一步的測試顯示，她的狀況極爲特別，稱作雄激素無感症候群（androgen insensitivity syndrome），發生的機率約爲兩萬名帶有XY染色體的新生兒中有一名。雄激素的受體發生突變而失去功能，無法感受雄性荷爾蒙的存在。瑪麗亞天生有一個正常的Y染色體和TDF基因，因此在發育之初，內在的睪丸開始分泌睪丸酮素，她的火車原本該朝向男性軌道前進，但因

爲沒有接受雄激素的受體，使它成了一圈圓形軌道，沒有形成外在的雄性性徵，火車又轉回原來的女性軌道，因此她的生殖器和第二性徵都屬女性。瑪麗亞與其他女性唯一的不同，只是她體內有睪丸和未發育完成的陰道，但這和她是否能跨過跳欄一點關係也沒有。

瑪麗亞的例子說明了對遺傳學一知半解可能造成的危險。官員認爲，擁有XY染色體必然是男性，其實還有其他染色體上的其他基因是區別男女所必需。瑪麗亞除了這個特別的基因之外，其他方面都是百分之百的女性，因此其他基因必然也在男女行爲之別上有所參與。

金星對火星

男女兩性不僅在生理上大不相同，在行爲上亦有差別，這一點毋庸置疑，就算穿著衣服，依然可以清楚區分。男性堅強、充滿侵略性、好勇鬥狠、冷漠無情、好色、好打獵、愛車；而女性則柔順屈服、善於撫慰、感情用事、著重一夫一妻的忠誠、充滿感性、愛採集收藏、拙於開車、長於言辭。簡而言之，女人來自金星，男人來自火星。問題是：男女兩性之間的情感和性格差異，究竟是基因促成的，抑或是文化和社會作用的產品？男人如此強硬好鬥是因受教導如此，抑或是命中註定，無法抗拒？這種性別差異的討論可能始於首位史前穴居人，很少有其他問題像這個問題一般引起這麼多的爭論，造成更多混淆。

有趣的是，醫學檔案中有一例曾被兩方都拿來舉證辯論。故事始於一對健康活潑的雙胞胎，其中之一的約翰到八個月大時，要動個小手術去除過長的包皮，沒想到醫師竟搞砸了，

把陰莖切了下來。醫師們說服作父母的，與其讓孩子長大成爲沒有生殖器的太監，不如一不做二不休，乾脆把他徹頭徹尾變成女孩。父母親同意了，於是醫師去除了他的睪丸，接下來又動了一系列手術，爲他裝了人工陰道，讓他重生爲女孩。父母把他改名爲瓊安，買漂亮的粉紅色花邊衣服和洋娃娃給她。一九七三年，一名先進的性學者莫尼（John Money），爲文描述了瓊安變成了正常的小女孩，這個案例似乎證實了性別認知可以由慈愛的父母和受過訓練的專業人員合作決定，孩子出生是中性的，很容易就可以導向男或女性的道路。

最近另兩名學者戴蒙德博士（Dr. Milton Diamond）和西格蒙森（H. Keith Sigmundson）決心了解瓊安換性三十年後發展如何。他們的報告於一九九七年發表，徹底顛覆了性別認知的神話。原來瓊安並沒有變成快樂的小女孩，她把洋裝撕成碎片，還嘗試要站著小便。她母親教她如何化妝，但她寧可學父親刮鬍子。其他的小女孩也都本能地覺察到她有些不對勁，稱她爲「野人」，不肯和她玩。雙親把祕密埋在心底，他們無法回頭，只能順著他們選擇的道路繼續走下去，並且在瓊安十二歲的時候，爲她注射雌激素，促進她胸部發育，也使她其他的第二性徵得以發育。

到十四歲，瓊安覺得非常憂鬱，她知道自己有點不對勁，不知何以自處，爲什麼她不像其他女孩？爲什麼她想和其他男孩打球，卻不敢想像他們吻她的模樣？她想自己唯有自殺一途。知曉她受折磨原因的父母親無法再忍耐，父親流著淚敘述了一切，雖然他知道她可能會責怪他們、怨恨他們。瓊安得知實情，並沒有發怒，反而覺得解脫：「一切終於有了道理，

我明白了自己身分。」她告訴兩位學者。

瓊安開始回到她原本該走的軌道，又變回約翰，他去除了乳房，動手術裝上人工陰莖，注射男性荷爾蒙，他開心地接受自己的新身分。戴蒙德告訴《紐約時報》說：「他買了一部休旅車，車上裝有酒吧，好吸引女孩子。」他二十五歲時和一名女子結了婚，收養了她的孩子，如今，在迂迴錯繞了一圈之後，約翰終於回到他天生該擁有的位置。

約翰的案例可以證明，人的性別在誕生之時至少已經完成一部分了。約翰天生是男性，也唯有當男性他才會快樂；不論多少的社會教化，都不能改變他腦部在子宮時形成的方式。約翰知道自己的性別有問題，並不只是他不想玩洋娃娃；他的整個身分都受到性別左右，也就是說，身爲男性或女性就是個性的基礎，只是很難一一描述男女的差異。光是生理上的線索當然很簡單，但究竟天生是男性和天生是女性有什麼意義？男女兩性如何不同？爲什麼？

男女欲求各不同

雖然兩性有時差異極大，男人與女人卻是同一種動物，而且抱持著同樣長程的演化目標：養兒育女。只是在很多方面，他們對於如何達成目標有不同的看法。演化學者光是由男女兩性的某些不同性行爲和策略，就能指出其間牽涉的基因。對男性而言，保證品種繁衍最重要的策略，就是想辦法多和不同的異性伴侶發生性行爲，而女性最佳的策略則是精挑細選，只和願意花時間及心神在孩子身上的伴侶爲伍。因此年輕男子總是「性致」勃勃，而年輕女子

則更顧慮兩人關係的維護。由書籍市場來看，男性買成人雜誌和書籍，想知道上哪兒去找更多的性伴侶，而女性則感興趣於如何讓浪漫之愛發揮作用，保住千挑萬選的對象，和他結婚廝守。有趣的是，同性戀也不能免於這種性別的差異，以下笑話可一窺端倪：「女同性戀第二次約會時會帶什麼來？」「整車的家當。」「男同性戀中扮演一號的同志，第二次約會時會帶什麼來？」「什麼第二次約會？」

男人不論是在酒吧逡巡，在河畔漫步，或是在墨西哥村莊的廣場上徜徉，他都在尋找年輕美麗的對象，肌肉堅實、眼睛明亮、嘴唇豐滿、雙峰高聳。聽起來這好像是《花花公子》雜誌裡的綺想文章，但巴斯博士（Dr. David Buss）等人確實發現，在三十七個不同的社會中，都有同樣的現象。在美國，男性追求的女性平均年齡比他們少三歲，隨著男性年紀增長，差異也越來越明顯：第一任太太大概年輕三歲，第二任約五歲，第三任太太約比丈夫年輕八歲。女星貝蒂蜜德勒（Bette Midler）在電影《大老婆俱樂部》（*The First Wives Club*）中參加兒子的成年禮，前夫帶著比他年輕甚多的女伴前來，蜜德勒問道：「這是什麼？禮物嗎？」

雖然偶有例外如影星雪兒（Cher）結交年輕甚多的男性，但女人通常喜愛比較年長一點的男性。在所有三十七個受訪的文化中，都有同樣的結果。法裔加拿大女性喜愛較她們年長兩歲的男性，伊朗女性喜愛年長五歲的男性，至於由老人掌控財富和威權的提威（Tiwi）族，女性喜愛較她們年長數十年的男性。全球平均的差異是三年。

另一個笑話：兩名七十五歲的老翁正在閒談，其中一位抱怨自己找不到伴，另一位則說

他交了二十五歲的新女友。「怎麼辦到的？」第一個老翁問。「簡單，」第二個答：「我告訴她我已經九十五了。」

這則笑話說明了一個理論：女性追求的只是男性提供的資源，這資源會隨著男性的年歲累積。最簡單的資源當然是金錢，在我們的文化中，如果女兒嫁入「好家庭」——有錢，總教父母欣喜；但如果男人追求富有的女性，就會被當作「吃軟飯」。就算並不刻意想要孩子的女性，基因都會教她選擇擁有資源而可供應兒女無虞的男人。一九三九年，調查訪問美國男女擇偶的條件，女性重視對方財務前景的程度是男性的兩倍，一九五六和六七年也有同樣的結果，甚至在一九八〇年代中期，性革命已經發生，結果依然。這表示男性最吸引人的就是豐厚的荷包。女性尋找富有的男伴，難道是因爲讀了婦女雜誌的結果？這不太可能，因爲六大洲五個島嶼三十七個不同文化的所有女性都有這種偏好，不論是在一夫多妻或是一夫一妻的社會，在第三世界抑或在最富有的國家。

僅次於金錢的是權力。在我們的文化中，這取決於社會和專業地位。「權力是最有效的春藥。」季辛吉如是說，他應該有所體會，他既有權力也有金錢，身邊總不缺乏女人。研究也支持季辛吉的論點，比起男性來，女性對地位、威權、階級、力量和身分總是看得比較重，舉世皆然。

男人也在追尋資源，不過種類不同。男性想要的是生殖力，但由於生殖力不可能由外觀判斷，他們只好用替代的標準衡量：美麗。男人偷眼注視豐滿的雙峰、透明襯衫內挺立的乳

頭時，雖然心中並沒有想到：「我未來的兒子吸吮它們可以長得快又壯。」但基因已經開始鼓動他們。男人喜愛渾圓而豐滿的臀部，並不是因爲電視這樣教，而可能是因爲這樣的形狀最適合生兒育女。臉部的對稱——實驗已經證實，各文化均視此爲美麗的訊號，說明了此人沒有疾病。男性判斷臉孔美麗的標準可以說非常保守，在各種族中皆然：最有魅力的五官是小巧的鼻子和大眼睛，不論是非洲、日本或瑞典人都一樣。

美國人對美的執著毋庸置疑，也不是新鮮事。一九五〇年針對五千名美國大學生的調查顯示，他們求偶最重視的條件是外表，過去四十年來，這點一直未變。女性所著重的唯一外觀條件是高度，或許是因爲這意味著體魄強健，能提供食物、抵擋敵人。這也是爲什麼這麼多求偶廣告中，女性都希望與身高一百八十公分以上的男性爲友，同時，身材高的男人所登的求偶廣告，反應也比矮的男人來得熱烈。有趣的是，假設原本爲石器時代勞力工作設計的物種突然轉變環境，來到不再視體魄爲重要的資訊世界，會發生什麼結果？四眼田雞（意味著書讀得多或是電腦用得多，因此比較聰明）會不會比較吃香？

男性著重外貌，女性偏重地位，這樣的結果已經由美國雪城大學（Syracuse University）的湯生（John Townsend）教授實驗指出。他拿照片給兩百餘名男女大學生看，並問他們想要和相片中的哪些人約會，有些模特兒穿著速食店員工的制服，有些則西裝筆挺，還戴上勞力士錶。結果男生完全以對方的外表爲取捨的條件，不管她是否在麥當勞工作，只要漂亮就好。而女生則看重衣著，縱使相貌平庸，只要穿著光鮮，就有吸引力。

許多雌性動物都會受梳理整齊的雄性動物吸引，而如果其他雌性動物有興趣，她們也會印象深刻。例如千里達的雄性古比熱帶魚（guppy）若置身一群雌魚之中，就更會吸引其他的雌魚，但牠單獨游走未必喚得起注意。在古比魚眼中，色彩最重要，橙色最受喜愛，顏色最橙的雄魚很可能就會挑起雌魚的興趣。路易維爾大學的杜卡特金博士（Dr. Lee Dugatkin）故意把一槽雌古比魚放在雄魚槽旁，如果在雄魚槽內放進雌魚，造成雄魚有伴的印象，那麼另一槽的雌魚就顯得對已經有女友的雄魚感興趣。在顏色上吃虧的雄魚如果能有女伴，就能克服先天的障礙——就算是淡色的雄魚（橘色比平均低百分之二十四），只要能和雌魚結伴，那麼再釣上其他雌魚的機會就大增。不過雌魚並不是無條件接受先天不良的雄魚，如果雄魚橙色的程度低於平均百分之四十，那麼不論多少雌魚在牠身後游，都不可能吸引其他雌魚。

同樣的策略在人類身上也能奏效——至少到某個程度。每一個男人都知道，在聚會上要引起注意的最好方法，就是有個漂亮的女伴，前提是他們得單身，這是因爲不論女性在尋找永久的伴侶或只是一時尋歡作樂，都很看重承諾。由女性基因的觀點，性就是性，不論是因英俊陌生人所引發的衝動熱情，或是和再熟稔不過的丈夫，如果最後的結果是生個寶寶，那麼伴侶的忠誠誓約可就舉足輕重。相較之下，男性只對終生的伴侶要求忠實永久，若是逢場作戲，對方要求承諾往往會令他們退避三舍。

「誓約承諾」這種隨文化而不同的東西，眞有可能是生物的本能嗎？這在人類身上還未能證實，但野鼠（vole）這種動物證明，基因的構造和腦部化學物質的作用，可以控制牠們的

行爲。野鼠中的兩個品種：山野鼠和草原野鼠是近親，但兩個品種對配偶的忠誠態度有天壤之別。雄性草原野鼠終生只有一隻伴侶，如果有其他公鼠意欲染指，將不惜性命反擊；而雄性的山野鼠則是花花公子，和各種各樣的雌山野鼠交配。爲什麼這兩種大部分表現都相去不遠的野鼠，對配偶的忠誠度有如此差別？

美國國家心理衛生研究院神經生理實驗室的研究員殷索（Thomas Insel）和卡特（C. Sue Carter）發現，兩種野鼠在一種叫血管加壓素（vasopressin）的胜肽激素受體的反應模式，有顯著差異。如果在原本忠實的雄草原野鼠腦中，阻斷其血管加壓素，那麼牠們就會四處找母鼠交配，也不再理會其他雄鼠染指自己的伴侶，就好像最忠誠的丈夫突然雜交起來。另一方面，如果雄草原野鼠找到雌伴，腦部就會產生比單身時更多的血管加壓素。而在雄山鼠或是兩種雌野鼠身上，則無任何變化。因此這兩種野鼠的一點遺傳差異，只不過改變了一種腦部荷爾蒙的量和分布，卻造成了交配行爲極大的差異。

再回到我們在單身酒吧中所作的調查，男人垂涎漂亮妹妹，而女人則渴盼找到多金又高挺的紳士。到了打烊時間，人人準備穿上外套離去，而你依然落單，此時你會怎麼辦？在男人而言，答案太簡單了：任何會動的，只要是母的就好。在另一項調查中，七成五的受訪大學男生說，他們樂於與漂亮女性發生關係，縱使對她一無所知。但拿同樣的問題問女性，沒有任何人願和英俊的陌生人發生關係。在性伴侶的條件方面，男性在包括教育、智力、魅力、幽默感和個性各方面的要求也遠低於女性，他們不在乎對方是否受過教育、社會地位低下、

酗酒、自私或甚至心智不穩定。女性希望在上床前至少對對方有所了解，男性則只關心她的性器官是否能發揮功能。

這些男女追求目標的差異——美貌對財富、年輕對年長、逢場作戲對忠誠誓約，似乎是與生俱來，不論在哪一種人類社會都可觀察到，因此不可能純屬文化因素。這種差異也顯現在許多其他種類的生物上，很可能和演化有關。此外，每一個人各有不同，意味著人人遺傳的程度相異——並非所有男子俱是豬哥，也並非所有女性都一本正經。只是我們現在還沒有證據說明這些基因是什麼？有多少？發揮什麼樣的作用？在男女兩性身上以如何差異的方式呈現？這些全有待證明。不過我們已經找出兩個和性行為有關的特別基因，一如意料，它們和生殖器並無關係，而和腦部有關。

柯立芝效應

前美國總統柯立芝（Calvin Coolidge）和性學研究似乎風馬牛不相及，但他的名字常和性行為的重要現象連在一起。先說個小故事：柯立芝總統及夫人有一次巡視政府出資的農場，總統正巧離開，柯立芝夫人見到一隻公雞正和母雞交配，不禁問道：「牠一天可交配幾次？」「好幾十次。」負責導引的人回答。夫人聽了之後說：「請把這轉告總統。」不久總統經過雞舍，聽到夫人交代轉告公雞神勇表現的話，他回道：「總是和同一隻母雞嗎？」「不，每一次都不一樣。」「請把這點轉告夫人。」

「柯立芝效應」指的是男性對許多性伴侶有興趣，這在人類歷史中有詳細的紀錄。根據芝加哥大學大規模的調查〈性在美國〉（*Sex in America:A Definitive Survey*），一般的男性一生中有六個以上的性伴侶，而女性則有兩個，這樣的數字在數學上似乎說不通(除非有一小群女性有許多男性伴侶)，但能夠反應男性的心態。

我們的文化強化了男性會受許多女性吸引的想法，因此我們用比基尼女郎來推銷如輪胎等「男性」產品，而非用來推銷如電動打蛋器等女性使用的商品。不過這樣的模式並不只是麥迪遜大道廣告商所塑造的印象，而是在人類文化及其他哺乳類中共有的現象。巴斯在《欲望的演化》（*The Evolution of Desire*）一書中，提到亞馬遜河的梅希納古人（the Mehinaku）把和配偶的性行爲稱爲 mana，意即味同嚼蠟，而和情侶的魚水之歡則稱爲 wirintyapa，意即味美。他還引述印地安人的話說：「你可不想每天都吃同樣的菜。」

柯立芝效應也不僅限於人類。公羊發現新女伴時，會不斷交配，但一旦牠有了固定的母羊爲伴，原母伴就不再那麼有吸引力了。問題並不是母羊已經受孕，只要這隻母羊是新來的，公羊根本不會在乎她曾與多少公羊交配過。就算這隻母羊被帆布覆蓋，「隱藏」起來，或是被帶出羊欄再送回，讓牠以爲她是新來的，公羊都不會上當，牠要的是新鮮。

男性對多個性伴侶的興趣顯示出遺傳特性的三大特徵：這個特色跨越文化和時間，可以在其他的物種身上發現，也顯示出個人的變異性，但究竟牽連的是哪個基因呢？

線索可以由研究個性得知，尤其是所謂「追求新鮮感」的特性——即在多變化的新經驗

中找到樂趣。

有幾個研究顯示，在追求新鮮感方面分數高的人，常以擁有多位性伴侶的方式來滿足自己對變化和多樣性的需求。例如西安大略大學的波加特（Anthony Bogaert）及費雪（William Fisher）就發現，追求新鮮感的分數是預測性伴侶數量的絕佳指標，準確性比外觀、男子氣概、年齡或對性的興趣這些指標都高。越喜歡找刺激的人，擁有的性伴侶越多。

在另一項研究中，祖克曼等人在所謂「性革命」的一九七〇年代初調查當時的大學生，在追求新鮮感方面分數高的人都說，與剛邂逅的異性上床沒什麼大不了，就算還不清楚自己是否喜歡對方也沒關係。而追求新鮮感分數低的人，則唯有在深愛對方的情況下，才願意與之發生性行爲。找刺激者視性爲「遊戲」，是娛樂的一種，而追求新鮮感分數低的人把性視爲情感承諾的表達。

追求新鮮感也會影響性行爲本身。根據祖克曼上述的調查，追求新鮮感分數高的人，性活動的範圍和種類也比較多，他們較有可能行口交及其他新奇姿勢。不過追求新鮮感和新奇性姿態及性欲並無關聯。祖克曼的研究顯示，追求新鮮感分數高的人和分數低的人，手淫的次數相差不多，但他們的確擁有較多的性伴侶。追求刺激只影響我們如何行性行爲，以及和誰行性行爲，卻和次數不相干。

這些研究都顯示追求新鮮感奇和性行爲之間的關係，由於我們先前已經說明，追求新鮮感部分是因D4多巴胺受體造成，因此我們也將提出另一個有趣的問題：D4基因是否會影

響性伴侶的個數？我們已經有了資料，只需要一點計算就可以得到答案。

Ｄ４ＤＲ基因和性伴侶的數目相關是毋庸置疑的——但其相關的方式出乎我們意料。我們先調查正常男子，發現有較長Ｄ４ＤＲ基因的人，也就是較喜愛追求新鮮感的人，異性伴侶較Ｄ４ＤＲ基因較短（在追求新鮮感方面分數較低）的人略多。不過其間差異極小，在統計上微不足道。接著我們問這些異性戀男子，曾和多少男性共枕過？儘管他們是異性戀，但其中有些也曾和同性有過性行爲，通常只有一次，而且發生在他們年輕時。這裡Ｄ４ＤＲ基因的關聯就非常強烈，擁有長Ｄ４ＤＲ基因（追求新鮮感分數高者）的異性戀男子，和其他男性共枕的次數是短Ｄ４ＤＲ基因男子的六倍高，一半的長基因受測者都曾有男性的性伴侶，而只有百分之八的短基因受測者有過同樣的經驗。

男同性戀則正好相反。一如預料，男同性戀者擁有的男性伴侶的數目，比一般異性戀男子的女性伴侶的數量多。這也許是因爲在男同性戀的世界中，柯立芝效應是普遍現象，Ｄ４ＤＲ基因也作祟之故。然而這個基因的效力對男同性戀的女性伴侶更強烈。擁有追求新鮮感長基因的人，和女性上床的次數比擁有短基因的人多五倍；男同性戀者可能會基於社會壓力而和女性發生關係，但這也可能是因爲追求新經驗的欲望促成的。

這些結果顯示，Ｄ４多巴胺受體基因的確會影響男性的性行爲，但那是間接的影響。對一般異性戀男子而言，和另一名男子同床是新奇的經驗，而對同性戀男子而言，和女性行魚水之歡也同樣獨特。這是否意味著Ｄ４ＤＲ是「雜交基因」，讓丈夫狂歡之後告訴太太：「我

沒辦法，這是遺傳」？當然不是。基因不會讓人犯下通姦罪，它只會決定某些腦部細胞回應多巴胺的方式，而這又影響了人對新奇刺激的反應。人如何因應這種刺激，其實是特質而非天性。

多少才正常？

在電影《安妮霍爾》（*Annie Hall*）一片中，伍迪艾倫告訴精神分析師說，他和安妮「幾乎不怎麼上床，一週可能只有三次」。而安妮則告訴分析師，他們「經常行周公之禮，大約一週有三次之多」。

根據〈性在美國〉研究，五成四的男子每天至少會思及性一次，而六成七的女性則表示，她們一週甚或一個月才思及性幾次。不過個人之間有更大的差異存在，因此性別之間重疊處比差異處來得大。例如有些人（不論男女）一生中從未發生性行爲，而有些人一天一次還嫌不夠。我們大多數人都位於這兩個極端之間。

人行性行爲的次數依許多變數而定，而且經常會改變。人年輕的時候較常尋歡，次數的多寡則視是否找到性伴侶而定。一般人總以爲單身男女一天到晚換伴，性行爲次數一定較多，但其實已婚夫妻的性行爲次數才最高。約有四成的夫妻每週行房兩次，而單身男女每週上床兩次的只有兩成五。已婚夫妻（可能包括柯立芝總統及夫人）行魚水之歡的次數，隨著時間而遞減，另一方面，在兩性關係的任何階段，都可能有性行爲突然增多的時期，例如假期中。

就算把所有外在的因素都算進來，有些人性行為的頻率依然明顯較高，而且雖然隨著人年歲增長、結婚、離婚，或是有壓力，「性欲」的高低依然是個人個性中相當穩定的部分。

應該如何以天生腦部的機制來解釋這種本能衝動的差異？這一次線索來自藥理學，尤其是抗憂鬱藥百憂解的研究。百憂解的一個副作用是喪失性欲，這倒不足為奇，因為人常會用性來解除焦慮或紓緩壓力。百憂解在男性身上的效力不只在心理層面，男性服用百憂解之後，可能會有陽萎或早洩的問題。

我們知道，百憂解是針對腦部傳遞物質血清促進素作用，我們也發現，擁有血清促進素傳遞基因（就像天生的百憂解）的人，能夠解除焦慮和憂鬱。現在的問題是：天生的百憂解是否也會降低性欲？這是否和人體內決定上床幾次的性欲控制有關？

再一次，我們以男性受測者的基因比較他們性行為的頻率，發現一個重要的關聯：擁有高焦慮血清促進素傳遞蛋白質基因的男性，性行為的次數較擁有低焦慮基因的男性多。性方面最活躍的男人（一週至少一次），擁有高焦慮基因組的機率，也是性方面較不活躍男人的一點九倍，不論年齡、教育程度、種族或性取向。當然有例外，因為基因對性活動頻繁與否僅有部分的影響，一如對焦慮和沮喪的影響一樣，它並非性行為自動調溫器主要的開關，但它是整個機器的一部分。它也說明了為什麼造成焦慮、沮喪、悲觀的基因竟然會分布如此之廣。如果高焦慮的基因會「使」人進行更多的性行為，那麼不論人們對它有什麼樣的感受，都有更大的可能傳遞給未來的世代。

性別取向

在性行爲的遺傳方面，最出名卻也最招人非議的研究，就是敝實驗室一九九三年發現了所謂「同性戀基因」的研究。和新聞報導焦點相反的是，這個發現的重點並非特別在同性戀，而是整體的性取向和性差異。畢竟性取向是兩性之間差異最基礎的層面。在所有的文化和整個人類歷史上，幾乎所有的男性都受女性吸引，所有的女性都受男性吸引。而由於遺傳學就定義而言，就是在研究自繼承而來的天生差異，所以，若要了解性取向的遺傳根源，就得要比較那些不是受異性吸引的人，也就是要研究同性戀。

最教人困惑的地方，是要定義並衡量性取向。有些學者只想要測量實際的行爲：受測者是與男性或女性發生性行爲或兩者兼俱？有些學者則認爲，社會阻止我們表達出眞正的欲望，因此把幻想的成分也加進研究範圍：受測者覺得自己受男性或女性吸引？另一個測量性取向的方法則是單刀直入地問：你是同性戀、異性戀，或雙性戀者？

傳統測量性取向的方法是以性學先驅金賽（Alfred Kinsey）爲名的「金賽刻度」（Kinsey scale），這是由零到六的刻度，零代表完全的異性戀，六則表示完全的同性戀，其間的數字則依雙性行爲及幻想的不同程度而有別。不過，測量性取向最佳的方法，也許是至少測量四種不同的事物：吸引力、幻想、行爲和自我認同，這也是我們在國家衛生研究院採用的方法，四個領域的結果平均起來就是總分。因此，只和女性上床，但承認自己偶有同性戀幻想的男

子，總分就會在零與一之間。

大部分的人，無論男女，總分都會趨近於零，因爲幾乎所有的人都是異性戀者，但有些人（不會超過百分之幾）會因同性戀或雙性戀而有略高的分數。有趣的是，男女分數的分布有微妙但重要的差異，足以了解人類性差異背後的原因。

這其間的差異是，大部分的男子都在金賽刻度表的兩端，不是同性戀，就是異性戀，而大部分的女子則普遍沿著刻度分布，許多都有某種程度的雙性戀，有時顯現在行爲上，不過大部分還是出現在想法中。例如在對澳洲四千九百零三名雙胞胎的研究中，大部分的男女都認爲自己是完全或主要是異性戀（金賽刻度零或一），但男性在二至四的尺度上，出現「山谷」，而在完全或主要是同性戀（五至六）則出現「高峰」；至於女性，則隨金賽刻度數目增高而分布逐漸減緩，在主要或完全同性戀的部分並無高峰出現，大部分非異性戀的女性，出現的都是中間雙性戀的分數。

這些結果顯示，在男性身上，性取向就像是右撇子或左撇子一樣，沒有什麼在中間不中間的。大部分男人是異性戀，少數是同性戀；但女性的性取向則更像身高，有多種高度。這並不是說沒有任何雙性戀的男子或任何完全同性戀的女子，只是說相較之下，女雙性戀較男雙性戀者多，完全男同性戀的也較完全女同性戀的人多。

第二個差異則是性取向的穩定與否，也就是說，受測者在吸引力和行爲及其他方面，是否有相同的分數。經過我們爲同性戀基因研究所作的數百人訪談，這點也有非常明白的結果。

克麗絲汀是一名口才便給的聰慧女性，在一家大企業作到高階主管的職務，能夠暢談自己的性史和喜好，但我們後來提的一個問題使得她緊張而難以作答。「在你性幻想（例如自慰）之時，會想像什麼樣的對象？」

克麗絲汀臉紅了，眼睛盯著自己的腳，接著輕聲答道：「這一切都會保密吧？」得到沒有人會洩露她身分的保證之後，她答道：「通常是男性，這是我唯一能獲得高潮的方式。」但教人驚訝的是，克麗絲汀自承她自十七歲起就一直是同性戀，已經和同一名女伴交往了八年。而她所有的性經驗，以及高中時的幾次約會，全都是和女性。問她性吸引力的問題——她眞正可能會和誰上床，而非只是想像，她的答案是只有女性。在金賽刻度的計量中，她每一項都是不折不扣的同性戀六分，唯有性幻想這一項例外。

克麗絲汀並非特例，許多女性在幻想、吸引力、行爲和自我認同上，都有類似的流動性。有人以爲其實女同性戀眞正渴望的是男人，這也得不到證明，因爲一般異性戀的女性在作答時也有同樣的流動性，例如一名從未和女性發生性行爲、婚姻美滿的異性戀女子曾表示，她最喜愛的性幻想是「躺在一堆女性之下，她們的胸部壓著我的臉龐」。

男性在性取向方面更爲穩定，甚至一成不變，自認異性戀者總是只受女性吸引，也只對女性產生性幻想，而自承爲同性戀者，則幾乎總以男性爲幻想對象。不過，到實際行爲時，卻有例外出現。例如許多同性戀男子都曾與女性發生關係，這通常是因爲他們覺得家庭和社會要求他們這樣做之故。許多異性戀男子也多少有些同性戀經驗，通常是少不更事時所作的

短暫實驗，或是因爲在如監獄等得不到女人的情況下。

兩性間第三個性取向的差異是隨時間會有變化。平均而言，男性不論是同性戀或異性戀，一生之中罕有變化，雖然男性通常到青春期之末或成年期之初才會向其他人（甚或自己）承認有同性戀性向，但一旦有了如此的認知，就很少會改變。此外，同性或異性戀的男子通常也能夠追溯到童年時期，甚至四、五歲時的吸引對象，同性戀男子幼時戀慕的對象通常也都是男孩或男人。

女性則不同。六十多歲的瑪格麗特（化名）結過兩次婚，性生活美滿，她對女性伴侶從無興趣，也沒有任何經驗，是典型的「金賽零度」異性戀者。正當她要離開之際，卻說道：「大夫，有一件事你沒有問我。」

「是什麼？」

「你沒有問未來。我已經六十八了，但依然『性致』勃勃，或許你不知道，和我同樣年齡的男人表現差勁透了，因此下一次我要找個女人來當情人。」

接著她起身離去，留下瞠目結舌的學者傷腦筋，不知該如何把這段簡短但充滿玄機的對話融進金賽刻度中乾淨俐落的小格子裡。

隨著研究繼續進行，可以發現瑪格麗特並非特例。我們和研究員帕塔杜琪（Angela Pattatucci）一起，也訪問到某些自承爲同性戀但後來和異性結婚的女性，以及在年長之後才成爲同性戀的女性。還有一些人一生中在同性與異性戀中搖擺兩、三次甚至更多次。有些女

性的性取向似乎就像她們的體重，節食時變輕，貪吃時變重，變幻莫測。

研究顯示，男性的性取向有許多和遺傳有關的特色：不但持續、穩定，而且兩極化，不是同性戀，就是異性戀。相較之下，女性的性取向就比較模糊多變，許多女性在同性戀和異性戀之間擺盪。不過，看起來像是遺傳的特色並不見得就是事實，必須要以雙胞胎、家庭和DNA各方面來證實。

過去四十年，至少曾報導十餘個男性性取向的雙胞胎研究。一位男同性戀者的同卵雙胞胎兄弟也是同性戀的機會，遠比異卵雙胞胎高，但並未達百分之百。這正是受基因影響但未完全由基因決定的特色。根據到目前為止的研究，男性取向的遺傳率約為百分之五十，也就是說同性戀有五成源自遺傳，五成源自其他的因素，這個比例也符合其他的行為特色。

那麼另外的五成來自何方？為什麼同性戀的同卵雙胞胎不是同性戀？答案還不清楚，但可能和生理有關，例如在子宮內所感受的不同荷爾蒙量，或是因為特別的生活經驗。孩子們成長教養的方式倒不特別重要。在迄今最嚴謹的雙胞胎研究中，環境對性取向變異的影響估計是百分之零，亦即如果兩個男孩在同一個家庭中成長，結果一個是同性戀，另一個是異性戀，那麼這樣的差異並非父母教養的方式造成。

對女性而言，遺傳影響的程度更為神祕，部分是因為關於這方面的研究較少，另外也因為女性的性取向更有變化。最近的新研究認為，女性的性認知是環境而非遺傳造成的，這項研究由極受尊重的行為遺傳學者馬丁（Nicholas Martin），以及美國性取向遺傳研究學者西北

大學的貝利（Michael Bailey）在澳洲所作。他們避免以廣告徵求受測者這種可能造成偏見的方式，而採全澳登記十七至五十歲共一九一二名女性雙胞胎的樣本，結果發現，女同性戀的比例都較全澳洲平均高，至於同卵或異卵雙胞胎之間，則無差異，意味著基因並非影響因素。這個結果顯示出，就女性而言，性取向的主要影響在於共同的環境——由同樣的雙親在同樣的家庭中撫育長大，而基因則毫不相關。

同性戀家族

如眼珠色澤這種遺傳的特色，會出現在家族之中，但同樣的，環境的特色如語言，也會出現在家族之內。遺傳研究的祕密，是要調查人類的種種特色如何由上一代交棒給下一代，是源自血統或是因爲環境？性取向也包括在研究範圍內。

先前已經有人類性取向的研究，波士頓的精神學家皮勒德（Richard Pillard）教授發現，男同性戀的兄弟也是同性戀的機率，較一般人高四倍，但皮勒德的研究並不能說明爲什麼這些兄弟是同性戀。他們既然一起長大，自然有可能是因爲遺傳或家庭環境，要找出原因，一個線索是看看他們其他的親戚，如堂、表兄弟或是叔叔舅舅，這些人和他們有血緣關係，但並沒有住在同一個屋簷下。我們於一九九二年就以這樣的條件爲樣本，研究這種好發於患愛滋病的男同戀者的奪命癌症卡波濟氏肉瘤（Kaposi's sarcoma，一種皮膚多發性出血性肉瘤）中，基因所扮演的角色。

我們首先訪問了一些男同性戀，詢問他們家族成員的性取向，如果可能，我們也盡量訪問他們的家族成員。接著我們分析首批資料，發現了驚人的結果。男同性戀不只如皮勒德所發現的，有較多的同性戀兄弟，而且也有更多的同性戀舅舅和表兄弟。這些親戚在不同的家庭中成長，遍布全美各地，因此性取向源自基因的可能性大增。

更教人吃驚的是，同性戀舅舅和表兄弟都是來自母系，男同性戀母親的兄弟較有可能是同性戀，而父系的叔叔則不然。在堂表兄弟方面，只有母親姊妹的兒子特別有可能也是同性戀，同性戀者母親兄弟的兒子和父親那邊的堂兄弟是同性戀的機率，則和平常人一樣。我們吃了一驚，決定以不同的群體再測試一遍。這一次特別挑選有多位同性戀親戚的同性戀家族成員爲對象，結果出現同樣的結果：大部分的同性戀者都是來自母親的親戚。

我們很高興有了結果，但我們也知道，有些母系家族特色和基因並無關聯，例如根據猶太法規，某人是否爲猶太人要由母親是否爲猶太人來決定，再如巧克力餅乾食譜也可能由母系代代相傳。但在遺傳學者看來，這些由家族母系分枝出來的男同性戀者，意味著X染色體上的基因可能是原因，因爲男性的X染色體來自母親的遺傳，X染色體上的所有基因都承繼自母親。男同性戀的模式，其實很類似色盲或血友病這兩種和X染色體相關的疾病，雖說並沒有如純基因造成的特性那般明確，但這是因爲性取向的成因非常複雜，很有可能是多種基因和強烈環境因素作用的影響。比起色盲這樣純由遺傳造成的特徵，性取向就像油畫複製的水彩作品，色彩已經稀釋，但模式相同。

另一方面，帕塔杜琪也繪出女性受訪者的家譜。女同性戀也像男同性戀一樣出現在家族成員中，例如女同性戀的姊妹也身爲同性戀的機率，爲百分之六，是一般標準的六倍，但奇怪的是，最高的相關率出現在同性戀母女身上，高達百分之三十三，意即女同性戀的女兒有三分之一的機率也是同性戀。

由遺傳來看，這樣的結果是不可能的，這種家族模式不可能來自遺傳，基因方面無法解釋，爲什麼親子相像的程度比手足來得高。如果反過來，姊妹比母女相似，才可以用隱性基因來解釋。我們觀察到的模型只意味著一件事：身爲女同性戀，或是非異性戀的女性，是文化而非遺傳傳遞得來的。

究竟是「傳遞」了什麼東西，我們不得而知，只能猜測或許母親「教」了女兒什麼，使她們成爲女同性戀，也許小女孩會模仿同性戀的母親。但在這類的家庭中，女兒反而往往比母親先坦承自己的同性戀身分。例如有一位母親描述自己唸大學的女兒在耶誕假期帶女友回家來度假，兩年之後這位母親和丈夫離婚，也交了一個女伴，那年的耶誕假期，四名女性一起到同性戀酒吧過節。

也許傳遞下來的並非受女性的吸引，而是某種面對人生的方式，也許是在於聆聽自己的內心，而非受制於社會的教條，或許是樂於接納新的感受和經驗，也許是受到個人特質的吸引，而不在乎他們生殖器官的外形。

如果進一步的測試也有同樣的結果，那麼似乎傳遞給女同性戀的東西，基本上就與傳遞

給男同性戀的物質不同，更偏向環境而非遺傳，源自教養而非天性。爲什麼會有這樣大的不同？

有些人認爲，男女性取向的差異完全是文化而非生理影響，女性比男性更容易成爲雙性戀，更容易改變性取向，更容易受到母親影響，這一切都不是因爲基因，而是因爲社會。社會鼓勵女性探索自己的情感，而男性卻受教要壓抑同性戀的想法。男孩子如果像女孩般柔弱，就會遭到譏嘲，而像男孩的女孩卻被視爲勇敢豪放。在我們的文化中，這樣的例子俯拾即是。

尋找同性戀基因

既然了解男性的性向和基因有關，下一步就是找出這樣的基因何在，並且在染色體上爲之定位，最後把它們分離出來，以了解它們究竟是什麼樣的遺傳密碼。這樣的研究到目前還在進行。我們既已發現源自母系的關聯，自然應以X染色體爲首先著手的目標。

在上千的可能基因中，我們首先以大段的ＤＮＡ而非個別基因爲對象：就像在暗中擲飛鏢一樣，擲中牆壁的機會遠高於一鏢中的。我們知道這個研究非常困難，因爲性取向就算是在男性身上，也只有部分是基於遺傳；縱使是遺傳的物質，也可能牽涉到許多不同的基因，而非單一決定同性戀與否的開關。我們要找的是影響性取向許多不同因素中之一，而非單一一個「同性戀基因」——後來媒體大肆渲染，其實並沒有這樣的東西。

我們比較ＤＮＡ，尋找家族中的相同點。如果同一家族中有兩人是色盲，就可能共有控

制色彩視覺的那一段DNA。我們並不是尋找特定的DNA，而是在搜尋顯示同性戀兄弟是否繼承母親X染色體相同或不同區段的標記。如果基因上有和性取向相關的位置，那麼同性戀兄弟就會在這個基因附近繼承有同樣的標記，亦即如果他們擁有同樣的飛鏢板，就會擁有同樣懸掛飛鏢板的牆壁。依隨機的機率，五成的兄弟本就該有同樣的標記，但如果擁有同樣標記的比率超過五成，就顯現了重要的關聯。

爲使研究更精確，我們用了兩種研究的技巧，第一是集中在完全是同性戀的兄弟身上，至少一開頭是如此。我們這樣做，原因是如果有人承認自己是同性戀，通常會是事實，因爲謊稱自己是同性戀並無任何好處。相較之下，說自己正常的男人雖也可能是事實，卻並非全然如此，同性戀可能不願身分曝光而謊稱是異性戀，甚至他們自己也可能還未接受這事實。

我們用的第二個技巧是集中在擁有正確遺傳種類的家庭上。我們想要找到X染色體上的某個物質，就定義它非得由母傳子才行，如果同性戀兄弟的兒子或父親也是同性戀，就被排除在我們的樣本之外。父親不可能把X染色體傳給兒子，因此如果父子均是同性戀，必然是因爲其他的原因。有好幾個女同性戀的家族也被排除在外，因爲這種純遺傳的模式只適用在男性身上，有兩個以上同性戀兄弟的家庭也排除在外，因爲這種家庭太不尋常。簡而言之，我們把研究範圍縮小到最有機會找到結果的樣本。

評者認爲，我們的研究設計有所偏差，的確如此，我們的目標是要了解X染色體上是否有和同性戀相關的事物，而不是要測量那個基因對整個人口的影響。如果沒有這樣的基因，

我們選擇哪一種家庭來作樣本不會有任何影響——我們甚至也可以選擇取名「史尼茲柏」的同性戀兄弟，因爲這並不會影響他們在X染色體上的共同基因。同理，自然學者若要搜尋罕見的熱帶蝴蝶，就不該在紐約曼哈頓鬧區浪費時間，但就算他帶著最佳的裝備，在最合適的時機到最標準的雨林去，如果沒有這種蝴蝶存在，他也不可能找到。

我們運氣不錯，調查了擁有二十二種不同標記的四十對同性戀兄弟之後，發現在Xq28這塊區域有相關之處。這塊區域位於X染色體長臂尖端，這四十對同性戀兄弟中，有三十三對在該區一串五個緊緊排列的標記是一致的或相同的，因此其相關率爲百分之八十三，比原本預期的五成高出甚多。統計分析顯示，這樣的結果不太可能是僥倖，因此我們決定發表報告，說明我們的發現，也刺激其他學者作進一步的研究。

這篇題爲〈X染色體上DNA標記和男性性取向的關聯〉（*A Linkage Between DNA Markers On the X Chromosome and Sexual Orientation*）的報告，發表於一九九三年七月號的《科學》（*Science*）月刊上，引發了前所未有的強烈反應。電話響個不停，電視記者拿著攝影機在實驗室外大排長龍，我的信箱和電子郵箱爆滿，印有「謝了媽媽，愛我們的基因」的運動衫處處可見。有些保守人士稱這項研究是政府提倡同性戀的陰謀，有些人則誤以爲我們已經開發出搜尋同性戀的基因測試，欣喜不已。八卦雜誌大幅報導可以「治療」同性戀的噴鼻藥劑，同性戀支持者則因同性戀是「天生的」而歡天喜地，還有人指控我是法西斯分子，陰謀策動同性戀大屠殺。有些學者稱許我們取樣嚴謹，立論謹慎，有些科學家則試圖否定它。

對於這麼渺小的實驗結果，這些實在是非常強烈的反應：我們只不過是發現三十三對（而非預期的二十對）中年白種同性戀兄弟，在X染色體的區段上有同樣微小的DNA片段。

大部分的質疑聲浪都不是針對我們研究的結果本身，而是因結果而造成的聯想。其中有兩個批評非常中肯，一個是指責我們的結果只建立在一個實驗，針對某一特定的同性戀男性人口。由於早先的行爲遺傳研究紀錄不清楚，我們也樂於再做一次實驗以證實我們的看法。於是我們在心理系學生派特森（Chavis Patterson）協助下，收集了家中有符合我們篩選標準的兩名同性戀兄弟的資料，進行DNA測試，以了解在Xq28區段共同標記的現象是否高於一般正常值，果然在三十二對兄弟之中，有二十二對有共同的DNA標記，比例達百分之六十七。我們把資料送到科羅拉多大學行爲遺傳研究所兩位統計學專家，佛克（David Fulker）和錢尼（Stacey Cherny）處，也送到波士頓麻省理工學院懷海德基因組中心的克魯格亞克（Leonid Kruglyak）那兒，以不同的分析技巧測試。他們的結論如出一轍：Xq28和兩個實驗的結果在統計上是不可分的。

第二個批評是，我們只探討了同性戀而非異性戀的兄弟，並未檢視異性戀的兄弟是否缺乏這種「同性戀基因」。我們原先的實驗方法有確切的統計學和流行病學的理由，如果重作一次，我還是會採取同樣的作法，尤其是批評我們的學者，自己也提不出更好的辦法。但我們也很好奇，因此在第二個研究中，也納入了異性戀兄弟。我們收集了七個新的家庭資料，再加上先前研究中的四個家庭，結果一如預期，大部分異性戀的男人，其標記和同性戀兄弟不

同。我們的統計專家估計，異性戀者和他們同性戀兄弟有相同ＤＮＡ的比率是百分之二十二，較預期隨機計算應有的百分之五十少了很多。這是另一個獨立的證明，顯示 Xq28 和性取向息息相關——不論是同性戀或是異性戀。

顯然 Xq28 有某個或某些基因和男性的性取向有關，我們需要的是其他實驗室的證實，但到目前爲止，進展緩慢，教人失望。在我們發表研究結果四年之後，並沒有任何研究機構對此課題發表任何一篇研究，如果我們發現的是爭議較少的基因，例如和糖尿病或精神分裂症有關，那麼學者恐怕會迫不及待要證明或推翻我們的論點了。

的確，曾有一個實驗表示重做了我們的實驗，但未能得出結果，不過因其研究方法極爲不同，很難確定其證據對我們的發現究竟是支持或反對，或有任何關聯。這個研究是由加拿大安大略省倫敦市的艾伯瑞斯（Georege Eberes）和萊斯（George Rice）所作，他們於一九九五年在麻州普洛威斯市性學研究所提出初步的報告。兩位學者訪談了一百八十二個有兩名以上同性戀兄弟的家庭，發現這些兄弟的舅舅是同性戀的數目遠高於叔叔同性戀的數目，這和我們的研究不謀而合，但在他們檢視這些家族的ＤＮＡ時（這也是本實驗的關鍵），只有做其中四十一個家族的ＤＮＡ測試（不到取樣的四分之一），而且大部分是採取同性戀叔叔的樣本。這些父親血緣相關的同性戀，在ＤＮＡ上自然找不出什麼關聯，這不但沒有否定我們的看法，反倒間接證明了我們的立論。

最後的證據是要找出基因來。我們的實驗範圍縮小到只有幾百個基因的領域，但依然如

大海撈針。我們並不期待能夠找到每一個同性戀男子都相同的基因，因為我們早已經知道，性取向遠比這複雜，我們只想找出和性取向有相關的基因。這樣的基因如何運作？也許它會製造某種酵素，在發育中的大腦控制性荷爾蒙的新陳代謝，也許它會促成某種因素，製造特別的腦內迴路。我們所知少得可憐，它可能扮演我們想像不到的角色。

有些人說，整個「同性戀基因」的想法必然是錯誤的，因為同性戀「違反自然」，他們覺得，同性戀行為違反演化的原則，和性的目的——生殖相矛盾。

這倒是個好問題：傾向不生殖的性取向基因，怎麼逃過演化的混戰？為什麼它會出現在人類身上？答案：同性戀並不會禁絕生殖，同性戀者依然有小孩。第二個原因是，有些異性戀男子可能擁有我們假設的「同性戀基因」，代代相傳。不過另一方面，縱使基因只會造成平均生殖力的些微減少，都可能逐漸式微，除非另有因素促使它保留在人類身上。

這樣的矛盾，使得許多學者提出「同性戀基因」究竟如何適應下來的理論。一個理論說，這種基因對人類有用，因為它可避免人口爆炸，但此說有其漏洞，因為這樣的基因並非整個群體都有，只有少數人擁有。也有理論說，這種基因是間接傳遞的，因為同性戀者會使得他們的異性戀親戚生更多的小孩。

最簡單的說法則直接來自本研究中最有趣的結果：這種基因只生在男人而非女人身上，我們懷疑，這樣的基因在女性身上或許扮演不同的角色，我們不管受測者是否有 Xq28 的相關性，把他們的母親和姐妹做了比較，結果發現，她們的子女數目或性行為的頻率都沒有特別

之處，但擁有Xq28的女性有一個特點：她們的青春期比其他母親更早。這還只是初步的結果，但我們似乎可以研究，這個基因是否延長了女性的生殖期，使她們能生更多的子女。

愛的基因

不論是否同性戀，人人都可感受到基因在性和愛中的力量，由青春期的悸動，到性別角色的確立，以及父母對子女熱烈的保護愛。性別和性欲的基因影響我們成爲怎樣的人，以及我們所愛的對象。

在本章開頭保羅和梅德琳的例子中，他們熱烈的愛戀和分離，不能只由ＤＮＡ解釋。我們常說一對佳偶是「天作之合」，其實也可能有些人爲因素。梅德琳和保羅的邂逅純屬偶然，許多小片拼圖必須恰巧拼湊在一起，才能讓兩人在同一時刻出現在同一間酒吧裡。爆胎、錶慢了、暴風雨——無窮盡的變數都可能改變那一天，讓兩人永遠沒有機會見面。

另一方面，基因使得保羅成爲男人，梅德琳成爲女人，這就使兩人有可能異性相吸。他們在適婚年齡相逢，正是生理力量催迫最強烈之際，兩人都有受異性吸引的基因，或許只要一點點變異，就會使保羅受梅德琳的兄弟吸引。基因也可能影響兩人關係的發展。梅德琳是否在基因上喜好追尋刺激？她追求船長，是否因爲她渴盼另一次的情感高潮？保羅看到眼前有困難，立刻轉身找旁的伴，而不堅持下去，是否逃避傷害的基因在作祟？我們是基因的產物，因此我們的關係也會受到ＤＮＡ的影響，這是毋庸置疑的。

6 談到才智的時候……

爲什麼不同的人縱使在同樣的環境，以相同的方式撫養長大，
IQ測驗卻會有不同的結果？
這個問題沒有單一的答案，但數十年來，
成千上萬受測者已經提供了相當確定的證據，
顯示最重要的因素就是基因。

五歲的尼克和兩個哥哥、失業的爸爸和脾氣暴躁的媽媽，一起住在紐約市貧民窟的廉價公寓中。他爸爸一直沒學會英文，原本靠擺水果攤過活，後來入不敷出，只好盡量找些不需要技巧的零工維生。晚上，爸爸往往喝個爛醉，和媽媽大吵，吼叫的聲音整條街上都聽得到。有一次，尼克的媽媽僞造支票去買東西，結果被逮著，社工人員到公寓內訪視，指責作父母親的疏忽孩子，因此把孩子帶走。

接下來幾年，孩子們待在寄養機構，最後終於獲准回家，卻發現母親帶著她從沒提過的前一次婚姻的三個兒子同住。如今六個孩子待在一起，尼克的父親只偶爾來探視一下，往往和尼克的母親衝突後離去。他母親瑪格麗特光是房租和生活費就擔心不完，孩子們都輟學工作，貼補家用。只有尼克能夠繼續就學。

尼克成年後回顧過去，承認困苦的童年和動盪的生活的確在他身上留下了印記。「育幼院的經驗永遠不可能揮之即去。」對在貧民窟長大的孩子而言，失業、暴力和犯罪活生生存在眼前的環境中，生存本身就是一種挑戰。在這塊貧瘠的土地上，兩個爲生活掙扎的父母讓孩子呱呱墜地，他們對兒童發展的理論可能一問三不知，對教養的書可能也讀得不多，甚至也沒有送孩子上好學校。尼克和兄弟們處在最艱困的環境之下。

然而，尼克卻走過來了，他不但活了下來，繼續升學，而且表現優異。他上了法學院，成爲聲名卓著的律師，年薪達四十萬美元。他以聰慧、口齒清晰、條理分明而聞名。但從某方面來看，他從未由傷痛的童年中復原。現年六十多歲的他，開始進行他妻子所稱「未完的

志業」。尼克自己開玩笑說：「我五歲時被送進育幼院，六十年後的今天，我依然在育幼院。」

一九九六年，尼可勞斯・史考佩塔（Nicholas Scoppetta，尼克的全名）受命擔任紐約市福利處的委員長，這個機構一年有十二億美元的預算，以保護及關愛受虐、受忽視的兒童爲目標。這個機構做的是環境清潔的工作，在父母親把一切弄成一團糟時，社工人員就會介入，爲孩子提供健全的新環境。史考佩塔深知離開父母在育幼院中長大的滋味，每談及此，他總不禁哽咽。

史考佩塔揮別了有錢律師的生活，以及在麥迪遜大道光鮮的辦公室，去做不能保證百分之百成功，而只要一失敗，就可能有無辜兒童死亡的工作。精神分析師或許會說，尼克是想要解決他在童年時所遭遇的問題，藉著回饋世界，彌補他早年生活的裂痕。也許如此，但最有趣的問題是小尼克怎能克服逆境，終獲成功？在人生中未占絲毫優勢的孩子，怎麼能在競爭激烈的行業中出人頭地，最後還能在情感上有了穩固的支撐，使他能捨棄一切，追求崇高的目標？他哪來的聰明才智、紀律和成功的雄心？他怎麼能克服這麼艱苦的環境？看看這麼多的孩子面臨艱難險阻，卻能夠有很好的發展，我們眞驚訝。

史考佩塔的好友派利格拉（Ralph Pelligra）如今在加州懸壺濟世，他談到史考佩塔的成功時說：「我想是天生的聰明才智克服了環境的挫折。」天生的聰明才智。天賦的。來自心靈構成之時，而非後天的經驗。基因。

思考能力從何來?

我們愛聽史考佩塔這樣的故事，因爲這說明了人定勝天，也證實了人性本善。但由另一個角度來看，這些故事似乎也意味著對於智力、參與社會的技巧，以及對於人生是否成功等來說，教養並沒有那麼重要;環境在這個等式中，未必是最重要的部分。人的智力是否生來就註定，不論生在什麼樣的環境裡，結果都一樣?或許我們該檢視一下，智力究竟源自何處?而不只以爲它是好的父母、好學校，或是暑假電腦營之功。

思考和意識這種心靈能力的根源，就和思考的過程一樣複雜。腦子是實體的器官，但和其他器官不同。如果寶寶生來有良好的飲食和清潔的環境，卻不和其他人接觸，那麼他所有的身體器官都會正常成長，只有一個器官例外——沒有與人接觸，腦子是不會發育的。腦子也並非空白的接收器，可容智識一股腦兒傾注塡塞，更不是空白的電腦，只等著輸入各種資料。它比較像是一座花園，是一個活生生的生態體系，其所有部分都是唇齒相依。會思考、有意識的腦部，正需要天性和教養相輔相成，缺一不可。腦部是天生而成，因與人的接觸而發育，並經社會的接觸而體現，其最崇高、最微妙的產品就是思想。

腦部由基因起源，來自雙親的基因聯合起來，設計並創造頭部這塊灰色的物質，以及和腦部相互運作的身體其他部分。在腦部發展時，最微小的干預都可能對未來的智力有嚴重的影響。DNA碼中些微的差池就可能限制心理的發展，或造成嚴重的智力障礙。另一方面，

「好」基因卻使人有成爲天才的可能，成人的智商分數中，最重要的因素是基因。然而，父母同樣也傳遞了讓基因表現的環境。我們在想什麼，以什麼樣的語言思想，如何應用我們的智力，這些全都是環境的產物；我們思想的表現如何，大半要看原來的基因藍圖而定。就像乘車的人可以決定要去哪裡，如何抵達一樣，汽車本身也限制了它能駛得多快，能不能夠達到目標。

我們花在思考上的時間，遠多過其他任何活動。我們想的或許是人生意義這種複雜深奧的問題，也或許是該不該喝杯咖啡，或是去上洗手間。有時候很難控制思想，無法集中心神在特定的課題上，有時候我們很難抑制自己不去想某個特定的問題，但更困難的是完全不想任何事情，即使只是一刻不想。人花了許多年時間練習沈思冥想，希望使神智清明。偶爾我們會失去思路，而說腦中「一片空白」，但很快我們的思緒又回來了，朝另一個方向邁進。思緒太蕪雜，使得我們無法集中心神，心理失常的人，時常說腦中有「雜音」。每個人都有這樣的經驗，夜裡躺在床上，不斷回想白天所發生的事，希望能夠讓瞌睡蟲光臨。

思想是我們所有活動中最複雜的一項。我們分門別類、理出概念、作出計畫、進行推理、達成決定、懷抱希望、生出恐懼、記憶人事物、與人溝通。心理學者已經設計出種種的測驗，區別這些不同的認知層面，但我們究竟如何思索眞實生活中的問題？通常我們是用許多甚至全部的認知過程同時進行。每一個人的思考方式——獨特的智力風格，正是各個心理層面錯綜複雜在大腦皮質中交織結合的結果。人類的腦部和其他動物的腦部大體相同，除了大腦皮

質；大腦皮質這種生物中最新發展的部分使得人類更為獨特。人腦的這一部分比其他動物都大，也都複雜，比起和我們最親的靈長類亦然。

記憶

由許多方面來看，我們其實是活在過去。我們記得見了什麼、聽了什麼、有什麼經驗，這記憶便控制了思想。若沒有記憶的能力，我們就不知道自己住在那裡，在做什麼，甚至無法了解眼前這個句子。哥倫比亞大學神經生理學者康道爾（Eric Kandel）認為，記憶就是「我們是誰」。康道爾是記憶的分子生物學的先驅，他的研究最後有個驚人的結論：不論在最簡單的動物還是和像我們一樣複雜的哺乳類，記憶作用的方式都是一樣的。更教人驚奇的是，不論在低等的軟體動物海兔（Aplysia）或是在高度發展的哺乳類，記憶都來自一模一樣的基因。

記憶有兩種基本型：短期和長期。短期記憶在數秒鐘完成，而長期記憶則由數分鐘到一生。例如你聽到隨便一個電話號碼四四一九六二〇，可能看完這個句子還記得，但這一段文字還沒讀完就忘記了；可你自己家裡的電話號碼卻記得清清楚楚。原因是隨機的電話號碼因為沒有記憶的理由，只記錄在短期記憶中，而你自己的電話號碼則安穩貯存在個人長期的保險庫裡。

短期的記憶就和電腦的隨機存取記憶體（RAM）一樣，控制不論任何時候所需要的資料。長期的記憶就像硬碟，貯存所有需要運作的資料。就像電腦既需RAM，也要硬碟一樣，人

的智力也由短期和長期記憶兩者共同構成。例如，三四九和二一七相加，需要長期的記憶記住加法的規則，也需要短期的記憶執行這個特別的問題。記憶本身在思考過程中攸關重大，因此記憶是人類IQ測驗所得智商的指標。

短期記憶中的資料如何融入長期記憶中？這必然是選擇的過程，否則長期記憶就會塞滿如餐廳菜單、道路指標和過期電視周刊這類無用的資料，像電腦硬碟一樣，貯存每一個紀錄每一次的修改，或是記錄下每一首歌的電台。這個機器不久就塞滿了雜亂無章的無用資料。然而我們的腦部卻有一張濾網，汰蕪存菁。

這張濾網是由基因所造的實體結構，在研究簡單的無脊椎動物海兔時發現。海兔幾乎沒有腦，但有神經系統，能夠「記憶」簡單的刺激，並作出回應。最明顯的反應是鰓回縮反射，如果碰觸海兔的鰓，它身體就會退縮入殼，觸摸很可能意味著掠食者就在附近，因此會有如此的反應。但如果重複觸摸其鰓，回縮反應就減緩，最後消失，彷彿海兔知道沒什麼好害怕似的。如果說智力就是讓行爲適應環境的能力，那麼海兔的確有原始的智力。

康道爾想要了解海兔如何做出適合自己的反應。第一步是在沒有海兔的情況下，採用培養皿中的神經細胞，重新創造這樣的反射動作。康道爾記錄了神經細胞中的電子訊號，發現如果只有一次刺激，神經細胞的突觸就會出現強烈的電子訊號，但如果重複刺激，突觸間的聯繫就減弱了。神經細胞正在「記憶」過去，康道爾證明，神經細胞藉著合成一堆蛋白質，達到「記憶」的目的，而啓動這堆基因的，主要是一種稱作CREB的蛋白質。康道爾證明，

只要調節CREB蛋白質的量，神經細胞就會誤以爲它們受到刺激了。

這個發現在無脊椎動物神經生理學界是個大消息，但很少受到人類心理學者的重視。低等海兔的反應——其實是一盤神經細胞的反應，怎麼可能會和人類記憶這麼複雜的事物有關聯呢？

杜利（Tim Tully）卻相信這個發現非同小可，這位長島冷泉港實驗室的年輕學者研究的是果蠅的行爲，他想了解果蠅如何記憶對氣味的反應。他在實驗中讓果蠅聞了一種物質，然後給牠們一陣疼痛的電擊，接著又給牠們另一種物質聞，卻不再電擊。約在十次訓練課程後，果蠅就會避開第一種物質，而不會逃避第二種。果蠅很「聰明」，牠們由經驗中學習。

杜利證明了三件事：果蠅和人類一樣，有兩種記憶：短期與長期；短期記憶用來學習氣味的不同，而長期的則用來記憶氣味的不同，並且據此採取行動；短期的記憶要化爲長期的記憶，需要新的基因。但究竟作用的是哪些基因？杜利由康道爾在海兔身上的實驗得到靈感，決定要觀察CREB蛋白質的作用。

首先他以基因工程改造了一些CREB低的果蠅，方法是給牠們額外的CREB壓抑基因，抑制了CREB的產生。杜利讓這些果蠅嗅聞第一種味道，並予電擊，再讓牠們聞第二種味道，而不予電擊。他一再重複這過程，但果蠅並沒有學會。不論訓練多少次，牠們依然記不得該逃避有電擊的氣味。進一步的測試顯示，牠們可以「學習」到「好」與「壞」氣味的差別，但「記不得」其間的差異，因此總是遭到電擊。這些果蠅已經喪失了由基因遺傳的

長期記憶能力。

接下來，杜利又造了一群添加有額外CREB的果蠅，方法是以額外的CREB驅動分子培育牠們，接著杜利又讓牠們面對不同的氣味和電擊，果蠅馬上就學到了教訓。CREB高的果蠅不但記住了氣味，而且不需要十次訓練課程，一次就學會了。杜利對這些昆蟲的記憶嘖嘖稱奇。

在科學家看來，海兔身上簡單反射的基因機制，也顯現在更複雜的果蠅行爲上，但這是否適用在哺乳類身上呢？如果能發現這樣的過程在哺乳類身上如何作用，將是一大步，能使這研究更接近人類。同在冷泉實驗室的希爾瓦（Ancino Silva）決心在老鼠身上作實驗。希爾瓦知道：一般的老鼠藉著嗅聞其他老鼠的氣息，而知道哪些食物安全可食，如果健康的老鼠口內有玉米的味道，其他的老鼠就知道吃玉米是安全的。希爾瓦以基因工程製造出一些CREB低的老鼠，結果牠們無法通過嗅覺測試，牠們根本沒有長期的記憶。

這實驗顯示，CREB和海兔、果蠅和老鼠的記憶息息相關。目前還沒有證據顯示人類也有同樣的通路，但我們和老鼠有密切的遺傳和生化共同性，因此是可能的。這並不是說CREB本身主司記憶；它的作用如濾網，但它只是一長串反應中的一個因素而已。

不過動物實驗已可說明我們如何學習。在細胞——不論是動物或人類細胞內，CREB驅動蛋白質的量都有限，因此，神經細胞可貯存到長期記憶庫的新資料量是有限的。這可以說明爲什麼多次的短期學習比單一的長期學習有效，神經細胞需要時間再生CREB啓動

器。希爾瓦證明這對健忘的老鼠特別有效，牠們記憶的唯一方式，就是多次的短期訓練課程，其間穿插休息。**把同樣的邏輯應用在人身上，可以說明考前整晚開夜車不如每天學一點**，這是許多學生親身體驗但總是忽略的事實。

心靈地圖

你在深夜住進一家陌生的旅館，打開行李，拉密百葉窗，筋疲力竭倒在床上，不久就沈沈入睡。突然警報大作……失火了！房間裡伸手不見五指，但你想也沒想就摸出門去，立刻自動朝出口跑去。

你怎麼辦到的？在你首次走進房間之時，腦部不假思索就把周遭的環境畫下地圖並且貯存起來，甚至在你一邊解開行李，想著旁的事情時，腦子也不斷記錄著房間的布置，家具的位置、門的地點和距離最近的出口方向。負責這部分的是腦中的海馬，在數分鐘之內就繪製出心靈地圖，可以貯存數週，如果這圖夠重要，資料就會移轉到灰質中長期貯存。海馬若受損，例如受傷或中風，就會使人無法步出大門，雖然他可能記得自己很久以前住處的布置。

海馬在稱爲定位細胞（place cells）的複雜神經細胞中，記錄了空間資料。每一個定位細胞都包含了新地點的少許資料，這可以由記錄老鼠第二次到新場所時，定位細胞的電子爆發看出來。每一次老鼠轉頭去看新場所不同的部位時，就有一套不同的定位細胞爆發。奇怪的是，定位細胞的位置和所貯存的資料並不對應，而是像未拚妥的拼圖一般四處散落，也許就

因爲如此，同一個定位細胞才能有不同區域的資料。

這些資料如何由眼睛達到海馬？最重要的關鍵是一種能夠辨識麩氨酸鹽（glutamate）的受體，這是一種腦部細胞用以傳遞的小分子。然而我們無法測試這個理論，因爲如果老鼠沒有麩氨酸鹽受體，就無法存活，這種受體就像其他腦部蛋白質一樣，有多種功能，包括繪圖。最後，在麻省理工學院的諾貝爾獎得主利根川想出了辦法，他僅使海馬中的麩氨酸鹽受體失去功能，卻不影響體內其他麩氨酸鹽受體。

經過改造的老鼠接受地圖測試，被送進水池，池中有一塊稍微露出水面的平台，老鼠四處游竄，最後終於發現這塊平台，爬了上去。一般的老鼠很快就學會，知道平台的位置，只要幾次訓練，牠們就繪妥心靈地圖，直接朝平台游去，但腦部海馬缺乏麩氨酸鹽的變種老鼠，記不得平台在哪裡，甚至經過幾次訓練，依然盲目游來游去，彷彿從沒有來過這個池子似的。這些老鼠在其他方面都很正常，對於和地點無關的記憶功課也有很好的表現。這說明了麩氨酸鹽受體基因對與製作心靈地圖有關的思想非常重要。

喪失一個基因就使老鼠找不著路，但思想的過程依賴的不只是基因而已。一個簡單的實驗顯示，經驗也很重要。有些老鼠在家徒四壁，只有水瓶和食物皿的籠中長大，也有些老鼠被養在特製的「遊樂場」內，裝有塑膠管、有多個出口的隧道，還有供運動用的輪子。經過三個月，在較刺激的環境中長大的老鼠，海馬細胞數量增加了百分之十五，老鼠越用腦筋記憶遊樂場的地形，腦子發育得就越好。縱使是這種簡單的記憶，環境都能造成差別。

測量智力

我們得以發現特定基因在長期記憶和製圖方面所扮演的角色，是因爲科學家已經設計出測驗，可以分離出這些特定的思想方式。這些實驗的關鍵，在於能夠精準測量受測動物認知的各個領域。然而多年來，測量人類思考最普遍的方法針對的卻是腦部最複雜的功能——一般的智力，測量的方法也是最不確切的——智力測驗。

早在神經生理學之前，甚至早在科學發展之前，人們就發現每個人智力互有高下，我們總不免互相評比，也創下自己的標準。有的人冰雪聰明，有人笨得像豬；有的人沒有常識，有人是典型的書呆子；有的教授少一根筋，有的學生精得像耗子；有的人長於言辭卻拙於算術；有的人可以在完全陌生的城市找路，有的卻連在超市中都會迷路。有的人機敏，有人遲鈍；有的人過目不忘，有人卻什麼也記不得。有的人像貓頭鷹一樣有智慧，有人則像狐狸一樣狡猾。

要有可靠的智力計量方式可困難得多。其實究竟智力的定義爲何，科學界也各持己見。一九二○年代智力研究的先驅特曼（Lewis Terman），稱智力爲「抽象思考的能力」。一九四四年發展出廣爲大衆所用的智力測驗的魏許勒(David Weshler)，則稱之爲「了解世界的能力及應付其挑戰的資源」。一九八二年，史坦柏（Robert Sternber）和沙爾特（William Salter）稱智力爲「個人針對目標而適應行爲的能力」。

這些定義全都不足以包含各種不同形式的智力，也不夠特定，無以說明究竟它包括什麼或不包括什麼。例如，拉下汽車的煞車，很明白是針對保住生命這個目標的適應行爲，但這和我們平常想的智力相去甚遠。因此，心理學者又回到完全以實用爲主的定義：智力就是ＩＱ測驗所得的結果。

當初會發明智力測驗，是因爲法國學校太過擁擠。那時候是一九〇五年，法國政府才剛開始讓所有兒童都接受義務教育，結果教室大爆滿，處處是趕不上課程進度的學生。政府想要設立特別班級以協助趕不上的學生，但還不知道該如何客觀評斷哪些學生該額外輔導。

當時法國頂尖的心理學者邊內（Alfred Binet）提出了答案。他和學者西蒙（Theophile Simon）設計了測驗，要找出智力不及一般的兒童，這個測驗後來成爲現代智力測驗的前身。這項測驗共有三十道問題，依困難度排列，最簡單的問題是指出自己的鼻子、眼睛和嘴巴，中等的問題是說出四種顏色，困難的問題是要了解一段複雜的句子。邊內認爲，所有的兒童都依循類似的智力發展途徑，但有些進展較慢，也就是說，他們「發展遲滯」。如果比較孩子測驗的成績和年齡，老師就可以明白，孩子該接受標準課程還是特殊教育。這個簡單的測驗，的確是孩子是否能在法國學校系統有傑出表現的可靠指標。

幾年後，德國心理學者史登（L. Wilhelm Stern），把邊內的心理年齡觀念正式轉化爲「智商」（ＩＱ）的理念，以心理年齡和實際年齡相比乘以一百，這個公式是以一般人口平均ＩＱ值爲一百來計算，例如五歲大的孩子如果表現和七歲大的孩子一樣，ＩＱ就達一百四十，而

十歲大的孩子接受測驗答對的題數，若只如一般八歲兒童所會的題數，IQ就是八十。由於智力發展不可能永無止境進行，因此成人的IQ測驗採用寬廣的年齡群而非確切的年齡統計。此後學者推出了各種各樣的IQ測驗，測量性向而非眞正的成就或學習。這些測驗強調抽象思考（如比較兩塊幾何圖形），而非特定的知識（如某個特定的方程式）。

不同的人有不同種類的心理能力，比爾或許長於字彙，但算數不行，瑪麗可能是數學神童，但記憶力甚差。然而，特別聰明的人在多種心理活動都有優異表現，是毋庸置疑的，而較魯鈍的人在任何心靈活動中，卻罕有良好的成果。IQ測驗提出各種問題，反映出這種種不同的技巧。分析了上千IQ測驗的分數之後，我們得到了兩個結果。第一，有一種一般的認知能力因素，稱作「G因素」（g factor），或簡稱G，出現在IQ測驗所測的各種智力之中。G值高的人，在測驗的各個層面都有優異表現，而G低的人則各方面表現都差。第二，也有一些部分但非完全獨特的心理技巧，如語言的流利、數學的運算、空間視覺、記憶等等。因此，整體能力乃依賴各種一般能力（G）和特定的技巧組合而成。

IQ測驗的重要性和實用性引起熱烈的討論，但我們不可忽略一點：IQ測驗原先的目標是預估個人在學校表現的能力，而這一點它的確辦到了。一個又一個的研究顯示，IQ是學校表現的單一指標，雖然還有許多其他因素，如社會經濟地位和父母親的職業也有影響，但沒有比IQ測驗更能預估學生成績或教育程度的指標。這點不足爲奇，因爲學生在學校的發展，正是依據IQ由測驗所測試的技巧評估的，**就某個程度而言，IQ測驗只是估量考試**

的能力。

顯然IQ測驗無法測量出人類智慧的全貌，不過大概也很少有測驗能做到這一點。這種測驗有文化上的成見，就算是最聰明的受測者，也無法以他不熟的語言受測而得到高分。不過，文化上的成見未必如某些評者所說的那般邪惡，因爲評量智力的一個標準，就是了解和適應環境（包括文化）的能力。有的批評說，IQ測驗有其偏見，如果問住在都市中的受測者耕田的問題，或是測驗美國人的中文能力，自然不公平。但這種經過細心設計的測驗並不是用來測量死記的內容，而是測量思考的能力，測驗本身也經常評量，以不同的語言用在不同的文化。IQ測驗既無意，也並不是用來測驗個人的價値。這些測驗儘管遭到反對，有其限制，但依然能測量出和不同心靈能力相關、影響實際生活，而且人人不同的結果。

IQ遺傳學

爲什麼不同的人縱使在同樣的環境，以相同的方式撫養長大，IQ測驗卻會有不同的結果？這個問題沒有單一的答案，但數十年來，成千上萬受測者已經提供了相當確定的證據，**顯示最重要的因素就是基因**。「環境」包含了許多會影響基因的因素，如產前照顧、營養、育兒、教養等，這些因素合起來是有力的力量，但單獨算來，全都不及基因來得重要。

科學家已經採用了三種不同的方法，詳細測量基因在IQ上所扮演的角色。由於這個課題引人非議，因此我們直接以數據爲憑。最好的一種方法是觀察分開養育的同卵雙胞胎，因

爲他們擁有共同的基因，但兩者的環境完全不同。我們分析了一百五十八對同卵雙胞胎的結果，得到零點七五的相關比，顯示ＩＱ有百分之七十五的繼承性，也就是說，ＩＱ分數中有四分之三是因爲基因不同而造成的。

第二個方法是比較一起長大的同卵和異卵雙胞胎，如果同卵雙胞胎的相關比，是比異卵雙胞胎高的，那麼就表示基因發生了作用。檢視了七十年來一萬對雙胞胎兄弟各種研究的結果之後，我們發現，中值的相關比在同卵雙胞胎是零點八六，在異卵雙胞胎是零點六零。由於雙胞胎在同一個環境中長大，因此估量ＩＱ繼承程度的最佳方法，就是把同卵和異卵雙胞胎兩者之間的差異加倍，得出百分之五十二的值。

第三個方法是觀察收養的兒童和父母及兄弟。七百二十對親生父母與子女的相關比爲零點二四，雖然孩子完全由他人撫養長大。兩百零三對在不同收養家庭長大的親生手足，相關比也是零點二四，由於這些人都屬只有百分之五十遺傳相關的一等親，因此相關比也得加倍，繼承性達百分之四十八。

於是，三種截然不同的實驗設計全都得出相同的結論：ＩＱ測驗分數有極大部分是可以繼承的，不論以何種方式測量ＩＱ，測量的對象是誰，什麼時候測量，結果都一樣。我們或許會爭論，ＩＱ由繼承而來的百分比究竟是百分之四十八或七十五，但不容否認的，ＩＱ絕對和遺傳相關。不論在那個國家、在什麼時代、在什麼年齡層，或是在那一種測驗，結果都一樣：在認知能力上，沒有任何因素比基因更重要。要是有任何研究想要證明ＩＱ與遺傳無

關，才眞是教人訝異。

ＩＱ和環境

基因會影響ＩＱ，並不表示環境和ＩＱ就沒有關聯。其實，除了ＩＱ和遺傳有關之外，同樣的資料也顯示共同的環境舉足輕重。觀察環境影響最好的方法，就是檢視遺傳上毫無關係卻被同一家庭收養的子女，由於他們只有環境因素是相同的，因此他們之間的相似應該是來自同樣的教養。這種手足的相關比達零點三二，意味著由同樣的雙親撫養、上同樣的學校、在同一個社區長大，可以使血緣上毫無關係的孩子，比他們分開養育時相像的程度高百分之三十二，同樣的，父母領養血緣上毫不相關的子女，相關比爲零點一九，這百分之十九必然是來自共同的環境因素而非基因。最後，再回想一下，同卵雙胞胎在ＩＱ的分數相關比達零點八六，而一出生就分開養育的雙胞胎智商相關比爲零點七五——可輕易看出，約有百分之十一的ＩＱ變數，來自住在同一屋簷下雙胞胎共同經歷的環境因素。

這三種不同的比較，顯示環境——尤其是在成長過程中共有的一切，對我們ＩＱ測驗的分數非常重要，其數字可以由百分之十一至百分之三十二不等，但重點是它大於零。

諷刺的是，正是行爲遺傳學者設計並進行的實驗，證明了環境會影響ＩＱ。心理學家以比較智商分數和家中書籍數量這類方法來測量環境影響，卻從未得到任何確定的答案。

不過，這些實驗並沒有顯示，究竟環境中的那些因素有所影響。有些證據反而是由少與

人接觸或少有刺激的孤兒院得來。這種實驗於一九三〇年代由史吉爾斯（H. M. Skeels）首開先河，他研究愛荷華州一家孤兒院內被列爲智障而很少和人接觸的孩子，其中十三名兒童被送往另一個機構收容，養母花了許多時間照顧他們。不到四年，這些孩子智商平均增加了三十分，是相當驚人的進步。相較之下，十二個留在孤兒院中的兒童，反而降低了二十分的智商。二十年後，這樣的差異依然存在。大部分接受個別照顧的孩子都能由高中畢業，可以自給自足，而大部分在孤兒院長大的孩子，卻依然得待在社福單位中，無能養活自己。更教人驚訝的是，這些智障的孩子是送去智障成人的收容所，他們的養母本身也有心智障礙。因此，要協助孩子心智發展並不需要天才來照顧，最重要的是愛與人際之間的接觸。

伊朗一家育幼院也有同樣的結果。心智障礙的孩子獲得個別的照料之後，在語言技巧上有長足進步。在一份法國的研究中，如果收養孩子的家庭社會經濟程度高，兒童的ＩＱ平均可增加十二分。在美國，這個實驗由「啓蒙計畫」（Project Head Start）進行，爲弱勢家庭的孩子自四歲起提供一至兩年的智慧和社會技巧輔導。這個計畫報告發現，接受輔導的孩子短期內提升了ＩＱ的分數，長期下來在學校表現、社會技巧和自尊上，也有進步。

不過，這樣的成效隨著兒童成長而降低，某些專家建議，四歲才開始已經太遲了。阿拉巴馬大學的科學家雷米（Craig Ramey）已經設計了計畫，讓智障母親的子女在出生後六周就開始，每天進行五天的輔導，總共進行一年。寶寶在受過訓練的教師指導下，接受密集的一對一接觸，和孩子談話並回應他們，並且經常擁抱親吻他們。雷米發現，這個計畫使得這種

遺傳上很可能會造成心智障礙群體的智障機率降低了五成。不過他也提醒父母親，不要過度刺激寶寶使得寶寶厭煩，因爲寶寶就像成人一樣，也需要安靜。

培養智商最重要的，可能是適當的人際接觸和刺激，但還有許多其他因素亦有關聯。最明顯卻常遭忽略的是適當的營養，不論對孕婦和寶寶都一樣。腦部就像身體的其他器官，需要食物才能適當發育，不只需要平衡的飲食，也需要無毒害的食物。僅僅是五大湖區魚類中一種受污染物質，就對ＩＱ有極大的傷害——這個研究記錄在底特律韋恩州立大學（Wayne State University）兩位學者約瑟夫和傑可伯森（Joseph & Sandra Jacobson）的報告裡。他們追蹤記錄了兩百一十二名新生兒的發展，嬰兒出生時就採檢母親血液和乳汁中一種常見工業污染物ＰＣＢ的量，到孩子十一歲大時，產前母體ＰＣＢ量最高的孩子，智商比母體ＰＣＢ量最低的孩子低六分，最嚴重的影響是在記憶、注意力和計畫的技巧，另外閱讀的技巧也顯遲緩。

該注意的是，不論遺傳的ＩＱ潛能多高，有時環境中些微的干擾足以造成強烈的影響：錯誤的食物、太多的毒素，或缺乏刺激，都會降低ＩＱ分數。既然我們除了配偶的選擇之外，對子女的基因無從置喙，唯一的選擇只有加強環境。市面上有無數養育聰明寶寶的指南，也有許多持反對論調的書籍，其實，**教養孩子最重要的訣祕就是盡早讓孩子專注在活動裡，主動、支持、無條件的愛，可能是最美好的天賜禮物。**

種族與IQ

基因、環境和IQ之間的關聯，與我們這個時代爭議最激烈的科學問題交織在一起：種族在智力中所扮演的角色。在美國，亞裔人士在智商方面高白種人三分，而白種人平均又比黑人高十五分左右。引人爭議的倒不是這種群體差異是否存在，而是它究竟有什麼意義？

首先，我們得強調這是整個群體的平均差異，各族裔之間有許多重複的情況，而所有族裔都顯示出同樣寬廣的IQ數值分布。例如，許多亞裔人士分數較白或黑人的平均分數還低，許多非裔美國人分數也較大部分白人和亞裔人士高。這意味著不太能以某個人的族裔來判斷他的IQ。IQ分數也有地域的差異，這就像打籃球的能力也有地域性一樣，但這並不是說你能從問某人的故鄉，就評斷此人多麼聰明，或者罰球有多準。

反過來看，這些族裔平均IQ值依然有極大的差異，教人不解。有人認爲這種差異來自遺傳，一九九四年，莫瑞（Charles Murray）和赫恩斯坦（Richard Hernstein）推出《鐘形曲線》（*The Bell Curve*）一書時，引起全球注意，也帶來了強烈的情緒反應。他們首先提出兩個事實：個人在IQ上的差異是可以遺傳的，而種族也是源自遺傳，由此他們推論：各族裔在IQ分數的不同，必然來自遺傳。

他們的立論基本上並不確實，因爲這個理論混淆了個別差異（可由雙胞胎研究和其他基因方法測量得到的結果）和群體差異（不能用上述方法測知）。以植物爲例，假設一畦向日葵

種植在陽光普照的地點，悉心灌溉照顧，那麼每一株向日葵的高度將會由其個別的基因決定。但假設我們不經心把一半的種子隨手灑進狹窄陰暗的花圃，根本就忘記去澆水，那麼因爲其落地的地點不同，有些「好」種子的發育就可能不如「壞」種子。如果比較這兩畦向日葵的高度，兩者的差異完全是基於環境的不同，因此由這些資料推論出來的唯一結論是，該把園丁炒魷魚。

眞實的情況其實就和這個花園一樣；環境的品質變化太大，很難說出種子之間究竟有些什麼差異。我們不知道，ＩＱ分數的群體或種族差異和基因是否有任何關聯，也不知道是不是和在不同情況之下生長的向日葵一樣，有不同的高度。但另一方面，我們確實知道，ＩＱ可以受教育影響，而亞裔美國人平均起來較其他族裔在教育、勤學和成就方面高人一等。ＩＱ也和社會及經濟地位相關，而非裔美國人在這兩方面的確較歐洲裔者爲低。

史卡（Sandra Scarr）和溫柏格（Richard Weinberg）兩人，在一九七〇年代作了收養實驗，提出環境對種族ＩＱ影響的直接證據。他們研究了九十九名出身明尼亞波利窮困黑人家庭，後經中產白人家庭收養的非裔美籍兒童，後來這些兒童的平均智商達一〇六，不僅高於一般的黑人兒童，也高於白人兒童的智商平均值。學者認爲，被送到較有利環境成長，使這些孩子提高了ＩＱ分數達十六分，正是美國白人和黑人平均ＩＱ相差的分數。

關於種族的成見本身就是強大的影響，足以讓受測者的ＩＱ分數降低。史提爾（Claude Steele）和艾倫森（Joshua Aronson）曾對史丹福大學的黑、白族裔學生作過困難的語言測驗，

他們告訴一部分受測的學生說，所做的是智力測驗，黑人學生可能在心中先存有種族和智力差異的成見；另外的學生則以爲這個測驗和智力無關，因此和種族的成見毫不相干。受測的白人學生不論以爲是作哪種測驗，結果都差不多，但對黑人學生而言，僅僅是想到他們自己在作智力測驗，就使其分數低了二十五分以上，比黑白智商分數平均差異值還高。史提爾和艾倫森結論說：「有人認爲，黑人低成就的問題源自群體或社會狀況。我們這個分析發現了種族問題的社會心理困境，這樣的困境在標準化的測驗情境中處處可見，實應修正。」

創造聰明的寶寶

《鐘形曲線》一書那麼引人爭議，一部分的原因是：如果ＩＱ天生已經註定，社會又何必浪費時間在諸如「啓蒙計畫」之類協助黑人兒童的工作上？如果他們不可能會更聰明，又何必在壞的基因上浪費金錢？

這又是不理解基因如何運作而生的誤解。人的基因在受孕的一剎那就已註定，但並非所有的基因都會開啓生效。人類天生發展緩慢，而且沒有其他人的幫助也不可能繼續發育。不論是胎兒或是童年時期的發展，都依循著井然有序且可預測的路徑前進，如青春期之類的里程碑必須準時發生，否則孩子就不會有良好的發展。各個不同的基因總是明明滅滅，開開關關，回應著變化萬千的環境，這也包括了控制腦部發育及ＩＱ的基因，因此基因塑造ＩＱ的能力隨著時間而有不同。

威爾森（Ronald Wilson）及同僚，追蹤調查肯塔基州路易維爾數百對雙胞胎達二十年之久，他們由寶寶三個月大開始，測試其心智發展及ＩＱ，此後定期測量，直到他們十五歲大。在嬰兒時期，雙胞胎的相關比非常高，同卵或異卵雙胞胎並無差異。在這麼早的階段，父母親所提供的環境最爲重要，基因反倒居次。接著卻發生了有趣的變化，隨著孩子長大，同卵雙胞胎的相關比增加，而異卵雙胞胎的則減低。同卵雙胞胎的基因相同，使得他們在智力發展上更相近，而異卵雙胞胎的基因差異則使他們智力發展益形不同。到十五歲時，ＩＱ的遺傳性由幾乎無到百分之五十甚至六十，和雙胞胎成年時表現的差不多。

ＩＱ的基因影響在整個成年期隨年齡增長而增加。麥克吉（Matthew McGue）等人，研究了多對由十一至八十八歲雙胞胎的資料，受測者由青春期至中年至老年，ＩＱ的遺傳性也由約五成進展至高達八成。同時，共同環境的影響則由非常重要減低到跡近於零，這點可以由雙胞胎離開共同的家、父母和學校看出。

因此，ＩＱ的發展是動態而非靜態的，環境在較早的時期比較重要，但隨著我們成熟，基因就變成最重要的因素。這個發現也經觀察證實：兒童未來的ＩＱ分數可以由其目前同期分數的增加預測。類似的說法是，嬰兒和小孩的環境幾乎完全來自家庭，而隨著人成長，自己就該爲環境負更多的責任。例如，孩子讀多少書由父母決定，但成人讀多少書就由他自己決定。生命初期有增長ＩＱ的窗口出現，然而隨著時間增長，窗口也封閉起來，**因此若要塑造孩子的ＩＱ，就必須及早行動。**

追尋ＩＱ的基因

ＩＱ由基因決定，這已經有很強烈的證據，但要辨識究竟是哪些基因，還有很長的路要走。一般而言，要了解影響基因的指標，最好的方法是研究極端的案例，也就是智力最低的案例。我們已知，某些單一的基因會造成心智障礙，ＤＮＡ的語言只要有一個結巴，就會使人無法達到正常的智力水準。我們還不知道，造成智障的基因是否也會影響正常範圍的智力，但的確可以從中窺知這樣的追尋有多麼複雜。

智力就像身高，沒有絕對的「高」或「天才」或「低」或「遲鈍」。對於智力障礙的定義經常是：智商不到七十，無法獨立生活的成年人。這樣的心智遲緩很常見，依此定義，每百人中，約有二至三人有心智障礙，心智障礙者中有四成的病例原因不詳；兩成則是因爲已知的環境因素，如生產時缺氧或是腦部病毒感染造成的；剩餘的四成病例則是來自遺傳。也就是說，一百人中，有一人因天生的基因缺陷而無法獨立生活。

造成心智遲鈍的基因突變，已經可以辨識出百餘種，許多未必是和腦部有關的基因，而是主司分子生化日常作業的基因出了問題。學者研究最透徹的例子是苯酮尿症（ＰＫＵ），這是因爲要把苯氨基丙酸（phenylalanine hydroxylase）轉化爲酥氨酸的肝部酵素——苯氨基丙酸異常造成的。這種酵素的基因若有缺陷，就會造成有毒副產品累積。其實只要一個正常的基因就可製出足夠的酵素，避免毒素累積，因此必定是兩個基因均發生突變，才會造成此病。

天生有兩個ＰＫＵ突變基因的寶寶，出生時一切正常，但隨著毒素副產品累積，在尿液中產生「老鼠似的」氣味，對腦部和神經系統造成不可逆轉的傷害，結果就是嚴重的智障和頭小畸形，如果未經治療，寶寶成長之後心智程度絕不可能超過嬰兒期的發展。

幸好ＰＫＵ有了救星，而且不需要動用到基因療法。解救之道就是食用苯氨基丙酸量少的食物。只要在出生後數週內開始控制飲食，就能避免腦部永久的傷害。等孩子進入青春期，腦部的發育足以抵擋苯氨基丙酸的毒害，就不必再食用特殊飲食了。苯氨基丙酸是否過量，可以採集腳後跟血液篩檢，因此當今先進國家每一個新生兒都作了ＰＫＵ測試。在一九六〇年還未開始篩檢之際，嚴重心智障礙有百分之一是ＰＫＵ造成的，如今此症已經徹底遁形了。

另一個造成心智障礙的基因治療較不容易。脆弱X染色體症候群（Fragile X syndrome）是最常見的天生心智障礙，每一千兩百五十個活產嬰兒中，就有一個罹患此疾，會造成輕度到嚴重的心智障礙，還有一些生理異常如大耳朵和睪丸。這種障礙公認和X染色體有關，因爲它出現在男性身上比女性身上爲多。奇怪的是經代代相傳，它會越來越嚴重。例如曾有多名帶有突變X染色體的父親本身完全正常，但子女重度智障。

究竟問題何在，第一個線索來自血液細胞。有此症狀的病人X染色體非常奇特，十分脆弱，端點彷彿斷裂消失似的。此症的禍首是三核苷酸不斷重複，一串三個ＤＮＡ組成分子一再重複。正常人重複的次數不到五十次，但罹患此疾者有數百甚或上千次的重複，使得基因無法發揮功能，染色體也因而脆弱。一旦重複次數超過兩百，就只會更大而不會更小，說明

了爲什麼此疾會一代比一代嚴重。

教人驚訝的是，脆弱X染色體基因其實非關腦部，它產生全身都可找到的物質，其重複的數量對正常智力也並無影響，唯有當重複的次數達到危險點時，才會影響智力，而且影響極大。就像PKU基因一樣，脆弱X基因發生在全身，腦部只是其中一部分。這些基因並不作用在智力本身，但除非基因正常運作，否則病人就不可能發揮正常的智力。一個人發育的時期，有如此多出差錯的可能，我們還能夠如此聰明，眞是奇蹟。

語言的基因

"It's a flying finches. They are."

"She remembered when she hurts herself the other day."

The boys eat four cookies."

"Carol is cry in church."

這幾個文法亂七八糟的句子，出自母語是英語的美國成人，說出這些句子的人，來自同一家庭，均有「特定語言障礙」（specific language impairment）。這個家族由語言學者戈普尼克（Myna Gopnik）發現，經賓克（Steven Pinker）在《語言本能》（*The Language Instinct*）一書披露，他們說話的方式並不是在學校或家中學來的，而很可能是源自遺傳的缺陷。

越來越多的證據顯示，基因在語言方面舉足輕重。有一系列的證據來自語言是人類獨有

的事實。人類在萬物中獨有思考的能力，也有最高的溝通思想能力。靈犬萊西和海豚弗利波也許也能溝通複雜的想法，但沒有任何動物能和人類一樣有複雜的語言，可以分辨過去、現在、未來，表達各種抽象觀念的語言。人類的基因藍圖中，必然有著使我們特別能夠表達語言的成分。

另一條證據線索來自於所有語言中複雜的規則。每一種語言都有它獨特的文法、語法、拼音和發音。這些規則對初要學外語的成年人，簡直是夢魘，但幼小的兒童能把母語運用自如，這使得美國語言學者喬姆斯基（Noam Chomsky）提出理論，謂新生兒腦部早有辨識語音、學習基本文法及語法規則能力。他假設人腦天生就有「內在的語言取得構造」，根據這樣的理論，兒童所學的特定語言完全視環境而定，但學習規則及應用在各種不同組合上的能力，是天生就有的。

分離出特定基因的方法之一，是研究「語言取得構造」發生問題時（如本節之首所敘述的家庭）會發生什麼情況。這時候孩子們開口學說話的時間延遲，發音也有問題，他們會犯文法上的錯誤，而且可能延續到成年時期。他們可能有正常的智力，在許多方面也有很好的表現，只有語言不行。特殊語言障礙出現在家族之內，顯示這可能有基因上的問題。如上述戈普尼克和賓克所描寫的家族中，祖母有語言障礙，她所生的五個孩子中四個有同樣的障礙，而這四個孩子生的二十三個子女中，也有十一個有同樣的毛病。不過，祖母有一個女兒說話正常，她的子女也都正常，彷彿逃過這個基因的一劫。這正是單一顯性基因可能會發生的情

況，雖然基因本身還未辨識出來。

至於另一種和語言相關的障礙：讀字困難（dyslexia），科學家在研究此問題的基因根源上有長足進展。這種障礙是指個人雖有適當的教育和智力，卻無法學習讀字。這可能是因爲腦部無法聯結書寫出來的字及其意義，在閱讀上有特別的功能失調，患者在其他方面可能非常聰明，「只是」不能閱讀。約有百分之八的學童，就一般學校系統的標準而言在閱讀方面有障礙；接受特殊教育的群體中，患有讀字困難的學生是人數最多的一群。

讀字困難最先在一八九六年發現爲獨特的病例，十年內，就發現這種病出現在家族之中。此後許多家族和雙胞胎研究顯示，這種病有相當大的遺傳影響，大部分讀字困難患者家族中，都至少有一名以上同樣的患者，在同卵雙胞胎中，相關比更高達百分之四十。

讀字困難很顯然是複雜的障礙，有多種原因，包括遺傳與環境，但至少在某些家庭中，牽涉到的只有一個主要的基因。這使得柯羅拉多大學和伊斯市國家研究醫院的學者，開始在至少有兩個讀字困難患者的家族中作基因搜尋。他們發現，閱讀分數和第六號染色體有關，也在異卵雙胞胎身上發現同樣的結果。最近又有另一批耶魯大學的學者在另一群閱讀困難的家族上，發現和這第六號染色體的關聯。這些結果看來十分可信，雖然究竟是哪些基因有所牽扯，又如何運作，都還不得而知。一個線索是，耶魯大學的研究發現，可能有關聯的第六號染色體並不會對各種層面的閱讀困難有相同的影響。這個基因對於把長字分割爲短音節的能力有重大影響，但並不影響對短字的了解。這意味著特定的因素——腦部某個用來把字分

段的通路出了問題，而非整體出問題。因此，若我們發現確實的基因，可能就能了解如何處理語言和閱讀特定智力的基本問題。

遺傳智力

找出智障、語言失調或閱讀障礙的基因，可能會比找出和一般人整體智力相關的基因容易。行爲遺傳學的先驅普洛明（Robert Plomin）已經展開大規模的計畫，收集大量的兒童DNA樣本，由天才到不及一般者均包括在內。他打算以一系列可能與神經功能相關的基因測試這些樣本。雖然普洛明的實驗設計周詳，但成功與否將要看目前未知的一事決定：IQ的遺傳構造。我們知道，IQ大半是遺傳而來，但不知道究竟有多少基因牽涉其中。例如，如果IQ有五成可遺傳，而有十個相關基因，那麼每一個基因都各有百分之五的影響，但如果有一百或一千個基因相關，那麼每個都只占百分之零點五至零點零五，影響太小，就算用了上千名受測者，也很難看出差別。

智力的遺傳構造極可能比個性的其他部分都要複雜，這可由智障可以辨識出大量基因上看出。幾乎任何分子新陳代謝的變化，都可能影響認知功能。如果不是至少有相同數量的基因和一般範圍的智力功能相關，反倒教人訝異。第二個線索來自於演化神經生理學。腦部複雜的思想工具灰質，比起邊緣系統來，是最新發展的結果，是我們情感和天性的主宰。邊緣系統就像舊式的犁：簡單、堅固、粗糙，而灰質則像新式的收割機：複雜且需要細心維護，

容易受毀損。描繪出天性和邊緣系統的遺傳基因，也許只需要寥寥數筆，但若欲了解智力的遺傳，則需要更複雜的藍圖。

7 談到飲食的時候……

最近的實驗顯示，基因是影響體重最重要的單一原因，
影響力遠比其他因素的總和還大。
據估計，我們的體重約有七成來自遺傳，
「意志力」雖然有所影響，但要改變身體原先的設計，得格外努力。
許多世代的家族研究顯示，不只肥胖會遺傳，
脂肪的種類和累積的部位也會遺傳。

珊卓拉是個漂亮的寶寶，圓滾滾的，非常愛笑，兩頰紅潤，髮色沙紅。她很少哭，也很快就學會日夜的作息，出院回家後胃口一直很好，一下子就能吸吮母奶，而且吸著吸著就在母親的臂彎裡睡著。第一次體檢時，醫師說她非常健康，身高體重躋於同齡寶寶前百分之二十之內，父母親都很得意。她父親開玩笑說：「她已經是同班最大號的寶寶了。」

珊卓拉的母親產後著實花了一番工夫，才恢復身材。她一生努力想保持窈窕——至少不要像汽球那樣膨脹起來，但只要她一不注意，就會發胖。當她還在少女時期，母親就用食物寵壞了她。如果她好好吃飯，就可以在「第一道甜點」水果之後，來一客餅乾或蛋糕類的「第二道甜點」。到現在，珊卓拉的母親依然受甜食的誘惑和折磨。如今有了女兒，她發誓絕不讓女兒重蹈覆轍，她嚴格執行，在珊卓拉四歲以前從不准她吃任何甜食，不過當然也有例外，如果珊卓拉整天表現得不錯，母親偶爾也會給她一杯低脂冰淇淋獎勵。

不過珊卓拉就像其他的孩子一樣，也總能自己找到甜食和其他零嘴。她五歲時向父親宣布：「爸爸，我愛吃糖果。」

「我也愛。」爸爸說。

「你不明白我的意思，」小傢伙堅持道：「我需要糖果。」

珊卓拉在兒童時期圓滾滾的，但不算胖。她的個性甜美可愛，使大家毫不在意她的身材。母親認爲她的豐滿是「奶胖」，等長高以後就會瘦下來。可是她越長越胖。到十三歲時，她比同齡的孩子重約十五至二十公斤，買不到合尺寸的衣服。等她進入青春期，體重也影響了她

交朋友。高中時朋友們都開始約會，但她交不到男朋友，男生覺得她有趣可愛，是個好女孩，但就是不把她當成女朋友。孩子們成群結隊去滑冰時，男生總趕快滑開，還一邊大喊：「不要靠近珊卓拉，冰面可能會吃不住重量裂開。」

珊卓拉十六歲那年在一次悲哀的約會之後首次節食，倒沒有什麼極端的作法，只不過是從母親、同學和雜誌上聽來看來的食譜。她吃漢堡時不吃夾肉的麵包，吃大量的脫脂乳酪，避開甜點，只偶爾喝點香草奶昔作爲特別的獎勵。果然奏效：她減了十二磅(約合五公斤半)，覺得神清氣爽，舊衣服鬆垮垮的，她開心極了，立刻和母親出門買了一件新衣。學校中最受歡迎的合唱團長史蒂芬請她參加舞會，她玩得開心極了，還把當晚穿著雪紡紗舞衣，別著史蒂芬所送胸花的照片加框起來展示，她看來窈窕輕盈，容光煥發。

珊卓拉和史蒂芬三年後結了婚，珊卓拉希望在婚禮上能穿著當時出席舞會時同尺碼的禮服，但她得厲行節食才能辦到。準備婚禮使人筋疲力竭，但她依然奉行節食食譜，終於能在大日子當天擠進禮服。婚後兩人如膠似漆，史蒂芬對新娘「愛不釋手」，她骨肉亭勻，每晚兩人都甜蜜一番，方才沈沈睡去。

婚後第一年，小史蒂芬出生了，珊卓拉產後把懷孕時大部分的重量都減了回去，但她不想太瘦，因爲嬰兒在吃母奶。第二個孩子克麗絲蒂緊接著出生了，這一回珊卓拉的體重比較難減，就算嚴守葡萄柚食譜減肥、再加上孩子也吃母乳，依然沒什麼用。珊卓拉雖盡力減少飲食，明知她攝取的卡路里只有以前的一半，也沒作用。她參加了媽媽有氧運動教室，但要

找臨時保母實在太費週章。最後她想，窮追在兩個小不點後頭就已經是足量的運動了：「何必花錢去保持苗條身材呢？」再加上史蒂芬對他的幸福家庭非常滿足，曾表示他根本不在意她的體重。

他們美滿的生活到珊卓拉三十五歲時開始有了裂痕，倒不是發生了什麼特別的災禍，而是一連串的不順接踵而來。先是珊卓拉摯愛的父親罹患了攝護腺癌，接著她的母親也病倒了，小史蒂芬又到了反叛的年齡，總是和他爸爸吵個不停，他們的錢不夠用，時間也永遠不夠。

珊卓拉在重重壓力之下，終於染上嚴重的流行性感冒，多年來未曾看過醫師的她去求診時，診所費了番工夫才找到她的病例。開頭醫師還以爲出了差錯，因爲病例表上的女人體重一百一十八磅(約合五十四公斤)，而他眼前這位呼吸急促、斗大汗珠直滴的病人，重達一百六十磅(約合七十三公斤)。她不是豐滿、不是圓潤，根本就是肥胖。醫師量她的血壓，好不容易才把血壓計包住她壯碩的上臂。檢查後，醫師說她血壓太高，得減掉幾磅。她說：「唉，我最近壓力太大，我得回到先前的作息。」

流行性感冒使得珊卓拉食欲不振，她心想這是節食的大好時機，毫不猶豫開始進行。她灌了幾加侖的水，這對治療感冒也有好處，足足兩星期只喝包心菜湯，結果減了幾公斤，她不由心想：「這很容易。」但等她一恢復正常飲食，體重又回升了。

珊卓拉没有時間擔心體重，因爲家裡已經亂成一團糟。她父親的癌症雖然動了手術，終因發現太晚，在醫院裡掙扎了三個月，花光了所有的積蓄之後辭世。她母親得送到安養院照

顧，但沒有錢，只好投靠珊卓拉。老太太沒辦法照顧自己，但從不停止挑別人的毛病，尤其是珊卓拉。

史蒂芬因爲入不敷出，兼了一個差貼補家用，爲學校裡的販賣機裝補貨品，因此他的車子總是裝滿糖果餅乾和成袋的洋芋片。珊卓拉抵抗不了誘惑，她尤其喜愛在車庫中被凍得硬梆梆的巧克力棒。現在史蒂芬很少回家，一回家也直衝電視機前，他對兒子罕有耐性，而兒子和他一樣倔強，成天鑽在汽車頂蓋下。克麗絲蒂在學校功課還好，但她太注意男生，總擔心自己有沒有魅力，是不是萬人迷之類的問題。她一心想當啦啦隊長，對自己的身材非常在意。她也發現了爸爸車上的巧克力和糖果，半夜時會溜去吃點心。

四十三歲的珊卓拉實在是筋疲力竭，不論她多麼早睡，醒來時依然覺得非常疲倦。她全身酸痛，手脚總是冰涼，在克麗絲蒂的敦促下，她終於去看醫生。醫師聽她訴說自己的狀況，注意到她體重已經高達一百八十磅(約合八十二公斤)，於是作了一連串的測驗，看了結果之後，醫師宣布她罹患糖尿病。「難怪我體重直線上升。」自己的體重原來是因爲生病造成的，她總算找到藉口，因而鬆了口氣。她按時注射胰島素，但現在她不能再厲行節食了。

那一年的耶誕，克麗絲蒂買了「兩人成行，一人免費」的健身俱樂部會員卡，和母親要開始上課，並且注意飲食。珊卓拉第一次勇敢地去了，但她看見鏡中一隻鯨擠在花豹紋的健身服中，大受打擊。老師要她們彎身觸趾，但珊卓拉辦不到，她根本看不到自己的脚趾。這是她第一次去健身俱樂部，也是最後一次。

此後，珊卓拉的健康迅速惡化，她整天躺在床上，根本無力起床。幾個月後，珊卓拉腎臟衰竭，在一個昏暗的早上去世，得年五十二歲。

死亡證明書上寫著：「糖尿病引發腎衰竭。」但這份文件並沒有記錄眞正的死因：肥胖。

在葬禮中，珊卓拉的好朋友和丈夫站在雕製精美的靈柩前，好友說：「眞美的棺材。」丈夫卻附耳說：「是啊……這麼大，一定要花不少錢。」克麗絲蒂聞言不禁心頭一凛。在儀式後，克麗絲蒂回到塞滿親朋好友帶來各式食物的廚房，坐在整個巧克力蛋糕前大吃起來，用健怡可樂把每一口蛋糕沖下肚去。

不必要的脂肪

珊卓拉的例子並不特殊，肥胖已經成爲現代人最普遍的健康問題。據美國健康統計中心估計，二十五歲的美國成人之中，每三個人就有一個人超過理想體重百分之二十。奇怪的是，現代人這麼重視苗條身材，開發出這麼多無糖或無脂的飲食，運動也蔚爲風尚，但肥胖率依然高漲。目前的百分之三十三，已經比一九八〇年的百分之二十五升高，而且近期內這種增加的比率也沒有止息的跡象，因爲已經有百分之二十一的青少年屬於肥胖一族。唯一比現代人腰圍成長更快的東西，就是減重產業的收益。美國人每年花在低脂飲食、節食書籍、運動錄影帶、減重課程和支援團體上的金錢，達三百至五百億美元之譜，十四至二十一歲的年輕女性中，百分之七十都在節食。

身心兩方面都會爲不必要的身體脂肪付出代價。肥胖會造成高血壓、心臟血管疾病和癌症，也和成年糖尿病有關，而美國白種成年人中，百分之八至十患有糖尿病。這種問題在女性身上特別嚴重。〈護士健康研究〉（*The Nurse's Health Study*）發現，超重百分之二十以上的女性，早死的機率是一般體重女性的兩倍，相較之下，體重比全美平均低百分之十五的女性，早死的機率則大幅降低。肥胖和相關問題每年在美國造成三十萬人死亡，是僅次於吸菸的第二高可預防的死因。如果肥胖是像肺結核或愛滋病一樣的傳染病，那麼就會引起重視，引發以肥胖爲對象的「戰爭」。但現在醫師只治療由肥胖造成的種種疾病，卻未能針對眞正的原因下藥。醫界和一般大衆都抱持錯誤的想法，以爲超重只是懶惰和意志力的問題——胖者恆胖，誰叫他們懶惰，向餅乾糖果投降。

其實不然。吃是我們最古老而保存最久的行爲。不吃就會死。更準確的說，如果吃的不足以補充我們所燃燒的卡路里，那麼也無法存活。我們自自然然繼承了教我們腦子發出「吃！」指令的基因，我們也演化出其他的基因，幫助身體保存卡路里而非消耗卡路里。不幸，我們的基因在最近數十萬年來並沒有改變，但我們的文化已徹底改頭換面。不久前(至少由演化的觀點來看算是很近的期間)，食物不但稀少，而且很難得到，大部分的人都得耗費極多的時間去覓食。鼓勵人進食並貯存脂肪的基因，對人類也有很大的用處。但如今，工業國家食物充裕，越來越多的人花時間在書桌上而不必費心於狩獵，這些基因就不再那麼重要。幾千年前可以救命的基因，如今卻成了致命的殺手。

甚至就在上個世紀，我們的環境也有重大的變化。例如一般美國人如今在超市有五萬種不同的食物產品可供選擇，二十世紀初卻僅有約五百種；當今一般美國人耗費的熱量只是一九〇〇年平均的四分之一。目前肥胖症病例增加，這和基因毫無關係，而是和生活型態息息相關。我們創造的世界，已經和人類初生時的世界截然不同了。

我們的祖先也爲食物所苦，但他們的問題在於取得食物，我們的問題卻更進一步。現代人一日至少三餐，縱使不餓，由點心到宵夜，嘴巴也嚼咬咀嚼動個不停。我們非吃午餐不可，而彷佛與晚餐熱戀。周日若沒有一客早午餐盛筵，還能算是歡樂的星期天嗎？舞會中若不來點熱狗和啤酒，那還有什麼意思？我們光顧只賣漢堡或墨西哥捲餅的餐廳，也衷心支持只賣用咖啡豆調熱水的商店；在都會鬧區，不但咖啡店林立，而且各式特別口味的店家競爭激烈。我們有各種口味，適合各種預算的餐廳，也選購由溫控工廠經基因工程加工的食物，甚至花無以數計的金錢，爲各種毫無營養的垃圾食品作大手筆的廣告。

我們該爲這樣的富足心存感激，但也得當心：在這供應無限量的時代，食物塡補的不止是飢餓而已。我們用原本滿足身體飢餓的食物，來塡補心靈的空虛或欲望：冰淇淋帶來歡欣，可口可樂讓你生活多彩多姿，洋芋片使人一口接一口。我們技術精進，以糖和脂肪和鹽大幅提升食物的熱量。卡路里最高的巧克力甚至被包在心形的盒中，當成禮物送給摯愛的情人。

我們顯然已經創造出既有極大可能，也有極大危險的環境。先進國家的人民，因食物生產過程的進步和富裕而獲益，但我們也自設了陷阱。有些人在健康上冒的風險，在這樣富庶

的環境中遠高於僅能餬口的環境。就在不久之前，面臨生存困境的還是迅速消耗熱量，無能貯存脂肪的人，在食物稀少的環境下，能夠生存的唯有能保存攝取熱量的人；如今最教人艷羨的身體卻是最快消耗卡路里，能開懷大嚼而不添一點兒贅肉的人；風險最高而對自己外觀最不滿意的，則是會貯存脂肪的人。

肥胖基因

像珊卓拉及其母親、女兒這樣的人，生在富裕的文化中，就面臨了危險。這三人很容易增重，卻很難消耗卡路里，無法控制自己的飲食，因而造成身心兩方面的困擾。過去人們總把這樣的肥胖歸因於「腺體」作祟，後來大家又以爲肥胖是「意志薄弱」造成，如今大部分人都認爲，體重是生理和社會、基因和情緒等因素共同造成的。最近的實驗則顯示，基因是影響體重最重要的單一原因，影響力遠比其他因素的總和還大。據估計，我們的體重約有七成來自遺傳，「意志力」儘管有影響，但要改變身體原先的設計，得格外努力。

基因在體重上所扮演的角色，可以由同卵雙胞胎的體重質指數（body mass index，依據身高而訂的體重指數）得知。一項針對九十三對自出生即分開養育的同卵雙胞胎研究發現，體重質指數有七成的相關性，也就是說，如果同卵雙胞胎之一是肥胖的，另一個也有很高的可能是肥胖的。有趣的是，非遺傳的因素屬於「獨特」的環境，亦即共同的童年經驗對成年人的體重幾乎沒有影響。

這似乎是說，我們努力注意孩子的飲食，培養他們良好的飲食習慣，根本是浪費時間。科學家乃針對擁有相同環境但無血緣關係的收養兒童作了調查，結果顯示，收養的孩子的確與家人有類似的體重質指數，不過是和親生家庭的家人。肥胖孩子的親生父母可能也是肥胖的，雖然雙方可能從未見過面，相較之下，養子女的體重和養父母的體重之間，反倒不相干。不管收養孩子的是著重健康的素食主義者，或是嗜甜食如命的人，孩子長大後體重都和親生父母相去不遠。還有研究甚至發現，被肥胖養父母收養的孩子，長大後甚至比一般人更瘦。

如果你父親有個啤酒肚，母親是龐然大物，這該怎麼辦？如果你長得像祖母，豐臀小胸，又該如何？是否註定你一生都會有和他們一樣的體重問題，在同樣的部位有同量的脂肪？許多世代的家族研究顯示，不只肥胖會遺傳，脂肪的種類和部位也會遺傳。有研究顯示，腹部脂肪有百分之五十六會遺傳，似乎有個啤酒肚的基因在作祟。

多倫多聖麥可醫院的哈格利（Robert Hegele）等人比較受測者的腰臀比例，分辨出蘋果體型（脂肪位於中圍）和梨型（脂肪位於臀部）兩組，他們以加拿大西部一小群基因分隔的哈特瑞特人爲對象，這部族是百餘年前由名喚赫特（Joseph Hutter）所創的烏托邦式社群的後裔。研究人員發現，男性的腰臀比例有遺傳的基因標記，女性則無。這個基因在男性的腰圍上添了幾吋，其運作方式還不得而知，但此標記是位於主司血管收縮的基因上。

不過值得欣喜的是，體重可以改變，而且人們也的確能逃過基因的宿命。儘管有基因主宰一切，但環境也舉足輕重。不論我們擁有什麼樣的基因，如果攝取的卡路里不高於消耗的

卡路里，就永遠胖不起來。

環境的力量在中國大陸非常明顯，尤其在西部較窮困的地區，當地以米食爲主的漢族體型較小，總是骨瘦如柴，但同樣的人遷移到幾千里外的香港或台灣之後，豐衣足食，而他們如果再回到故鄉，甚至擠不進當地人所坐的火車座位。在西半球，亞馬遜河的比馬印地安人(Pima Indians)，也和他們在墨西哥北部的親戚在體型上截然不同。兩個族群約在一千年前分離，住在美國的印地安人在飲食、醫療和生活各方面都占了優勢，而兩個群體的體重也有了令人驚異的差距：亞利桑那州的比馬族肥胖率舉世第一，而墨西哥的比馬族和一般相當。較肥胖的亞利桑那比馬族人，糖尿病、膽固醇和高血壓的比例也都較高。

這個例子說明了基因本身還不足以決定體重，否則不論飲食，居住於各處的漢族都該一樣重，墨西哥的比馬族也該和亞利桑那的比馬族一樣重。環境也不可能是唯一的成因，否則亞利桑那的每一個人都該肥胖，而墨西哥西北部的每一個人都該皮包骨。造成體重的成因是基因和環境兩者合起來的作用，顯然比馬族或漢族所帶有的肥胖基因，只在較富裕而有空閒的情況下才會顯現出來。基因的確非常重要，但體重究竟如何，還要看環境決定。在某個環境中可能像汽球一樣肥胖的人，在另一個環境裡可能就瘦得多。要了解基因和行爲如何一起運作控制體重，就必須了解基因的工作。

尋求平衡

體重來自一個簡單而不變的平衡：卡路里的攝取和消耗，吃的熱量和消耗的能量。如果吃進來的超過需要，體重就會增加，吃得少於消耗，體重就會減少。基因會影響這個過程的每一部分：是什麼使我們開始吃，怎麼使我們停止，卡路里是怎麼消耗的。

身體和腦部一起合作調節食物的攝取。腦部最關鍵的部位是視丘下部，也是情感、個性和性欲的中樞，難怪吃帶有如此複雜的情感。當我們把食物放進口中之際，同時滿足了多種的飢餓。發送出「開始進食」訊號的中樞，位於視丘下部的側部。如果把老鼠這部位的腦部割除或破壞，老鼠就拒絕進食，最後飢餓而死。如果以電流刺激這個部位，那麼縱使老鼠肚子已經飽了，依然吃個不停。這個部位和多巴胺區相連，而多巴胺區又和回饋行為息息相關。

腦部釋出「停止進食」的中樞，位於不同的視丘下部部位：腹側與正中，以及室旁核（paraventricular nucleus）。如果刺激動物腦部的這個部位，就會抑制進食，如果破壞這個部位，動物就會不停地吃，吃到過胖。同樣的情況也發生在人類身上。維也納的醫師佛洛立希（Alfred Frolich）首先注意到，在視丘下部附近生有腫瘤的癌症病人都變得肥胖，這個區域以不同的腦部化學物質，不但控制你吃多少，也控制你吃什麼。例如和焦慮憤怒有關的血清促進素，會抑制你攝取碳水化合物，和飽足有關的則發出訊號要你吃義大利麵，但不是肉醬（蛋白質）或醬汁（脂肪）。正腎上腺素刺激碳水化合物的攝取，而蛋白質激素「卡拉寧」

（galanin）則促進脂肪的攝取。腦部可以向神經系統發出訊號，控制身體的新陳代謝，例如視丘下部的側腹與正中部位（停止進食的中心）控制迷走神經，而迷走神經刺激主司糖和脂肪代謝的荷爾蒙——胰島素的分泌。

自呱呱墜地開始，飢餓一直是我們行動的主要動機。寶寶爲食物而哭鬧，成人爲食物而上餐館、劫掠冰箱，或者尋覓販賣機。我們體驗到「飢腸轆轆」或「胃部飽脹」，意味著空虛的胃送了訊息到腦部，使得我們開始進食，而食物壓迫胃壁的壓力則發出停止進食的訊息。科學家魏許本（A. L. Washburn）爲測試這樣的理論，吞下可由附管充氣消氣的汽球，他發現汽球一膨脹，他就覺得飽，汽球消氣後，他就覺得餓，這也支持如上的理論。然而魏許本卻白費了工夫，因爲有人發現，因癌症或嚴重潰瘍把胃部整個切除的人，依然能夠感覺飢餓，因此必然有某些額外的訊號——化學的訊息，而非只是身體的壓力。這所謂的飽足訊號，已經成爲肥胖研究的目標。

有的理論認爲，腦部可能感受到體內營養物質的量，尤其是隨飲食快速升降的血糖量，另一個可能是腦部不知怎麼知道體內脂肪的量。「脂肪訊號」引起注意，因爲這是控制體重的完美方式，發現者將可致富。到目前爲止，飽足訊號的最佳解釋來自對肥胖老鼠的研究。

肥胖老鼠

走進緬因州巴爾港傑克森實驗室所在的島上，一股氣味撲面而來：老鼠。這個實驗室是

全球最大的老鼠培育場。這裡的生活型態並無多少變化，所有的老鼠生而平等，全都關在籠中吃著壓縮穀粒，啜飲飲水維生。由於牠們擁有共同的環境，因此很適合觀察基因的不同。如果有一群老鼠不同，一定是基因使然。一九五〇年，遺傳學者史奈爾（George Snell）找出了一群似乎不可避免必會發胖的老鼠，牠們吃得太多，又不運動，無法消耗熱量。這些老鼠也患有肥胖的人類最常見的疾病：糖尿病。牠們整天坐著梳理自己的毛，比一般老鼠懶怠，牠們很少移動，消耗的氧氣少，體溫也低。

島上所有的老鼠都有相同的環境，而這群老鼠特別與衆不同，顯然是基因出了什麼差錯。這個突變被稱為「肥胖」，是一種隱性突變，要兩個基因都出錯，才會造成影響。為了解究竟基因是如何運作的，實驗室的另一位科學家柯爾曼（D. L. Coleman）把一隻擁有肥胖基因的老鼠和一隻正常的老鼠縫合在一起，讓牠們擁有相同的血液。結果，胖老鼠體重恢復了正常。這表示正常老鼠的血液中有讓老鼠停止發胖的因素，是胖老鼠缺乏的。把胖的人縫合在骨瘦如柴的人身上，不是可行的方法，因此科學家得要隔離出基因才行。

洛克斐勒大學的學者佛瑞德曼（Jeffrey Friedman）花了八年時間，想要找出肥胖突變的原因，他隔離出一小段ＤＮＡ，指向某個特別的基因。他得要找出一個在脂肪細胞中表達的基因，因為控制肥胖的基因理論上應該存在脂肪細胞內。一一測試之後，他發現一個突變的中止訊號坐落於其中一個基因的中段位置，也就是說，這個基因最後會生產較正常為短而無法發揮功能的蛋白質。他還發現另一個突變，亦會阻止同一個基因進行原定的功能。他知道

他找對了基因，因爲無論是哪種方式阻礙了這個基因在細胞中的表達，最後總會產生過胖的老鼠，此基因的損壞是造成老鼠肥胖的原因。進一步的實驗證明，這個肥胖基因會轉譯爲一種胜肽激素，科學界把它命名爲瘦身素（leptin，希臘文「瘦」之意）。瘦身素是一種氨基酸蛋白質，一端有一段短氨基酸序列，以指引其由肥胖細胞分泌，進入血液。這個基因常在肥胖細胞出現，細胞越胖，產生的瘦身素越多。

要證明瘦身素眞的能控制體重，科學家以純瘦身素注入肥胖老鼠體內。結果在四天內牠們的體重就開始減輕，一個月就輕了百分之四十。進一步的實驗顯示，瘦身素有好幾種不同的功能：首先，老鼠不再吃那麼多；食物的攝取減少了一大半；其次，老鼠開始更有效地消耗食物，新陳代謝加快，血中的胰島素和葡萄糖量也降低；第三，體能活動的量也增加了。這個荷爾蒙可以矯正肥胖老鼠失常的一切：飲食習慣、新陳代謝和缺乏運動。瘦身素作用方式如下：脂肪量增高時，脂肪細胞就製造瘦身素，而瘦身素則告知腦部該停止進食，增加運動。脂肪貯存量減低時，瘦身素也會降低，向腦部發送訊號，增加進食，減少活動，彌補體重的降低。

人類的肥胖基因

如果瘦身素的機制也可以在人類身上運作，將是體重控制的重大突破，因此有公司願意花兩千萬美元的代價來購買肥胖老鼠基因的商業權。人類的瘦身素基因後來也分離出來，和

老鼠的幾乎有相同的作用。於是科學界以人工製造瘦身素，注入肥胖老鼠體內，果然使牠們變瘦。

比較困難的測試是，瘦身素可不可以在正常的老鼠身上作用，而非僅只在基因肥胖的老鼠身上發生效力。正常老鼠注射了瘦身素之後，的確減了重量，吃得較少，但並不如肥胖老鼠那般明顯。牠們必須要注射大量的荷爾蒙之後才有反應，也就是說，正常人必須注射大量的瘦身素，體重才會有反應。因此瘦身素並非減重的理想刺激物。但還有另一個希望：如果人類肥胖是因爲他們的瘦身素基因出了問題呢？也許矯正這個基因，就可以協助他們減重。

爲了測驗這個想法，科學家測試了兩百餘名肥胖者的脂肪細胞和DNA，不過一開始的結果讓人失望：肥胖的受測者製造的瘦身素比正常人還高，基因似乎並無任何變異。劍橋大學的研究人員法洛基（Sadaf Farooqi）決定縮小範圍，檢視兩個最肥胖受測者的DNA：重達六十四磅（約二十九公斤）的兩歲男孩，以及他的堂姊，重達一百九十磅（約八十六公斤）的九歲女童。堂姊弟兩人的瘦身素基因版本的確有一模一樣的突變，正是這個突變使得瘦身素基因無法發揮功能，蛋白質無法作用。這證明瘦身素在人類體重控制上，的確舉足輕重，一如老鼠實驗一樣。

最教人驚異的是，這對堂姊弟的基因突變非常罕見。顯然大部分肥胖者，甚至包括珊卓拉，都不是因爲瘦身素基因突變造成的。但還有另一個可能：或許超重會提升珊卓拉的瘦身素量，這個理論經芬蘭學者在二十三對一胖一瘦的雙胞胎身上測試，其中肥胖者的瘦身素量

三倍於瘦的兄弟姊妹。在另一個實驗中，學者檢測了節食減肥者之前之後的瘦身素量，結果發現隨著體重減低，瘦身素量就降低，有些甚至達五倍之多。顯然瘦身素基因並不是因爲缺乏巧克力糖霜蛋糕而改變，因此這種降低應該是生理而非遺傳現象。

科學界還沒有放棄要找出肥胖症的遺傳基因，一部分是因爲他們知道，還有其他的突變會造成老鼠類似的體重問題。例如一種稱爲「糖尿病」的老鼠變種，會造成肥胖、發生糖尿病、新陳代謝不良，以及缺乏活動。糖尿病老鼠和肥胖老鼠有一大差別：糖尿病的老鼠對外在的瘦身素沒有反應。如果把糖尿病老鼠縫合在正常老鼠身上，正常老鼠會避開食物，最後餓死，這意味著糖尿病的基因造成瘦身素受體：感受到脂肪荷爾蒙存在的腦部蛋白質。如果受體檢測出瘦身素，就會告訴身體停止進食，開始燃燒脂肪。

學者最後分離出老鼠和人類的瘦身素基因，發現它主要位於腦部的進食中樞視丘下部。脂肪細胞飽滿豐盈時，就會製造瘦身素，瘦身素到達腦部，和受體結合，於是減少食物攝取，增加新陳代謝，因而瘦身素受體必須一方面在腦中傳送訊號，抑制飢餓，一方面把訊號送到身體各處，增加新陳代謝。

新陳代謝

瘦身素受體經由一個自視丘下部到脊柱，再由脊柱到神經以刺激脂肪組織的通路，傳送訊號給身體，增加新陳代謝。包圍脂肪細胞的神經末稍釋出正腎上腺素，和 β 三腎上腺素激

導性受體（3-adrenergic receptor）相互作用。

β三腎上腺素激導性受體可能和肥胖有關，來自兩個初步的證據。首先，以類似正腎上腺素的藥物刺激受體，會使得脂肪細胞開始燃燒，第二，肥胖老鼠的脂肪細胞擁有的β三腎上腺素激導性受體，是正常老鼠脂肪細胞的三百分之一，而這些少數的受體也沒有正常的功能。這個理論在人類身上是否也會發生作用？一組跨國科學家乃檢測了過重的亞利桑那皮馬印地安人。皮馬族的這個受體是否有什麼瑕疵，使得他們過重？學者挑選了十名肥胖又受糖尿病所苦的皮馬族，檢測其DNA中的β三腎上腺素激導性受體基因，結果非常驚訝地發現，十個印地安人中，有五名有同樣的突變。

學者擴大檢測了六百四十二名皮馬族人，發現這個變異並不是決定個人是否會得糖尿病，而是何時會罹患糖尿病。擁有兩個突變基因（雙親各一）的人在三十六歲罹患糖尿病，比只有一個突變基因者早四年，比沒有這個基因的人早五年。此外，擁有這種突變的人，新陳代謝率似乎比沒有突變的人低；他們燃燒的精力較少，也不回應腦部送出的訊號。在其他地方找到同樣的基因變異也有相同的效果，例如在芬蘭所作的研究中，擁有此突變基因的人，糖尿病發的年齡較沒有突變的人早。

芬蘭的這項研究也檢視了受體基因對體型的影響。在接受檢測的手足之間，擁有突變基因的人，腰臀比例較沒有突變基因的手足大，雖然他們在同一個家庭中一起長大。這有一個可能的解釋：這個特別的受體在膽周圍的棕色脂肪細胞上最為活躍。

受體對腰圍的影響也和中年時期寬廣的腹部相關，大部分人隨年齡增長，腰圍不免略寬，但針對巴黎中年男子的研究也發現，這個受體亦有牽連。研究比較了一百八十五名肥胖到病態的人和九十四名體重正常的人。在受測者由二十至四十五歲這二十五年的期間，擁有突變基因的人增加了三十磅（約十三點六公斤），而一般人則增加了二十三磅（約十點四公斤）。

珊卓拉很可能就是有這種 β 三腎上腺素激導性受體基因突變的人，她的情況和有這種突變基因的人非常相像，這也能說明爲什麼她的肥胖和糖尿病這麼快就發作。如果她早知道有這樣的突變，如果醫師早一點檢測她的DNA，告知她有這方面的問題，情況會不會改觀呢？由珊卓拉的行爲看來，也許一切依然。她眼前早有警告：母親就是她的榜樣，但她並沒有減少進食，更沒有多運動。也許聽說了關於肥胖基因的特別訊息能使她注意，但就算知道了這樣的訊息，行爲上不改變也是沒有用的。因爲到目前爲止，這個突變還無法以基因方式矯正，無法改變受體，唯一的辦法是在得知自己有這種突變基因之後，改變行爲，以對大自然的知識來改變後天的習慣。

飢餓感

瘦身素對飢餓的作用，就像對新陳代謝一樣，是經由第二個使者間接傳遞。在飢餓時，這個使者是一種分子，因神經胜肽Y（neuropeptide Y，簡稱NPY）這種刺激食欲的瘦身素分子而產生，把NPY注射到腦部主司開始進食的中樞視丘下部側部時，就會使老鼠狼吞虎

嘛。縱使科學家在食物中攙了奎寧，使得味道極爲難吃，老鼠依然會大口吞食。在NPY的影響下，縱使老鼠知道舔舐牛奶會遭電擊，依然不能克制自己。

華盛頓大學的帕米特（Richard Palmiter）培育了一群沒有NPY基因的老鼠，這群老鼠既缺乏使他們開始進食的基因，應該骨瘦如柴才是，但外觀看來很正常。等到這些老鼠和肥胖老鼠（沒有瘦身素）交配之後，缺乏NPY的效果才顯現。生下來的老鼠依然肥碩，但只有一般肥胖老鼠的一半。這個實驗顯示，缺乏瘦身素的老鼠食量驚人，NPY有影響，但還不是全部的原因。

這些實驗也傳達了壞的消息，因爲我們可由其中看出飲食和熱量消耗兩者不變的關聯。新陳代謝和飢餓都源自瘦身素，因此天生飲食會過量的人，消耗熱量的速度也較慢，兩個特性齊頭並進，因爲它們出於同源。由進化的觀點來看，這點自有其意義，因爲這樣的人在饑荒時，就占了優勢，但在目前富庶的社會環境下，這樣的人反而得花最大的工夫，才能保住身材不致變形。

另外還有其他的基因控制我們會喜愛什麼樣的食物，有些人就是抵抗不了對健康不利的飲食。這是一九三一年意外發現的結果，當時杜邦公司的化學家福克斯（Arthur Fox）剛剛合成一種新化合物苯基硫脲（phenylthiocarbamide，簡稱PTC），實驗室因發生爆炸，化學物質處處散落。恰巧有位科學家吃到一點PTC，這個合成物並無毒害，但科學家抱怨味道非常苦。福克斯本人嘗了一口，沒什麼感覺，他爲這發現興奮不已，決心要做個實驗。他在開

會時把PTC樣品分給大家品嘗，百分之二十五的受測者表示沒有任何感覺，一半的人覺得有點苦，另外百分之二十五則覺得苦得難以入口。福克斯結論說，他和少數人是屬於無感的一群，而正常口味的人會覺得此物略苦，至於不能容忍這種苦味的人，則是超級敏感者。

科學界追蹤了整個家族之後，發現品嘗PTC的能力可以追溯到單一一個基因，稍後的研究顯示，這個基因會調節味蕾的數量，而味蕾又會把神經訊號傳送給大腦的味覺、痛覺、體溫和觸覺中樞，其間的差異相當驚人：超級敏感者，每平方公分約有一千一百個味蕾，而無感者每平方公分只有十一個味蕾。僅僅是味蕾的不同遺傳，就會對什麼好吃什麼難吃有深遠的影響。超級敏感者覺得，如糖霜這種甜的食物太甜、如乳脂這類的高脂食品太油、而如花椰菜、生菜等有益健康的食物太苦；他們寧願選擇微溫的食物，而不要燙得直冒氣或冰冷的食物。無感者則什麼都吃，不論是甜或油的食物、辣椒或薑等刺激物。據耶魯大學巴托舒克（Linda Bartoshuk）和盧奇納（Laurie Lucchina）博士的研究，在較年長的女性中，超級敏感者對高糖高脂的食品敬謝不敏，因此較瘦，膽固醇量亦較低。這些較瘦的女士意志並不特別堅強，只是不那麼喜歡吃對她們健康無益的食物罷了。

脂肪未必不好

人人喜愛甜食，因此我們有甜甜圈鋪和冰淇淋店，而沒有花椰菜攤或葡萄柚坊。如果身體不會把油或糖轉爲脂肪，那麼大家盡可開懷大吃。在某些地方，脂肪依然能助人度過嚴冬

或艱困的時光，不過對現代先進國家的人而言，脂肪卻是威脅。我們如此富庶，何必在體內貯存脂肪？與其讓脂肪累積在腰部，何不以食物的形式把它裝在冰箱？我們隨時可以得到食物，因此理論上我們並不需要把它保存在皮下。

美國國家衛生研究所的文森（Chuck Vinson），培育出幾乎無脂肪細胞的老鼠，可以想見的，這些老鼠都瘦得皮包骨，相繼發抖而死。這個問題在用保溫墊包住籠子之後解決了。這批骨瘦如柴的老鼠還有另一項缺點：個性。牠們不但非常神經質，而且愛找麻煩。牠們自己不會主動在籠內活動，但當要到籠中抓牠們的時候，牠們又叫又跳，扭個不停。很容易就知道哪些老鼠是無脂肪基因的，因爲牠們永遠是最難抓的一群。牠們也經常無故挑釁，籠內總有血和毛。文森不禁摸著自己彌勒佛般的圓肚子，笑稱：「胖而樂，瘦而哀。」

人總是把胖和快樂想在一起，如聖誕老人或跳舞的大熊都是越胖越好。但世界上也有許多不快樂的胖子和依然歡欣的瘦子，只是某些特性的確會使人先天有暴食的傾向，尤其在某些情況下。我們那受到遺傳影響的個性，對我們的行爲有極大的控制力，而飲食與行爲又息息相關，所以如果說個性和體重無關，才眞教人驚訝。有些基因會控制新陳代謝或飢餓，因而直接影響體重，但也有些基因會塑造個性特質，影響我們如何進食，吃什麼，及多常吃。

情緒造成的飲食過量

就珊卓拉的情況而言，我們不知道她是否有生理上的問題導致肥胖，但我們可以確定她

用食物作爲情緒上的支持，隨著生活中的壓力增加，她攝取的食物也增加。她並不需要更高的熱量，她是在塡補無法滿足的情感飢餓。

再看看喬治的例子。他是一位極爲成功的教授，是個好丈夫，也是五個孩子的好父親。身爲虔誠的摩門教徒，他一生努力工作，他所擁有的一切都是辛苦賺得的，他的事業生涯足爲典範。他四十歲就當上了系主任，也一心要當好丈夫和好父親，而隨著家庭發展，他也得更早起晚睡。他淸晨五時起床，才來得及在六時半抵達辦公室，辛苦工作直到下午四時，下課鐘一響，就算句子才寫到一半，也立刻停下來趕回家晚餐。餐後做完家庭作業、各種雜事和家庭活動之後，太太把孩子們趕上床，他則打開鼓得滿滿的公事包，繼續工作到深夜。太太會再下樓來給他送點宵夜，向他道晚安。

喬治有個弱點：點心。他每天一大早起來吃早餐，午餐也跟著吃得早，到準備回家的時候，他已經餓昏了，因此總會帶點心上路。他打開收音機，拿出一盒餅乾或一袋甜甜圈，或幾塊巧克力糖棒，他發現這些零食的確能紓緩他的緊張，等他回到家門，早已把工作拋諸腦後，能夠專心在家人身上。家庭生活實在美好，他愛極了孩子們蜂擁而出爭著要他抱的景象，通常總有一個坐在他肩上，兩手各夾一個，飯桌上早有各種健康的食物等著他開懷大嚼。喬治祝禱之後，全家開動，邊吃邊談今天發生的一切。人生的確美好。

喬治剛當上系主任時，只超重十磅(約五公斤)左右，還不算胖，不過比他大學時代差多了。他原本有慢跑的習慣，但實在不可能繼續保持慢跑而又能早到辦公室。後來他試著在午

餐時運動，但總有同事或學生進來打斷。不知不覺中，他變得經常坐著不動。兩年後他得去買更大號的新衣，他得改穿吊帶而不能再用皮帶，擠不下的格子外套只好吊在衣櫥裡。再過幾年，喬治眞的胖起來，他依然快樂，對自己的體重也並不特別在意，他覺得自己是體型大而非胖，而且也不覺得應該以一個人的體形來評斷他的價值。喬治知道他是因爲壓力而進食，但他覺得這總比吸菸喝酒好。

麻省理工學院臨床研究中心營養行爲研究小組的組長韋特曼(Judith Wurtman)，對於像喬治這樣的人很有興趣，稱他們爲「情緒造成的飲食過量者」。她認爲飢餓有兩種，一種是身體上的飢餓，針對身體對營養的需求而來，另一種是心理上的飢餓，「源自於我們對安撫慰藉的需要」。據韋特曼的說法，心理上的飢餓關鍵在於血清促進素——與神經過敏和逃避傷害及侵略與敵意這種種個性特色相關的神經傳遞素。血清促進素和沮喪、焦慮、緊張、急躁、挫折、憤怒、壓力和心理上的疲倦息息相關，生理上的飢餓可以藉著攝取各種營養食物得到滿足，而心理上的飢餓則只能由供應血清促進素的食物得到滿足。

對有這種渴望的人，如果攝取高血清促進素的食物，或者服食不含卡路里的血清促進素藥丸更好，似乎就可解決問題了。但血清促進素不能直接由血液進入腦部，身體必須藉著甜食和充滿澱粉的碳水化合物，提升腦部色氨酸的供應，而色氨酸則是構成血清促進素的氨基酸。由於碳水化合物並不含色氨酸，因此這個系統更形複雜。碳水化合物經消化之後，產生胰島素，促進葡萄糖和除了色氨酸之外所有的氨基酸進入細胞，作爲精力來源。一切都消失

之後，色氨酸集中留在血液中的量就高起來，因此當血液進入腦部，就會變成血清促進素。

矛盾的是，蛋白質對血清促進素的效果恰巧相反。蛋白質和碳水化合物不同，它含有色氨酸，不過，是最少量的氨基酸。這表示，吃一塊沙朗牛排會使血液中充滿其他的氨基酸，使得色氨酸無法進入腦部，這好像要擠上已經滿載的火車上，偏偏沒有空間。而碳水化合物的火車上總有空間，所以你覺得沮喪消沈時，首先掠過腦際的是餅乾、蛋糕或是洋芋片。若你注意自己的飲食，就會發現，在吃豬排或牛肉乾之前，會想來碗麵食，腦部需要血清促進素，而最佳的攝取方式是藉碳水化合物取得。另一種方法則是藉藥物，這說明了為什麼一般減肥藥如「芬芳」(fen-phen) 或 Redux，會含有以血清促進素為目標的 dexfenfluramine 成分。

在麻省理工學院的臨床研究中心，受測者通常在用餐時間都正常適量的進食，但他們常在午飯或晚餐兩、三小時後，藉零食攝取高達一千卡路里的熱量，而這些受測者通常也選擇如餅乾、糖棒、洋芋片等碳水化合物，而非如優酪乳、乳酪、冷盤肉或甚至熱狗之類的蛋白質。受測者說，他們通常在覺得沮喪、消沈、疲憊或焦慮時吃點心，他們的飲食習慣的確可以支持血清促進素的解釋，但也可能是因為他們本來就喜歡餅乾勝過冷盤肉，或是因為過去某些經驗，覺得某些食物更能撫慰他們。

在實驗中，受測者拿到一種富含碳水化合物的飲料和一系列的問卷，並接受訪談，以測試其心情。稍後他們得到同樣口味但富含蛋白質的飲料，以及相同的心情測驗。蛋白質飲料

對他們的情緒並任何影響，但碳水化合物的飲料使他們不再那麼憂鬱，甚至更爲活潑。學者後來更讓一部分的受測者服用 dexfenfluramine 和寬心劑，結果發現，服食血清促進素藥物的人，吃零食的量縮減了一半。

我們自己在衛生研究所的研究，顯示個性和血清促進素及過重是相關的。我們收集了五百餘名受訪者的身高體重及個性資料，這些受測者是因其他非關體重的問題受訪，他們的身材不一，由骨瘦如柴到豐滿肥胖都有。我們比較體重和個性的關聯之後，發現最強烈的關聯在於衝動，也就是和神經過敏或感情用事相關。分數高的人常有難以抵擋的欲望，雖然後來他們可能會後悔；分數低的人則比較容易抵擋誘惑。體重質指數與沮喪和憤怒敵意也有關聯，不過不強烈。這意味著情緒的敏感和飲食相關，或者反過來說，飲食和我們如何回應情緒也有關。

這些實驗顯示，飲食習慣和我們的個性特色，如神經過敏、逃避傷害、緊張、憤怒和沮喪均有關係。這些特色都是因血清促進素造成的，因此飲食習慣也部分受制於血清促進素，控制的基因還沒有找出來，但搜尋的工作已經在進行。

飲食失調

三十年前，在以老鼠聞名的傑克森實驗室，有一名大學生參與了夏日研究計畫，我們且稱之爲貝絲。貝絲瘦如竹竿，皮下可見肋骨，她穿的運動衫和短褲根本是輕飄飄地包在手臂

和雙腿上。她工作認眞，是個好學生，和我們沒什麼差別，只有一點例外。貝絲用餐時總是吃得不多，什麼都不合她胃口，謠傳她有某種疾病，我們所有年輕的科學家都認爲，可能是和新陳代謝有關的毛病，使得她進食困難。不過奇怪的是，她雖然吃得很少，卻總會由餐廳打包帶回實驗室。她午餐幾乎什麼也沒吃，但會在餐廳包一大塊火腿三明治，放在包包裡帶回去。晚餐時她會小心翼翼地包一塊雞肉帶回宿舍。她實驗室的冰箱和宿舍房間裡，滿是一包包的食物，全都細心包裹，妥善收藏。

如今看來，貝絲罹患的很明顯是神經性厭食症，症狀是極端恐懼進食，使得體重降低到危險甚至致命的地步，爲了要保持纖瘦可以說是餓死。這種毛病幾乎只見於女性，尤其是青春期的少女身上。每一百個少女，就有一個患厭食症。這些年來，許多學者都提出神經性厭食症的病因：媒體和流行文化對女性身材不切實際的期望、童年時期遭受虐待、性壓抑等等。其實厭食症應該說是一種生物學疾病，由於扭曲了對饑荒所產生的自然生理反應而來。

我們可以由囤積行爲看出端倪。想像一下發生了饑荒，沒有人能得到食物，於是，毫無疑問，經演化而來的正常反應，是偷偷藏起所有找得到的食物。厭食症的誘因不是饑荒，而是刻意要減輕體重的欲望，通常總是以女孩節食以減輕一點體重開始，但在她減重後，發現人生依然沒有改變，她又繼續減重，企圖減得更多，而同時她卻依照祖先在饑荒時的習慣，憑本能囤積食物，不同的只是她並不會去吃這些現成的食物。

因此，厭食症者只是把身體對食物被剝奪時的反應發揮到極致。德國馬堡大學海貝布蘭

德（J. Hebebrand）的研究也證明，厭食症的婦女瘦身素量較低，就和眞正飢餓而死的人一樣。問題並不在於這種行爲爲什麼會發生，而是它爲什麼不停止。個性可能就是其中關鍵。雙胞胎研究顯示，厭食症有極大的遺傳因素，也常同時出現神經過敏、沮喪、自信低落和不穩定的情況，因此要找出這個教人困惑的常見毛病的基因，自然應以和飲食相關（如牽涉瘦身素）的基因，以及和牽涉情緒（如血清促進素）的基因爲著手的方向。

另一種常見的飲食失調是神經性飢餓症，症狀是無法控制地拚命大吃，尤其愛吃零食甜點，接著又以嘔吐或用瀉藥的方式，把剛吃下去的東西全都排洩出來。有趣的是，大吃的時間通常都發生在近黃昏或晚間時分，正是肥胖者渴望碳水化合物的時間。這顯示飢餓症也許是麻省理工學院韋特曼所研究的情緒性過食的極端例子，而血清促進素的藥物的確對這種疾病小有療效。

在肥胖的社會中保持纖瘦

我們生活在以瘦爲時尚卻不斷增胖的社會裡。流行文化中，處處可見小腹平坦、弱不禁風甚至營養不良的「美麗」模特兒，而若你眞的在機場或購物中心坐看來往行人，卻會發現他們眞是胖。美國人的體重不斷爬升，可能到了危險的地步。現代人把大地的脂肪帶在臃腫的身體上，而問題的根源正在於人類征服了大自然，有些人甚至不需要費一絲力氣就能生存。才不過幾千年前，人類還得費盡精力才能衣食無虞，如今食物卻已經和飢餓及生存無關。我

們爲了各種理由進食，並不只限於生存，而我們也創造了各種特別的場所讓自己作體能上的運動。在大部分的工作都是坐著完成的社會，「休閒」意味著運動。

我們對瘦著迷，反而導致某些人更胖。原因是激烈的節食會使身體恐懼因飢餓而死，身體對食物突然短缺的自然生理反應，是讓脂肪細胞減少瘦身素的產生，於是在體內發送出強烈的訊息，要多吃並貯存熱量。因此溜溜球式的節食——瘦下去後又復胖，然後再減肥，瘦了一些，又再發胖，如此循環——不但不能減經體重，反而讓體重增加。

我們面臨的難題正是因社會的成功而造成個人的新挑戰。我們可以外出買一個漢堡，而不必去獵取一頭野豬；我們可以看電視，而不必攢木取火，但對適應石器時代生活的身體而言，風險太大了。就連基因「正常」的人，也必須一邊崇拜纖瘦的身材，一邊和每天轟炸我們的各式新口味美食奮戰。

也許折衷之道方爲上策。我們的確得注意自己的飲食運動，我們的確該避免肥胖，但只要體重和外觀正常，就不必強求。能夠解脫社會求瘦的壓力，的確教人覺得鬆一口氣，尤其是情感上最容易受傷的青春期男女。我們對自己的身材和體型已經花了太多工夫，如果電視廣告不再強調塑造小腹魔鬼曲線，而廣告大腦多作運動的機器，該有多好！

8 關於不老的夢

我們有求生的強烈本能，也有對死亡的正確認識，
這使我們不斷改進生活的環境，以延長壽命。
此外，人人希望活得長久，或至少看起來年輕一點，
也幻想著能找到「青春之泉」。
如果能發現控制衰老的基因，
或許我們能夠防止或至少減緩衰老的過程，
也讓我們更可以預防隨衰老而來的某些疾病和不適。

馬丁和畢亞翠絲在二次大戰初期結褵，而和當時許多青年男女一樣，他們新婚燕爾就不得不分離。馬丁穿上陸軍制服，上歐洲戰場作戰，畢亞翠絲也爲此感到無比光榮。

由年輕時代開始，馬丁就一直是個一絲不苟的人。雖然他家境只是小康，卻總是穿著體面，梳理整齊。他喜愛穿著燙得筆挺的制服，也愛軍中生活的紀律。在陸軍裡，他精準的頭腦、敏銳的記憶、井井有條的作事方法，得以充分發揮。他奉派爲地形學工程師，負責前置作業，在發動攻擊之前先繪製灘頭和進攻路線的地形，上千條人命都依賴他的正確和精準，而他的確也不負衆望，表現優異。後來他改派往太平洋戰區，直到戰爭結束。

戰後馬丁繼續繪圖的工作，以平民身分在國防部擔任資深工程師，以優異的成績服務了三十五年。他和畢亞翠絲省吃儉用，在華府西北幽靜地區買了七成新的房子，撫養兩個兒子長大。他們的庭院總是整理得有條不紊，每逢節慶假日，也必然懸掛美國國旗。畢亞翠絲在孩子上學之後，到保險公司任職，近二十八年的努力工作贏得同事的愛戴與敬重。每一年，他們全家都設法籌錢一起去度假。

馬丁五十五歲退休，忙於擔任義工和教會的工作。他體能依然良好，只在晚年爲糖尿病所苦，不過，他以飲食和胰島素注射把病控制得很好。嚴格的飲食控制對馬丁不是難事，他鑽研了糖尿病，只吃該吃的食物，絕不碰一丁點巧克力蛋糕，更不會偷吃零食。馬丁以在過去工作中所展現的精準和紀律注意飲食。他覺得自己和當年被送往歐洲戰場時沒什麼兩樣，當然，他現在比較成熟圓融，也不像年輕氣盛時那麼容易發脾氣，但時間並沒有磨去他褲子

上筆挺的褶痕。

畢亞翠絲回顧他們最後共處的時光，見到了毋庸置疑的老化現象。最先是兩個兒子注意到馬丁不對勁，但她不肯相信。當然，都是些小事。有一次她聽到他凌晨兩點還在屋外掏鑰匙，邊咒罵車子，他最後進來，畢亞翠絲問他在做什麼，他卻像吃了炸藥似的生起氣來：「我想要移車，就是這麼簡單。」接著又有了錢的問題。他開始要五十美元的鈔票，每週還到銀行去提數百美元出來。他原本就很慷慨，但現在他還把錢分給朋友、親戚和碰到的每個人。畢亞翠絲不知道他給了多少，把錢給了誰。一位在馬丁存款銀行工作的朋友問他提錢做什麼用，他悄悄說：「我太太偷拿我的錢。」

然後，馬丁原本和緩的老化步調陡然加速，連一直不肯相信的畢亞翠絲也不得不承認事實了。由於他的健忘，鬆懈了對糖尿病的控制，身體自然受到折磨。曾有一次他坐在椅子上大口大口吃著大概幾十年都沒碰過的冰淇淋，大吃一頓之後，他起身把盒子放好，但二十分鐘後又打開了冰淇淋盒，再過半小時，他又開始吃冰淇淋。三、四次之後，畢亞翠絲終於干涉了，他卻對她大吼：「吃點冰淇淋有什麼好囉嗦的？」還把整個盒子丟到房間那一頭。

畢亞翠絲知道，生活出現了轉折，他們的「黃金年代」不可能如先前的計畫了。他們原本希望四處旅行、抱抱孫子，繼續在教會和社區中貢獻心力。如今她卻得在情感和財務上開始有所保留，並且作好心理準備。她不知道未來事情會演變到什麼樣的地步。

我們一生都在擔心年齡，但我們對這個過程的態度，端視我們處在什麼階段而定。孩子們迫不及待要過生日，青少年等不及達到可以擁有駕照或可以喝酒晚歸的年紀。二十郎當的人對流逝的光陰渾然不覺，一直到三十歲生日才驚覺時光飛逝。女性尤其在生育年齡結束之際，聽到生理時鐘響亮的滴答聲。我們還在思索「年老」究竟是什麼意思時，中年已悄悄降臨。我們比較自己和其他人的成就，突然有一天發現許多年輕人比我們更成功。我們看重的事物有了改變，我們的身體需要更多的照顧，到了某個時刻，過去的記憶遠超過未來的計畫，突然我們老了；然後死了。

我們總把身體當成機械，像是一輛可以載我們行萬里路，越過凹凸不平崎嶇路段的汽車，最後車胎磨平，閥門沒力，電池沒電，避震器的彈簧也鬆弛了。儘管許多零件可以更換，但汽車終有壽終正寢的一天。人也一樣，到了光靠換零件已無法維持時，整個人就垮了。

最近科學界發現了幾個和衰老相關的基因；以汽車比喻人體倒十分適合，不過原因和前述不同。人體原本的設計壽命就不長。汽車公司得以業務鼎盛，是因爲原本汽車設計就是需要更新淘汰，每隔幾年就得汰舊換新。人體也一樣，我們身體的零件會逐漸失靈，並不是因爲使用過度，而是原先的設計就是如此。我們因大自然汰舊換新的計畫而死亡，我們的基因藍圖中僅有極短的保固期。

我們天生註定不免一死——這眞奇怪，如果演化眞是如此有效率，何不選擇長壽的基因？爲什麼健康長壽的人不把基因傳遞下去，讓全人類的壽命都能延長？現代人的壽命的確比以

前長，但並不是因爲基因的關係，而是因爲近年來環境有了長足的進步，飲食更好，也有保健制度。其實就演化的觀點而言，基因沒有理由要爲了讓我們長壽而改變。總有人會因純屬環境的因素死亡，例如意外、掠食生物或疾病，因此眞正重要的基因是能夠在生命前期生存的基因。生物一旦超過生育期，就演化而言便不再有價值。在你貢獻出精子或卵子之後，基因不再在乎你的存亡。

我們天生的設計並非要死亡，而是只要活得足以繁衍後代即可。死亡對我們人類或許有利，不過這純屬臆測。也許，死亡的好處是可以把資源空出來，貢獻給有生育能力的年輕一輩，繼續傳遞基因。也或許是因爲死亡的恐怖，使我們樂於生育，繁衍子孫。不過不管死亡有沒有目的，對物種的持續繁衍都沒有多大的關係。讓我們在生育期強壯健康的基因，對於我們整個物種的益處遠大於使我們長壽的基因。

人人希望活得長久，或至少看起來年輕一點。我們有求生的強烈本能，也有對死亡的正確認識，這使我們不斷改進生活的環境，以延長壽命。此外，由於虛榮的力量作祟，我們依然幻想著能找到「青春之泉」，但如今追求長壽的行動已經轉爲探索我們的基因碼。如果能發現控制衰老的基因，或許我們能夠防止或至少減緩衰老的過程，也讓我們有更多機會預防伴隨衰老而來的某些疾病、殘障和不適。**也許，發現衰老基因最重要的結果，是明白了哪些是不可能改變的，哪些身心的衰頽是不能避免的，而我們的晚年也可以藉醫療的進步、健康的生活，以及積極的想法而更愉快。**

長壽的遺傳

一般人認爲，如果父母親都長壽，那麼子女也較可能長壽。許多科學實驗證實，長壽可能和遺傳有關。一九三四年，在約翰霍普金斯醫學院一項破天荒的研究中，兩位姓波爾（R. Pearl & R. W. Pearl）的科學家，訪查了一群九十歲以上的人，證明他們的祖先多半很長壽。四十年之後，該校新一代的科學家繼續追蹤這群人瑞的子女，發現他們也都很長壽。

究竟遺傳與長壽有什麼樣的關係？最好的例證來自一個雙胞胎實驗。針對一八七〇至一九〇〇年出生的兩千八百七十二名丹麥雙胞胎所作的調查發現，同卵雙胞胎的死亡年齡比異卵雙胞胎接近，顯示出基因的影響。不過影響並不很強：長壽的遺傳性在男性約爲百分之二十六，女性約爲百分之二十三，而決定人能活多久的變數，大部分是在於看來毫不相關的個人因素而非家族因素。就是這還算普通的長壽遺傳性，也可能分布在很多不同的基因上。有人估計，人體約十萬的基因中，有七成對壽命有所影響，因此就有七萬個「壽命基因」，這麼龐大的數字不禁令人卻步，尤其第一手資料又那麼少（自有遺傳學以來才只有幾個世代而已）。

但有些人依然不畏困難，想要找出衰老的基因。一九七六年，羅斯（Michael R. Rose）在英國瑟克斯大學作遺傳研究生的時候，開始在牛乳瓶中培養他的「家族」。他在瓶中裝滿營養物質，放了兩百隻受精的雌果蠅進去。五週後，果蠅已經到達生育期的盡頭，羅斯收集了

依然健康且有生殖力果蠅的卵，養育新的一代。再過五週，他又收集了最長壽果蠅的卵，不斷重複這樣的過程，每一次都選擇最長壽果蠅的子孫。果然如他所預期的，新一代的果蠅都活得比上一代稍微長久。

如今羅斯已經培育出百萬隻果蠅，而且這些果蠅還在繼續繁殖，經過長壽的篩選。羅斯現在有加州大學厄文分校五十名研究助理協助他作這個研究，目前他所培育的果蠅壽命已經是祖先的兩倍，而且還在持續增加。如果牠們是人類，壽命就已經達一百四十歲了。羅斯稱這些壽命長達一百二十天的果蠅爲「瑪撒拉果蠅」（Methuselah）。瑪撒拉是聖經中一位人瑞的名字，他活了九百六十九歲。

羅斯的實驗說明了兩個重點。第一，基因在衰老的過程中舉足輕重，長壽的果蠅並不是因爲醫藥進步、健保制度或是汽車安全帶而延長壽命的，牠們和其他果蠅的不同只在於基因，而且羅斯是以培養而非干預的方式「自然」生成的；第二，衰老基因的數量必然非常龐大，如果只是少數幾個基因，那麼羅斯的實驗老早就可以結束了，因爲只需幾個世代就可以選擇出最優良的基因。羅斯依然在培育長壽的果蠅，意味著依然還有許多尚未找出的衰老基因庫，而要找出這些基因，必須先了解衰老基因如何運作。

身體生鏽

艾默瑞大學醫學院的華勒斯博士（Dr. Doug Wallace）曾展示細胞老化的幻燈片。二十四

歲時的細胞在幻燈片上不但緊繃，而且展現了完好的色帶。三十三歲時，色帶依然清楚，但邊緣已經開始模糊了。隨著年歲增加，色帶開始鬆墜退化，在最後一張九十四歲的幻燈片中，可以看到原先的色帶已經完全消失，只剩下一片朦朧。這些幻燈片展現了年歲如何侵蝕了包含在粒線體的DNA。我們以一萬六千五百六十九個鹽基的粒線體基因組展開生命，但隨著我們老化，細胞分裂，總有錯誤、省略和刪除。而由於失去的DNA不能取代，因此人到了八十歲，就幾乎沒有任何基因組能保持原封不動了。

失去DNA是另一種更普遍的退化過程——氧化——的跡象。每一個人體細胞每天都使用約一兆分子的氧氣，但並非所有的氧氣都是好的。含有自由基這種未配對電子的氧氣，是人體內最活潑也最具破壞性的毒素。由於自由基多帶一個負電，因此會胡亂把自己依附在多種不同的分子上，它們攻擊DNA、蛋白質和脂質，造成皮膚上的老人斑，也破壞細胞的修復和再生。

氧氣和金屬結合時，稱作生鏽，而當由氧氣生成的自由基攻擊人體細胞時，就稱作老化。我們賴以維生的呼吸，其實也使我們的身體生鏽，因此等於屠殺自己。我們年輕健康的時候，細胞能夠修復和取代自由基所造成的破壞，但當氧氣攻擊修復和取代的機制時，我們的細胞新陳代謝和造成突變的DNA（包括導致癌症者）就容易受損。

氧化的老化理論可以預言：促進自由基產生和破壞的基因，會加速老化，而阻止自由基或增進細胞保護自己能力的基因，就能延長壽命。學者已經在一種非常不可能的生物身上測

試這種理論：一種小蟲。

這種以細菌爲食的圓蟲只有一毫米長，是雌雄同體，亦即可以自行授精，只活九天。它的基因至少有四成和人類相同，而它短暫的生命也可以極度壓縮的形式，反應出人類的壽命。這種蟲在衰老的過程中，最先是喪失生殖力，接著動作逐漸遲緩，保護自己不受氧化傷害的能力也衰退，DNA中累積了錯誤和改變，尤其是在粒線體DNA上，接著死亡到來。如果細心培育，可以產生一群超級小蟲，能夠有五倍於一般的壽命，相當於人類活到三百五十年左右。這是藉著結合數種和衰老有關的不同基因而達到的。

第一個延長壽命的突變，在名爲「年齡一」(age-1) 的基因中發現。這個基因的突變異種壽命是正常圓蟲的兩倍，而且在年輕時期和其他圓蟲一樣健康活潑，繁殖力強。這種變種老化時，不論喪失行動能力的速度或是粒線體DNA突變的累積，都比其他的蟲慢得多。

科學家想要了解，這些蟲得以長壽是否因「年齡一」基因保護牠們免受自由基之害，因此讓這些蟲暴露在高密度的氧氣或是製造自由基的化學物質中。變種蟲的確在幾方面表現得比一般蟲子更強健，牠們更能抵抗自由基、熱度及紫外線（製造自由基）。變種的細胞促進兩種酵素的量：過氧化氫酶和過氧化物岐化酶（superoxide dismutase，即SOD），而這兩種酵素能夠把有毒的自由基轉爲較溫和的分子。因此，擁有「年齡一」基因的蟲，的確更能抗氧化。

另一種變異也減緩了這種蟲的生理時鐘。擁有這種稱作「時鐘」基因的蟲，發育較一般

的蟲慢，生活的步調也較慢。牠們的一切都放慢速度：胚胎的發育延遲了，細胞的分化得花更長的時間，動作和游泳步調慢吞吞，甚至排便也放慢了速度，死亡亦然。牠們的壽命增加了一半以上，彷彿這些蟲生活在時間減緩的另一個世界。對於這種延長的壽命，一種可能的解釋是基因減少了自由基的累積，或是增加了分解毒素的酵素累積。

甚至正常的蟲對生命的步調，都比人類有更高的控制力。在遭逢旱災或饑荒時，蟲子可以蟄伏進入冬眠期，等情況改善再恢復正常生活。某些基因突變促進了這種冬眠的狀態，使壽命加倍，在冬眠期，蟲子不吃不動（也不會累積由自由基而來的損害），但依然存活。學者讓冬眠期長和生理時鐘慢的蟲雜交，培育出壽命長達一般蟲五倍的蟲子，破了紀錄。

在蟲子中所發現的延長壽命基因很重要，因爲它們和氧化壓力相關，這是和造成人類衰老相同的機制。同樣的基因是否會在人類身上發現，還有待了解，學者已經著手進行。

人類老化基因

醫學界已經發現了幾個和人類老化相關的基因，有一個病例曾發現，某一個單一的基因對壽命有嚴重的影響。一九〇四年，一位名叫魏納（Otto Werner）的醫生，曾報告過一個早老家族。這種症狀的人似乎有特別迅速的生理時鐘，因此在幾年內就過完一生：出生、童年、青春期、成年和老年，儘管依序來報到，但在短短幾年內混雜在一起。魏納懷疑這可能是基因造成的，果然不錯。這個現在稱爲「魏納氏症」（Werner's syndrome）的症狀，是在單一隱

性基因發生突變而造成的。在子女繼承了雙親的突變基因時，才會發生這樣的情況；只有一個「壞」基因的人，不會有任何早老的症狀，但如果兩個基因都有突變，就會造成早老的許多現象，由頭髮花白到皮膚起皺紋，到癌症。

基因輿圖顯示，魏納氏症的基因在第八號染色體的短臂上，但科學家無法指出確切的位置。普吉灣退伍軍人事務保健制度的舒倫柏（Gerard Schellenberg）率領一個國際小組，以此為研究目標，但遭遇挫折。他們的問題在於不知道這個基因的功能，因此不知道究竟要尋找哪一種基因。唯一的解決之道是要先確定該區每一個基因確切的序列，而總共有一百二十萬個鹽基。不過當他們發現了，唯有出現此症狀者才有的小段DNA時，辛苦終於有了代價。

雖然這個小組找到了基因的位置，卻不知道它究竟有什麼功能。他們用超級電腦比較神祕基因的DNA序列，以及整個DNA資料庫所有已知蛋白碼的基因（由單細胞細菌到人類各種生物，共約一百五十萬個序列），這就像在全世界執法機關的資料庫中比較一組指紋一樣，只是這個資料庫包括人類和其他物種的資料。結果DNA碼找出了在蟲、酵母菌和一種細菌中也有的一種基因。

這種基因是解旋酶（helicase），一種解開雙螺旋DNA的酵素，不妨想像成把環狀樓梯解開，改為直形階梯。這種解旋酶解開DNA分子，讓它接觸能促進種種反應的酵素，但這種樓梯在魏納氏症患者身上無法解開，造成DNA新陳代謝的不良後果：細胞分裂時，喪失了所有染色體，DNA序列有奇特的重複和增加的變異。掃除的酵素無法進入以修補正常的消

耗磨損，因此破壞就一直累積。魏納氏症病人經常罹患癌症，最可能的原因是他們有致癌基因的突變。

魏納氏症病人還有另一個狀況。他們的染色體頂端磨損的速度比正常快。在所有的人類身上，染色體兩個頂端（telomeres，稱作染色體端粒）一起形成保護DNA分子的迴線，細胞每一次分化，複製的酵素無法完全翻轉迴線中的劇烈彎曲，因此損失了一點DNA。幸好染色體端粒並不含有任何基因，因此喪失的只是一點點無意義的DNA。如果把染色體端粒當作最後會磨損殆盡的緩衝物，那麼當染色體端粒短到不能再短的時候，問題就來了：細胞停止分化，雖然並不是眞正的死亡，卻停止成長。

由實驗室中培養的人類皮膚細胞，可以清楚看到萎縮的染色體端粒。嬰兒的皮膚細胞有很長的染色體端粒，經過約五十次分化到相當於中年之際，染色體端粒達到長度的極限，培養物就停止成長。如果細胞是取自染色體端粒短的年長受測者，就只會分化幾次，彷彿細胞用染色體端粒知道自己有多老似的。

這個過程，正是年輕肌膚飽滿光滑而年老肌膚粗糙多皺的原因。促使皮膚飽滿的是膠原蛋白，因皮膚細胞成長而大量生成。人年輕的時候，受損的皮膚細胞可以分化取代，但年齡逐漸增長，染色體端粒耗蝕殆盡，皮膚細胞不再分化，甚至開始產生破壞膠原蛋白的酵素。陽光中的紫外線也破壞皮膚細胞，使它們更快分化，加速這個過程。既然人一生中只有五十次分化，因此發生得越快，皮膚就越快老化。所以請善待你的染色體端粒，因爲它們可不在

乎年齡，而只在乎細胞分化。

魏納氏症的病人染色體端粒縮短的速度加快，由於缺乏解旋酶，使得染色體端粒加速喪失，細胞和器官也發生早老現象。在舉世已知僅有三十名患者的另一種極罕見的哈金森-吉爾弗症（Hutchinson-Gilford syndrome）中，這情形更為顯著。在這些病例中，皮膚很快起皺，使得孩子們看起來好像七老八十的人，心臟也開始衰弱，骨骼變得更為脆弱。罹患此症的人通常活不到二十歲就會因衰老而死。

如果染色體端粒眞的是縮減我們壽命的原因，那麼也許能藉著防止染色體端粒縮短，而增長我們的壽命。欲達此，一個方法是啓動一種稱作染色體端粒酵素（telomerase）的酵素，這個酵素能夠把DNA序列加回到染色體端粒。染色體端粒酵素在精子和卵子之中很活潑，使精卵細胞保持年輕，這也說明了為什麼年紀較長的父母親（染色體端粒較短），會有擁有年輕長染色體端粒的孩子。染色體端粒已經分離出來，而且也選殖出其基因，因此在原則上，可以藉著啓動體內的染色體端粒酵素基因來延長壽命。至少已經有一個生物科技公司在探索這種可能，但有一個問題。染色體端粒酵素不只在卵子和精子的生殖細胞內產生，也在癌細胞上產生。癌細胞會生成腫瘤並且轉移，完全是因為它們不知道何時該停止成長。因此若以延長染色體端粒來延長壽命，很可能會恰巧造成反效果：癌細胞可能加倍成長，造成死亡。

縱使我們能夠保護染色體端粒，因而延長人體細胞的壽命，但依然有一個器官不會獲益：腦部。腦部的構造來自神經原，而神經原很少分化，因此不會喪失染色體端粒。然而這並不

能防止神經原受損，而它們也經常是首先開始衰老過程的細胞。在這些情況下，身體依然健全，但腦部衰退。

一天早晨，馬丁站在洗臉檯前，但他並沒有如往常一般淋浴或刮臉，衣服也皺巴巴的。畢亞翠絲到廚房準備早餐，一如五十年來每天所做的一樣，但馬丁茫然望著她問道：「你是誰？你在這裡做什麼？」

馬丁已七十四歲，他的情況幾乎日日惡化。他的舉止怪異，經常因失去平衡而摔倒，血糖也狂飆，甚至有一度衝到幾乎陷入昏迷的程度，緊急送醫。等他情況穩定下來之後，被送往療養院，院方請畢亞翠絲三週內不要去探視，讓他適應。畢亞翠絲淚水盈眶，聲音嘶啞地說：「送他去療養院是我們最痛苦的決定，我不希望他在外面去世。」

專家檢視了馬丁，並來探訪畢亞翠絲，說明他的狀況：「他的身體還算不錯，依然強壯健康，但我得告訴你，他已經不再是以前的他，你不再有丈夫了。你得明白這個事實，才能繼續過你的生活。他的心智已喪失，身體亦將隨之而去，因為身體是受心智指揮的，心智教你吃喝拉撒，一切都會因心智喪失而消散。」

專家說的果然沒錯。馬丁到七十七歲的時候，身體完全失去功能，他去世了。喪禮在他與畢亞翠絲結婚生子度過五十餘年的老房子附近舉行，弔唁的賓客擠滿了一屋子，他的兒孫在門口迎接親友。

衰老的腦

馬丁迅速衰老的經過聽起來似乎很熟悉。有些人衰老了，心智依然清明，直到生命最後一刻。也有許多人在衰老的過程中，變得健忘、混亂，無法集中注意力，他們或許記得五十年前所發生的事，但十五分鐘前的事忘得一乾二淨。回憶混在一起，思緒亂成一團，辭彙忘得精光，閱讀的能力也喪失了。從前總認爲這樣的過程是正常的，是衰老時不可避免的，如今這樣的人，包括馬丁，被診斷爲阿茲海默症。

四百萬名美國人患有阿茲海默症，這也是美國人的第四大死因。這個病於一九〇七年由德國醫師阿茲海默（Alios Alzheimer）發現，他切開癡呆者的腦部，發現和死亡時依然心智健全者的腦部不同，僅僅由外觀就可識別出明顯的差異。癡呆者灰質皺褶之間的回間溝就比正常腦部大，顯示腦部組織損失，尤以專司記憶的海馬和控制中樞新皮質爲然。腦部專司記憶和思考的區域消失了。

阿茲海默醫師用顯微鏡觀察，發現這種疾病有兩個特殊的跡象：斑塊和纏結。這些斑塊是一種稱作 β 澱粉樣蛋白質（beta-amyloid）的蛋白質結成的濃厚沈澱小塊區域，很像埋在沙中的幾分錢幣。而在這些斑塊的周遭，則有退化腦細胞所構成的纏結交錯的網。在健康的腦部，神經元的軸突和樹突優雅地伸出，形成腦部通路細密的網線，像漁船的索具，但在阿茲海默症患者的腦部，這些網線纏結扭曲混亂成一團。

這種β澱粉樣蛋白質的斑塊，和成年唐氏症（Down's syndrome）患者腦部所見的斑塊極爲酷似。唐氏症是因第二十一對染色體上有三條而非正常的兩條，因而形成心智障礙。因此科學家也著手研究，阿茲海默症是否爲第二十一對染色體上的基因造成。多倫多大學的海斯洛普（Peter St.George Hyslop）及同僚，針對一個有許多阿茲海默症患者的特別家族調查，這個家族的成員全都在約五十歲左右就發病。學者在第二十一對染色體中，分離出澱粉樣蛋白先導蛋白質基因，這種蛋白質經分解產生腦部斑塊的β澱粉樣蛋白質。患者全都有一種基因突變，使β澱粉樣蛋白質增加，並破壞腦部。

在這個家族中，這個基因似乎是阿茲海默症的單一原因，但經查驗其他患者之後，發現其他人多半並沒有這個基因的問題。最後，家族性阿茲海默症患者在第二十一對染色體上造成斑點突變的，只有百分之二至三，破壞腦部細胞的應另有元凶。

科學家再擴大範圍，研究其他很早就發病的阿茲海默症家族，包括在遺傳方面很少和外人混雜的伏爾加族（Volga）德國人，這些人的祖先可以追溯至俄國的兩個村落，是極有價值的研究對象。不久，又發現了兩個可疑的基因，presenillin 1 和 presenillin 2，位於第十四對和第一對染色體。presenillin 基因在皮膚細胞上發揮作用時，會造成早期罹患阿茲海默症者同樣的β澱粉樣蛋白斑塊過量生產，這似乎證明，β澱粉樣蛋白的確是病因而非副產品。但這種案例的人數不多，還是有許多患者並沒有這種基因。這三種基因全部加起來，只占阿茲海默症患者不到百分之十的病例。

接下來有了突破，兩位科學家在天時地利人和的情況下，終於有所進展。杜克大學的遺傳學者派瑞卡克-范絲（Margaret Pericak-Vance），是研究晚發阿茲海默症基因的遺傳學者，而羅瑟斯（Allen Roses）是研究阿茲海默症患者腦部衰老斑塊化學組成的生化學者。

范絲正在研究較少出現在整個家族的阿茲海默症。她一開始並沒有看出他們的DNA有什麼不同，但當她把焦點放到兄弟之間，發現在第十九對染色體上有微妙的關聯。大部分的遺傳學者對此並沒有多加注意，因爲並非每一個擁有這種基因碼的人都發病；此外，第十九對染色體上也看不出和腦部有任何相關的事物，附近唯一相關的是阿樸脂蛋白E（apolipoprotein E），這是一種攜帶脂肪的血液蛋白，似乎與阿茲海默症毫不相關。

巧合的是，羅瑟斯也發現了阿樸脂蛋白E的關聯。他正在尋找附在造成斑塊β澱粉樣蛋白上的蛋白質，阿樸脂蛋白E一再出現，羅瑟斯本來對這個結果並不在意，因爲有許多事物都會黏附在β澱粉樣蛋白上。但當他見到范絲的資料時，靈感突現。他們決定攜手合作，探究阿茲海默症患者究竟有什麼樣的阿樸脂蛋白E。

這個基因有三個不同的對偶基因，分別稱爲E2、E3、E4，代表三種略有不同的蛋白形式apoE2、apoE3、apoE4。研究人員發現，不論是健康的常人或患有阿茲海默症者的病人，都可能有這三種蛋白，但阿茲海默症患者較有可能擁有apoE4，而擁有兩個apoE4意味會較早發病。擁有一個基因的，約占所有美國人的百分之二十七，他們罹患阿茲海默症的機率約爲一般人的三至五倍，擁有兩個基因的約占所有美國人的百分之二至四，罹病的機率

激增爲一般人的八倍，到九十歲之前罹患阿茲海默症的機率則高達百分之九十。

這個發現最奇怪的是，其證據如此確實，但只能說明阿茲海默症極小的部分。這個基因的確會影響發病的時間，這在行爲遺傳學中早有記錄，在全球針對各種人口五十餘個研究都有相同的結果。約有四成的阿茲海默症病例和此基因有關，但關聯和原因依然不同。許多擁有「壞」基因形式的人，從未得到阿茲海默症，而有些人雖沒有這種基因，卻罹患此症。其他和行爲相關的基因也有同樣的情況，雖然處處有證據，卻難找到解釋。

經常出現在血液中攜帶脂肪的蛋白質，究竟怎麼造成腦部的疾病，目前還不得而知。羅瑟斯所率的小組已經發現，腦部的細胞也可產生 apoE，和在斑塊周圍發現的蛋白質糾結在一起。目前的看法是 apoE 不知以什麼方法，把 β 澱粉樣蛋白的集合簡化爲長而多纖維的分子，群聚在一起，擾亂腦部。

未來，基因研究可能會製造出預防或治療阿茲海默症的新藥。至目前爲止，所有用來治療此症的藥物，都試圖彌補因腦部退化而喪失的神經傳遞素，但因爲是在傷害造成之後才謀補救，因此效果並不顯著。如果針對問題根源，阻止 β 澱粉樣蛋白累積成斑塊，可能會更有效。在新藥沒有問市之前，如「依布普分」(ibuprofin，譯音) 之類的消炎藥物還是小有保護的作用，或許是因爲它能減少對腦部 β 澱粉樣蛋白的發炎反應。這種藥物可以預防中風的危險，這也是阿茲海默症患者常有的症狀。由於中風主要因血管栓塞和高血壓造成，運動、飲食和心臟血管藥物都是預防的良方。

進退兩難

就算你逃過如阿茲海默症和魏納氏症這種遺傳的毛病，你的細胞依然逐漸老化，不可避免，也無法逆轉。我們已經花下大錢想要阻止老化的外貌，防止落髮或白頭髮，讓皮膚光滑柔細，現在也難以抗拒一些效果還不確定的防老療法，諸如使用ＤＨＥＡ或褪黑激素等荷爾蒙。臨床上還沒有任何研究顯示這些治療是否有效，但我們最好記住，原先褪黑激素在老鼠身上的實驗，是要測試在基因上無法自製褪黑激素的老鼠能否自製這種荷爾蒙。同樣的實驗在正常的老鼠身上重複時，藥物唯一的效果是導致癌症，反而縮短正常老鼠的壽命。用荷爾蒙彌補身體之所需，就像想要以扭乾地毯來補救漏水的屋頂一樣，屋子既然依舊漏水，地毯也會再度浸濕。

我們的壽命已經大幅增長，方法並不是藉著改變先天的遺傳，而是改進後天的培養。醫藥和生活狀況的突飛猛進，可能會繼續延續我們的壽命——至少不會讓我們因飢餓而死。但我們又因爲改變人口的年齡平衡，而創造了一堆新問題。在人類歷史上，整個人類種族都是年輕的，生育率高，死亡的時間早。但現在我們的生育率漸低，我們延長了生命，這表示人口逐漸老化，需要更多的年輕人來照顧老年人。

另外一個問題是，我們目前只能延長壽命，卻未能讓青春永駐。也許生命有限，目的之一是讓我們集中注意力，我們知道自己有多久可活，因而能規畫自己的生命。我們在年輕時

集中心力吸收新知，接著結婚生子，取得許多資源，供退休後運用，最後停止工作。如果人生永無止境呢？我們還會有努力生產的誘因嗎？也許有，但再沒有什麼比有限的時間更能驅策人了。

靈魂基因

然而，並不是關於老化的一切都教人喪氣。隨著老而來的是成熟沈穩，雖然你的天性不會隨著年齡增長而改變，特質卻持續改變，而且通常越變越好。

天性是人個性中最固定的部分。例如克隆寧格檢視了由十八至九十九歲共一千零一十九個人的資料，發現和焦慮、擔憂相關的逃避傷害與年齡毫不相關。人並不因年老或年輕而更焦慮，這種影響整個人生觀的特質，其實有部分和血清促進素的基因有關，而且一生都相當固定。同樣的，估量人對認可需要的「報償依賴」，在所有的年齡層也都保持穩定。追求新奇的確會隨年齡而減弱，也因此年輕人的汽車保險費較高，但喜愛追求刺激的人成年之後，對新的感官刺激也較同儕有較高的興趣，表現的方式或許由開快車變成擔任警察，但追求刺激的欲望並不因此消失。

最可能改變天性的時機是在三十歲以前。美國年老研究所的柯斯塔（Paul Costa）和麥克瑞（Robert McCrae），對此曾作過大規模的仔細研究，檢視了四種文化中的人。結果他們發現在四種文化中，十八至三十歲的人格都略有改變，包括神經過敏的程度降低，親切誠實的

程度則增加。人在這個「漸趨安定」的時期，會變得比較不容易消沉，較合群，更井井有條，換言之，就是更成熟。但三十歲之後，屬於遺傳的基本個性特質就少有改變。因此預測一個人到八十歲是否快樂，最佳的指標不是他的健康、財富或他所愛的人，而是看看他三十歲時的快樂程度。麥克瑞說：「如果你在三十歲的時候性情溫和、適應良好、有條不紊，那麼到八十歲的時候可能也是如此，如果你在三十歲的時候消沈、焦慮、懶散，那麼前景不妙。」

天性難改，但人的確能由經驗中學習。個性中由後天學習而來的部分，可以隨著年齡增長而改進。克隆寧格發現，隨著人由年輕到年老，也變得更願意協助他人，改進自己，在協助、同情和良心等各評估標準中，都可以看到由中年至老年有持續的增長，他們也更願意協助他人、較少自我中心或任性，較能寬容而較少尋仇。在夫妻關係中，這點特別有用，因爲雙方都更能克服困難，而較少與伴侶爭執。他們並不是喪失了雄心，而是對如何達到目的更加小心謹慎。

人也學會刻意改變行爲。原先始於自律或意志（如憤怒時由一數到十）的行爲，後來卻能成爲根深柢固的習慣。這也是酗酒者能夠過酒吧之門而不入，或老菸槍永遠不再吸菸的方式。我們每一次運用意志力，就重新導引腦部克服天生的天性。許多惡習如憤怒、沮喪、任性都來自遺傳天性，養成好習慣要花不少工夫，但我們可以學著把誘惑的利刃磨鈍。練習好行爲的時間越長，就越容易做到，最後它就會成爲習慣。

克隆寧格還發現一件事物會隨著年齡增長而增加：靈性。著重精神層面的人比較容易表

達出溫情、利他主義、正面的情感和對情感的寬容。他們比較親和友善，不但慷慨，也關心他人的福祉。他們對人生也多持樂觀的態度，較容易體驗如愛與快樂這種正面的情感。此外，著重精神層面的人樂於接納自己的感受和感情。他們全心體驗快樂歡欣——及痛苦折磨。

靈魂的本質，可能包括對上帝或更高宇宙秩序的信念，是朝內心探索，追尋意義和目的，想要了解究竟有意義的事物是什麼。人摒棄物質，藉由對上帝或宇宙的認同，追尋內心的平靜。這是適應的反應，是面對老耄疾病死亡時的自欺手段？還是對宇宙眞理逐漸了解後的智慧？科學家或許會疑惑，靈性是否已經寫在我們的遺傳碼中？也許在身體開始衰頹之際，腦部在大腦皮質開始一套新的神經聯結，讓我們帶著尊嚴、高雅，甚或希望來接受結局——但這也可能是無稽之談，是我們對所謂的靈魂太過簡單的解釋。

9 複製人，以及命運的打造

人類遺傳學的知識飛快成長，到二十一世紀的前十年，
我們就能解讀人類所有基因組的意義和功能。
也就是說，在不久的未來，我們就能藉著操縱基因來改變和控制人類的行爲。
這是一條不歸路。
我們已無法回頭猶豫，該不該用基因左右人類的行爲；
我們得面對的是：怎麼區分「好」或「壞」的基因？
哪些特性值得我們重視？哪些該摒棄？該由誰來選擇？

安德魯常常在想他父親的問題——如果可以稱他為父親的話。安德魯的父親是個科學家，他在二〇〇二年放棄了在大學執教的工作，加入高風險的生化事業，成了億萬富翁，更重要的是，他也因此得以追求畢生夢想的計畫：複製。他成立「反影公司」（Mirror Image）複製動物——包括人類。華爾街對這個點子大感興奮，該公司股票上市之後衝破天價，投資人拼命買進，因為他們認為這種技術不算太難，而前途無量。唯一的障礙是美國政府，政府有可能會禁止複製技術的研究。在複製第一隻羊桃莉之後，國會已經舉行了多次聽證會，一般大眾也非常關切，但後來科學家證明，複製動物可以餵飽世界上更多的人、提升醫藥的進步，提供其他的好處，複製不再那麼可怕，也逐漸為人所接受。

人類的複製比較複雜，但問題是出在倫理和政策上，技術上則和動物複製是一樣的。一直到現在，大家還為倫理的問題爭論不休，但比較實際的人已經放手去做了。「反影公司」就進行雙軌策略，在公開場合，公司主管甚少透露口風，以免遭到檢查。他們並沒有任何非法行為，甚至公司在技術上還遵循最高合法標準，但私底下，他們出資試圖影響政策制定者。一九九〇年代選舉活動的獻金制度雖有改革，但並未如願發生效力，讓反影和其他公司依然能夠暗暗影響監督他們產業的國會委員會。

反影公司公開進行複製科技，不過只在動物身上施行。私底下，科學家在人類身上實驗，作了些微調整，改變細胞成長媒介、測試準備細胞核不同的方法等等，雖然還不是真正的複製人類，但開始作所有必要的前置實驗。萬一有緊急狀況發生，尤其可能是政治方面的阻礙，

公司也在海外的祕密地點興建了和美國實驗室一模一樣的場所。

安德魯的父親對政治或倫理漠不關心，只對技術和結果有興趣。不過他可並不天真，也知道自己該謹慎。他爲自己的實驗留下詳細紀錄，他的實驗室管理十分嚴謹，他的公開行爲也都足爲楷模。他把一團棉球塞進嘴巴，由頰內刮下一些細胞，放在培養皿上，每一個步驟都精心策畫執行，以錄影帶記錄。他開始了複製的過程。

等他的細胞發展到理想的階段，就加入一種化學物質，把細胞成長暫時凍結起來，接著除去一個細胞核，注入由實驗室助理所捐贈的同處於凍結狀態的卵子，卵子的DNA由頰內取出的DNA細胞取代。但卵子可不知道這回事兒，它依舊以正常的方式受精，開始分化，複製科學家的DNA。不久卵子再重新注入助理的子宮，九個月後，一個聰明健康的男孩降生了，取名爲安德魯，他的DNA和科學家的一樣，這和一般父子有五成相同的情況不同，他們是百分之百一模一樣，彷彿安德魯和父親是同卵雙胞胎似的。

孩子誕生的消息引起各方驚詫與憤怒。雖然大家都知道技術上有複製人類的可能，但沒有人想到竟然眞的有人這麼做。「反影公司」早料到會有這樣的反應，作了完備的辯護，果然奏效。儘管一開頭衆人質疑，雜誌封面以納粹比喻安德魯的父親，但報導的重點逐漸移轉到孩子身上，寶寶是無辜的，而且可愛極了，在電視機鏡頭前咯咯笑，似乎喜愛大家的注意。各大電視網拚命爭取轉播他一舉一動的權利，安德魯簡直成了全美國的寵兒。《紐約時報》報導「安德魯吃固體食物了！」八卦雜誌則宣告：「我們的安德魯和害羞的羊咩咩可不同！」

幾年後，報導的熱潮慢慢消褪，因爲安德魯並無任何特殊之處，只是個正常健康的小孩。到五歲時，他第一天上學，各大媒體只有極小篇幅的報導，他不過是一個幼稚園學童罷了。安德魯在實驗室助理位於郊區的簡樸家庭中長大，她很愛他，在他小時候就辭職以便照料他，反影公司付了一筆豐厚的金錢，讓這個小家庭衣食無虞。安德魯只有在上實驗室作測試時，才見得到他父親，父親已經開始其他的實驗，就像其他人一樣，等新鮮勁兒一過，他對安德魯也就不再關心。

現在唯一關心安德魯是複製人這回事的，只剩下安德魯自己。他找出有關自己出生時所有的報章雜誌報導，以及科學方面的摘要。

有趣的是，他父親年輕時也曾製作過一本類似的剪貼簿，收集了上千則有關ＤＮＡ與複製的文章，雖然當時複製的是胡蘿蔔和青蛙。安德魯把可觀的剪貼簿資料輸入電腦，附著有關他一生的錄影和數位影像。他用暢銷的軟體在電腦上重演自己的創造和發展。這套軟體讓使用者塡入不同的遺傳或環境變數，接著預測他的生命會如何發展，同時有影像顯示此人由出生至八十歲的演變經過。安德魯最喜歡的作法是消除父親的ＤＮＡ，代以「母親」（實驗室助理）的基因，他寧可有這種虛擬的結果。

不過在現實生活中，要消除父親的ＤＮＡ已經太遲了。安德魯所有的潛能，他的未來，都已經包含在頰內細胞的棉花球裡。安德魯看著鏡子，想要更了解自己。他是誰？他知道他是個獨立的個體，但實在太教人困惑了。他拿自己的相片和父親幼時的相比，簡直看不出差

別，好像同卵雙胞胎般一模一樣，但他一點也不覺得自己和父親有相像之處，至少他個人不這樣想。他們相像的程度實在太古怪了，他不禁刻意把頭髮留成不同於父親的樣式，還穿上耳洞，不過這顯然一點也不適合他。安德魯在自己臉上也看到祖父母的痕跡。他對父親的家庭作了一點研究，非常喜愛他的高祖母，她是生化倫理的先驅，曾警告過遺傳工程的危險，不過這樣的警告顯然並沒有效果。安德魯崇拜她，視她爲他眞正的祖先，而刮下頰内細胞的那人，則只是他基因的容器，用後即可扔棄，和實驗室燒杯一樣，無所謂人格。

但安德魯不能否認，他的個性中有些正是源自父親。他們倆都喜歡一切井然有序，如果那位實驗室的助理把車子堆滿舊報紙、口香糖包裝紙和在車内滾來滾去的空可樂罐，他們都會怒不可遏。他們都脾氣暴躁，安德魯的父親在事情不順心的時候，馬上會暴跳如雷，甚至有一次把一團準備不妥的凝膠丢在一名博士後研究生身上。安德魯也有大發脾氣的時候，但他學會以運動來控制，覺得壓力大增之際，他會去健身房或藉跑步發洩。他的人生是另一回事，是他自己的選擇，他不要跟隨父親的脚步，甚至發誓要以讓父親成爲優秀科學家同樣強烈的決心和智慧，阻止世人把複製人當成和生產羊一樣容易。

複製人類

安德魯的故事太牽強嗎？是有一點。但人類遺傳學的知識和操縱運用它的能力飛快成長，到二十一世紀的前十年，我們就會知道人類基因組的全貌，組成十萬個人類基因的三十

億餘核苷酸，每一個都會淸淸楚楚，解讀這些基因的意義和功能可能會花點時間，但總會成功。現在已經有稱作「功能基因學」(functional genomics) 的全新領域，要找出基因的功能。同時，新的科技不斷出現，以藥物或直接掌控基因的訊息。至目前爲止，這樣的作法只在動物身上進行，複製羊「桃莉」是最有名的例子，但人類的複製也不會太遠了。

我們不可能回頭。擁護人類基因解讀國際計畫的人告訴我們，繪製出完全的基因組可以協助我們開發新藥，減少生育缺陷，讓人類活得更長久、更健康。縱使官方停止這個計畫，許多剛成立的生化科技公司也會接手進行最先進的研究和實驗，最後不免被大藥廠購併。

至目前爲止，衆人矚目的焦點在於發現癌症和其他身體疾病的基因，然而科學家也找出會影響人類行爲的基因。我們針對雙胞胎言行舉止和感受所作的研究，顯示出每一個層面都受遺傳影響，而且也分離出不少個別的基因。能找到這麼多影響行爲的基因並不足爲奇，因爲腦部非常複雜，我們大部分的遺傳訊息都用來建造、發展和維持它。

這兩種力量的結合——繪製人類基因組和了解基因對行爲影響，顯示了不論我們怎麼想，不久的未來，我們就會擁有藉基因來改變和控制人類行爲的能力。

用基因左右行爲，這想法聽來駭人，但其實早已經存在。人類自史前就刻意培育狗和農場動物的品種，控制牠們的行爲。不論願不願承認，我們都是基因工程的產物，因爲人類對自己的伴侶自有選擇，美貌、權勢和威望一直是炙手可熱的條件。許多家族都希望子女能與更高地位和階級的人聯姻，某些特定宗教或種族的人，也只與同屬這個社群的人結合，而貴

族更希望能保存後裔血緣的純淨。

不同之處在於，不久的將來，科學會賦予我們能力，讓我們能以更快、更準和更果斷的方式執行選擇。我們選擇伴侶，不是因爲如家族顯赫這類膚淺的因素，而是因爲我們能輕易解讀他們的ＤＮＡ。我們也不再滿意於任意組合精、卵子，得到數十億種可能的組合，因爲我們已能夠確切達到自己要求的組合。

現在再來猶豫該不該用基因左右人類的行爲，已經太遲了，我們得立刻決定該如何做：怎麼區分「好」或「壞」的基因？哪些特性值得我們重視？哪些該摒棄？該由誰來選擇？

晶片上的ＤＮＡ

這個過程最先的階段，是用基因來診斷而非操縱。目前大部分的心理健康專家都用非常簡單的工具來分析個性：眼和耳。他們聆聽病人的抱怨，比較他們和其他已知病症的症狀，接著開出「診斷」，但其實這哪稱得上診斷？既沒有說明病症運作的機制，也未解釋問題的來由起源，只是敍述，把病人的抱怨和其他人的抱怨搭配組合在一起而已。

未來，訴說自己沮喪焦慮的人可以作ＤＮＡ測試，檢查血清促進素基因，有賭博、酗酒、嗑藥或雜交等強迫行爲的人，則可以查驗多巴胺基因。飲食失調或肥胖呢？可以查驗瘦身素、瘦身素受體及其目標的基因。一家稱作 Afymatrix 的生化公司，已經開始開發稱作「ＤＮＡ晶片」的新科技，可以讓整個ＤＮＡ藍圖如同超市條碼一般易讀。

閱讀這個資料的不只是醫師而已。依風險因素（如吸菸與否）索費的保險公司，一定會對上癮或心理疾病這種與遺傳天性有關的傾向很有興趣；軍隊一定也想對有心服役者的反叛天性有所了解；在宗教方面，教會將試圖勸阻性喜新奇的人走這條路，而跑車廠商則熱切想要吸引愛嘗鮮的人。紅娘服務公司將會有牽線的新標準，而學校也會很高興有辦法過濾聰明、搗蛋或有侵略傾向的學生。

我們會有全新的方法了解他人——也可能藉此歧視或是協助他們。科技已經發明，如何運用存乎一心。

設計藥物

這第二個階段是根據個人基因的需要設計藥物。當今的藥物極不精確，醫師甚至藉藥物來達到診斷的目的，如果百憂解對病人有效，那麼他一定有血清促進素的問題。爲什麼不倒過來做，設計出可以解決問題的藥物？個人的DNA序列和現有的電腦科技，將使藥物可以像開鎖的鑰匙一樣，符合每個人的需求。

比起當今以種種化學品灌入病人身上直到有效爲止，針對個人需求調製出醫治腦部失常的藥物，當然是進步，但這也會造成新的危險。第一，我們不知道改變腦部化學組成會有什麼後果。腦部非常敏感，常會以無法預見的方式回應我們的操控。現在已經有人服用如百憂解之類的藥物達數十年，但最先的安全測試只有持續幾個月而已。如果腦部對藥物的長期反

應使得腦部構造方式改變，造成服用者再也無法體驗到眞正的歡樂或狂喜呢？此外，我們也可以想像出售針對個人腦部特製非法歡樂藥物的可能。

另一個可能出現的危險是，我們會對原本正常的人類行爲及其變異施予醫藥。有些人說，這種情況早已經發生，有人用百憂解來改變正常的情緒起伏，有人以「立達靈」（Ritalin，譯音）來「治療」少年期的失衡。如果原本爲攸關性命肥胖症所設計的藥物，可以用來減幾磅體重好參加畢業舞會，爲什麼不能用另一種行爲藥物來改變自己低落的心情？爲什麼在沒有必要憂愁的時候要讓自己依舊沮喪？爲什麼老師要容忍學生吵嚷的行爲，如果只要拿一罐鎮靜噴劑噴一下，就能讓他們安靜學習，何樂而不爲？也許藉著矯正問題少年的小毛病，就能大幅降低犯罪率。或者女孩子只要吃幾顆藥，就能治療害羞的毛病。至於那惱人的同性戀基因呢？也許可用新的噴劑，讓你成爲異性戀。

基因療法

不過爲什麼吃藥或用噴劑呢？如果可以矯正病因，又何必治療症狀呢？如果這些「問題」是由基因所造成，那麼爲什麼不改變基因本身呢？這是未來革命的最後階段：基因療法。這是刻意地控制基因構成，修正瑕疵或突變的基因，以「更好」的基因取代，甚至引入全新的基因。

一種方法是直接在腦部改變細胞。我們已經可以把新的基因放在病毒裡送入細胞，目前

已經有數百個臨床實驗，試圖以基因療法治療如纖維化囊腫（cystic fibrosis）這類由單一基因造成的病變。目前最困難的問題在新基因進入細胞的時刻，因此學者也在研究傳遞遺傳物質的新方法。加州拉荷亞地區沙克學院（Salk Institute）的維瑪（Inder Verma）實驗，以惡名昭彰的愛滋病HIV病毒作爲傳送工具，已經解除了病毒愛滋病的部分，並讓它滲透多種細胞。這種人見人怕的病毒，或可成爲攜帶基因的「手提箱」。

我們很容易想像，基因療法如何運用在如帕金森氏症或阿茲海默症這種嚴重的腦部病變上。帕金森氏症是因喪失製造多巴胺的細胞而造成的，因此也許可插入促成多巴胺產生的基因。至於阿茲海默症的成因是斑塊糾結形成使神經元喪失，或許可注入神經成長荷爾蒙的基因，促進新的神經元成長。腦部基因療法的下一個目標，將是如精神分裂症這種嚴重的精神病變，不過一切都還得視這些病變的基因藍圖而定。

倘若針對精神分裂症而做的基因療法有效，那麼我們就可以考慮運用基因療法治療較嚴重的情況，如沮喪、消沈或憂鬱。如果患者擁有「錯誤形式」的血清促進素傳遞基因，那麼理論上可以用較樂觀的基因取代。不過這種療法似乎有點矯枉過正，因爲用百憂解也可以達到同樣效果，而且這麼做可能會有不良後果，例如喪失性欲。更重要的是基因療法和服藥不同，它是永久的改變，無法停止；另外，個性基因非常複雜，不可能知道改變它後會有什麼結果。DNA和環境一起交織成的紋理極爲錯綜複雜，改變一絲一縷，可能破壞整片組織。

這種腦部細胞基因治療還會出現其他的問題，因爲這種療法通常是用來彌補而非防治破

壞，只能持續一代。要在基因傳遞給下一代之前修整它，最好的方法是追溯到精卵子中的生殖細胞。這種療法已經在老鼠身上發展出來，把新的ＤＮＡ注入培養皿中成長細胞，接著和初期胚胎的自然細胞混合，結果就會出現生殖細胞中包含經改造過之基因的老鼠寶寶，可以把這樣的基因傳遞到下一代。

這個做法聽來很簡單，但人類基因組實在太龐大了，一點新的ＤＮＡ傳送到人類細胞中時，根本無法掌握它們會往何處去。諾貝爾獎得主柏格（Paul Berg）曾試驗如何確保基因傳遞，在哺乳動物身上作單一的鹽基變化。柏格觀察酵母，發現ＤＮＡ分子某一分裂會使它更容易與經改造過的ＤＮＡ重新結合，他試圖打斷老鼠的ＤＮＡ，促使它朝他所希望的目標變化，完成目標確定的基因工程。

不過柏格對以基因工程改造人類嗤之以鼻，並不是因爲不可能辦得到，而是因爲他覺得人類不會想這麼做。他自己也有這方面的經驗：一名陌生人帶著一個小小的黑色袋子來找他，說他正在收集諾貝爾獎得主的精子，希望柏格出賣。這顯然是一種基因工程，而且沒有理由辦不到，問題是我們根本不想這樣做。柏格打發那人走路，笑著告訴他這主意絕行不通。

不確定的因素

就算基因工程一切技術上的問題都解決了，依然會存在非常根本的困難，因爲基因影響行爲的本質，涵蓋了太多不確定的因素。

本書一再提到，基因或許會使人擁有特定的天性或行為，但絕非固定的指標。或許有人擁有易導致如酗酒等上癮行為的基因，但他也可能會成為發現新品種昆蟲的熱情昆蟲收集家；有的人也許擁有殺人犯常有的基因構造，但最後他可能成為最偉大的職業美式足球員。

生殖系細胞治療法（germline therapy）的問題是，它以尚未浮顯出來的基因「問題」為目標。如果不去理會那些被視為問題的特性，也許它們根本不會發展出來，或者甚至會成為這個人的資產。如果天才和瘋狂只有一線之隔，或者創造力和消沈相去不遠，那麼我們就應該特別注意自己所進行的基因工程。DNA的地圖和道路圖可不同，道路圖直截了當顯示如何由一地到另一地，而DNA地圖只顯出可能和預測，卻永遠不能確定。

這種不確定的因素也包括了我們不希望擁有的結果。縱使我們知道某個基因確切的目的，例如禿頭的基因，但這並不表示消去這個基因就能治好禿頭，縱使眞能治好禿頭，這個基因也可能還牽涉視覺、嗅覺，甚至其他我們想像不到的功能。我們可以看看科學家用基因手術來改善老鼠肌肉塊的情況，這個研究應該能對飽受肌肉障礙的病人，有很大的助益。

肌肉成長是由稱作 myostatin 的基因所控制，如果身體擁有適當的肌肉，myostatin 就會防止肌肉細胞再生長。科學家很容易就找出這個基因，培育了一群沒有這種 myostatin 基因的老鼠，因此牠們肌肉成長應該毫無限制。六週之內，老鼠就長出了寬肩厚臀，等長成之後，其骨骼肌更是正常老鼠的二至三倍。其他肌肉如心臟和腸子都沒變。科學家揣測，這種基因療法可以用來生產更瘦但更有精肉的農場動物。總有一天，可以用在人類身上，治療肌

肉營養不良及癌症和愛滋病導致的肌肉萎縮。

但後來發現了意外的結果：肌肉威武雄壯的老鼠其實是軟腳蝦，學者很客氣地稱它們「溫和」。牠們比較不想攻擊其他老鼠，在受到人類撥弄時，也無意反擊。約翰霍普金斯大學的麥克佛倫（Alexandra McPherron）在記者會上介紹他所培育的新種老鼠時，老鼠開始打鬥，麥克佛倫一語道破：「正常的老鼠正在打肌肉大塊的老鼠。」

沒有人料到，在改變老鼠肌肉塊的同時，竟然也改變了老鼠的個性。學者們都覺得自己知道 myostatin 基因如何運作，影響肌肉的成長，的確也是如此，老鼠的塊頭長得更大。但基因必然還有其他未知的角色，或許取出這個基因會改變另一個基因或荷爾蒙的傳遞，或是體內其他的因素，造成了個性的改變。在肌肉塊和順從的個性之間，或許有一萬個步驟，但只要改變一步，全部的發展過程就跟著變動了。

認識自己

預測基因的用途有其風險，但了解自己的基因構成能使你獲益。例如，假設你的家族有心臟病或乳癌病史，那麼你最好能定期檢查，並且以健康的方式生活。如果你的家族有肥胖的問題，那麼最好早早養成良好的飲食習慣。如果你的父兄都是酒徒，你最好滴酒不沾。這些都是只憑基因資訊就能採取的簡易預防措施，正符合了身體健康是基因產物的信念。基因對個性和行爲的影響其實是一樣的，唯一的不同只是它更爲微妙，更不爲人所了解。

思及基因會影響個性的問題時，你不免會想：「我是誰？」最簡潔的答案是：「你的腦子認為你是誰，你就是誰。」你的腦子如何看待自己，則是基因和人生經驗複雜交互作用的結果。

在生命初始，或許由受孕的那一剎那，寶寶就在摸索自己和世界。嬰兒怎麼認識自己的身體？他怎麼知道自己的腳趾在哪裡，有多少個？他怎麼區別母親的愛撫和臉上的一巴掌？體內的觸覺細胞和中樞神經系統連結，直到脊髓、視丘和腦部的體感覺皮質。腦部的細胞在該處以「小人」(homunculus) 的形式安排，這個小人可以說就是依我們的形象而創，頭上腳下，因此回應對臉部刺激的神經元在底部，而和腳趾相關的神經元則在上端。而且這個「小人」也經過扭曲，代表臉孔、雙手和生殖器這些對觸覺最敏感的區域，大得不成比例。

如果能夠切開腦部，用電極探測，就會發現，刺激小人上端的細胞，會讓你覺得彷彿有人在按摩你的腳趾，觸摸這區底部則會使你覺得舌尖似乎有東西。這是因為身體的感受只是特定腦部細胞的啓動而已。

對於「小人」，我們知道三點重要的事實：第一，它發育的能力早經基因註定，否則必會造成混亂。想像一下如果在你腦中發展的是「小狗」，你可能就會吠叫索食了。第二、小人的適當發展必須依靠經驗；光是遺傳資料還不夠，例如老鼠嘴部所有的觸鬚都被剃掉，只剩一根，無法由其他觸鬚接收感官刺激，那麼老鼠的皮質就會發育出極多的細胞，接受僅存觸鬚所發送的訊息，而和其他觸鬚相關的區域則因缺乏使用而消失。第三，感覺皮質在整個成年

生活中依然會改變。例如一再重複練習小提琴某個曲子的片段，會使神經元擴張，接收由手指發送的訊號。因此藉著練習小提琴曲，你也改變了腦部的形狀和功能。DNA在受孕時已經小心製出一般的藍圖，但稍後依然能改變，以符合後來的需求。

要了解個性如何形成，我們可以想像腦部不只有一個記錄觸覺的身體小人，而且有記錄情緒的情緒小人。每個人都有使他覺得快樂悲傷、焦慮舒暢、興奮或滿足的個別地圖，我們對這個情緒小人究竟何在所知不多，但很可能比體感覺皮質分布還更廣。我們也不明白，它在不同的人身上有什麼樣的變異，但基因構成和經驗的差異，可能有所影響。也許這個人「憤怒」區誇大，而「利他」區極小，但另一個人「興奮區」很大，「恐懼區」極小（可別坐他的車）。也有的人可能「同情區」很大，意即他樂於助人（這種人適合作好丈夫）。

根據我們的理論，情緒小人是依據天生的遺傳指令和經驗而發展的，大部分的人都有發展出全套人類情緒的能力：恐懼、憤怒、悲哀；歡樂、愛、欲；驚訝、厭惡和羞恥。但這些情緒唯有在回應經驗的情況下，才能發展。若不在適當時機接觸這些情緒中樞，它們就無從發育。一如只有一隻觸鬚的老鼠一樣，腦部不用的部分就會萎縮。

因此兒童時期的發展極爲重要。批評行爲遺傳學的人說，以遺傳特性來定義人生，是限制人類潛能的發展，其實這是錯的，就和以皮膚顏色或出生地點來評斷人的價值一樣。但最大的悲劇在於太多的遺傳潛能都未得開發，世上有多少偉大的心靈因疏於注意或缺乏愛而消失，每天有多少美麗的小小種籽雖然存活下來，卻未能把潛能發揮到極致。在美國，儘管已

經消除了如疾病等妨礙身體成長的種種障礙，但家庭的解體使人們無法發揮情緒的潛能。

另一方面，如第六章提到的，由破碎家庭成長的史考佩塔最後卻能成爲一流的律師，並擔任紐約兒童福利委員長，顯示了人其實有極大的彈性。一如完美的教養未必保證成功，「惡劣」的童年也未必就預示失敗。有些人可能唯有在逆境中，才能發展天生的本能，也或許，逆境正是磨鍊我們基因的因素。無論如何，環境並非個性問題唯一的成因，縱使我們清除了所有的貧民窟，讓每個孩子都能三餐無慮，依然不可能有完美的人口組成。我們依然會爭鬥、欺騙、偷竊、殺戮、酗酒、偏執、狂妄。

身爲人類的我們，有各種不同的個性組合，如此複雜的特性讓我們自己也未必見得能在一生的時間中了解自己，更不用說了解他人何以有如此個性。不過讓人高興的是，新的科學已經給了我們認識自己的新工具。才在不久以前，我們只知道人「發瘋」了，如今我們卻知道他們體內化學失衡，很容易就能矯正。從前消沈憂鬱幾乎無藥可醫，如今卻能只靠一種化學物質就輕易矯正。如果繼續延續這種腦部化學物質的突破，我們不久就可了解個性的基因根源。基因並不可怕，它們是生命的事實，基因療法也不可怕——固然有其風險，但其他的科學進步也有風險，例如我們可能太依賴抗生素救命，結果產生新的超級病毒，但會有人因此認爲我們根本不該開發抗生素嗎？**最可怕的風險其實是無知**。

至於自由意志呢？它也可能是遺傳的。自由意志意味著掌控自己的生命，而唯有在你了解自己是誰的時候，才可能做得到。身爲人類，我們天生就有生存、愛和生殖的本能。身爲

個人，我們每一個都天生就獨特，每一個都是人類主題的變奏。基因在整個人類主題和個人變奏之中，都扮演必要的角色，基因使我們生爲人類，也使我們與衆不同。人不可能大量生產，每一個個體都有太多的選擇和太多的可能，無法預知其未來。你生來就手握紙筆，得自己寫出屬於自己的章節。

未來……

安德魯拒絕了反影公司提供的大學獎學金，卻到餐廳打工完成學業。他主修哲學和倫理，並以高祖母的主張爲本，完成博士論文。學哲學賺不到什麼大錢，但安德魯在華府一家小智囊公司找到工作，主管還記得安德魯的故事，認爲這可以用來勸募該中心的捐款。他要安德魯研究基因複製的倫理問題，這對背景特殊的安德魯的確是個好課題。但該中心主要支持者之一的反影公司可不太高興，早在安德魯出生之前，反影公司就出資贊助這家中心，他們要的是支持基因工作的倫理觀點，而非對之提出質疑，因此安德魯不久就遭炒魷魚了。

安德魯失業的事經媒體披露，也引來一系列關於他生命的反省報導，媒體最熱中的是安德魯竟然反對創造他的科技。但眼光較遠大的人就會知道，兒子反抗父親是自古至今的常態，沒什麼大不了的，只是安德魯的父親經歷了自己反叛自己的獨特體驗，接受訪問時他不禁開玩笑說自己有分裂人格，有「二心」，不過似乎並不是所有的人都能體會這個笑話。

安德魯由經驗得知，媒體的注意不會持久，他得迅速行動。他創立了自己的基金會，召

來了一些主要支持者，展開行動，希望能立法控制基因產業。他成爲談話節目中常見的人物，是主張人類精神獨一和自由意志力量的鬥士。他引導大家反省在複製熱潮時被拋在一旁的問題：我們是誰？我們來自何處？我們該如何運用人生？

安德魯和大學同學結婚，育有兩名可愛的子女，他和妻子都是負責盡職的現代父母，讀書給寶寶聽，在育嬰室中播放古典音樂。在孩子孕育之前，安德魯偕妻子曾就教於產科／遺傳科醫師，做例行檢查。醫師勸他們掃瞄ＤＮＡ，並考慮作修正。安德魯當然反對基因工程，但因妻舅患有和遺傳有關的精神分裂妄想症，因此他們有點擔憂。醫師向他們保證，例行篩檢可以消除ＤＮＡ中如此明顯的瑕疵，嚴重的精神疾病、肥胖、過動，到妨礙社交程度的過度害羞，以及可能導致犯罪的侵略性，全都可經受孕前的例行基因篩檢去除。如今人類不必再因胎兒有明顯缺陷而墮胎，這樣的寶寶根本不可能孕育。

安德魯夫婦決定採取保險作法，接受篩檢。不論他們自己的倫理道德觀點如何，寶寶不接受最先進的醫學技術是不公平的。世界是個嚴酷的場所，如果可以預防卻不預防，讓孩子終生受苦是不對的。他們所有的朋友都作了更精密的篩檢，希望能培育出具有足球選手、鋼琴家、數學家或大廚師特質的孩子。就像嬰兒的名字有流行風潮一樣，個性的特色也有風潮，目前最流行的是無憂無慮。現在的問題不是**要不要檢測**未來胎兒的ＤＮＡ，而是要**檢測什麼**。安德魯自己有經驗，因此特別有自己的主張。他在ＤＮＡ篩檢一覽表中，勾選了最後經常得送往特殊機構的「嚴重智障」和「極端人格」兩項，但在音樂與詩賦能力的項目中打叉。

比起上一代，安德魯夫婦對自己的孩子所知更多。在人類歷史上第一次，人們能兼顧天賦與培養。他們讀了所有關於兒童發展的書籍，也擁有所有原本的遺傳碼。安德魯比任何人都了解這樣的資料意味著什麼：非常少的了解。然而最可貴的是，他對孩子未來的發展絕不會比他對鳥類的飛翔有更多的干預，他只會打開籠門說：「飛吧！」

Tomorrow

明日工作室 策劃
溫世仁／監製
蔡志忠／監製

你能懂

2小時掌握一個知性主題

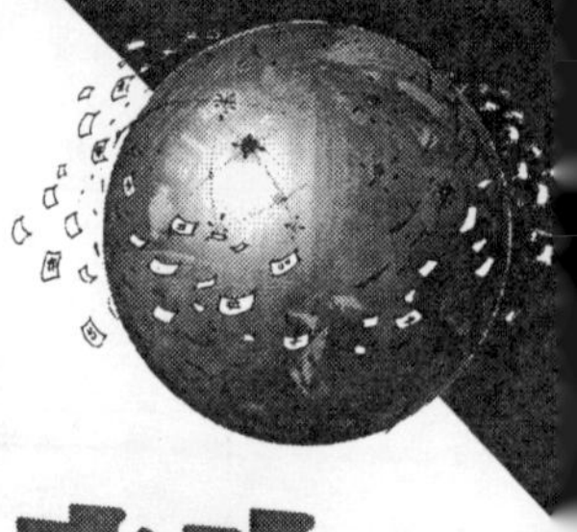

生命複製

You Got It!

吳宗正／著
何文榮／著

近一年來，有關「生命」方面的訊息，持續不斷地匯入我們的思維與生活中，先是發生在英國的狂牛症，其次是發生在國內的口蹄疫，再來是複製羊「桃莉」的誕生，這種「無性生殖」的成功，讓人立刻聯想到複製人的可行性，甚至已不是可能不可能的問題，而是已經面臨做不做的抉擇了。而其引發的後續有關的道德、倫理、與法律規範問題，更是如波濤洶湧般，激起大家的警覺。另外，冷凍人的問題，代理孕母的問題，加上重大刑案、華航空難所牽涉的DNA

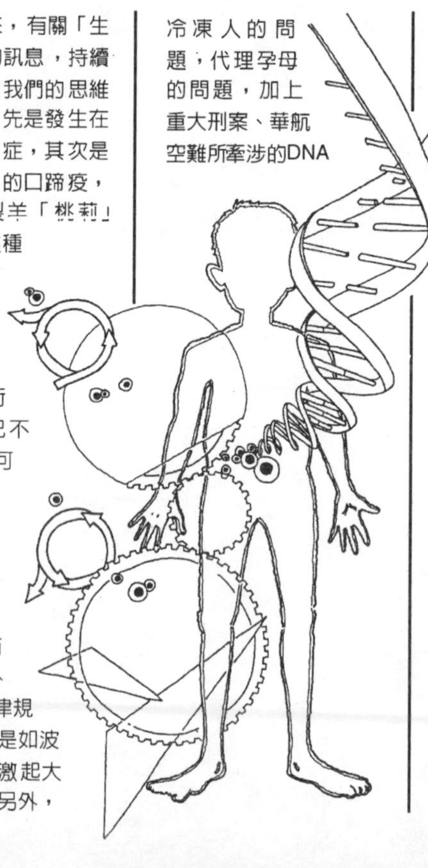

鑑定問題，一連串事件踵發生，媒的推波助瀾，佛接下來就是生科技的世紀，也是說「基因的世紀就在我們跟前。

近一年來，有「生命」方面的訊息，續不斷地匯入我們的維與生活中，先是發在英國的狂牛症，其是發生在國內的口疫，再來是複製羊「莉」的誕生，這種「性生殖」的成功，讓立刻聯想到複製人的行性，甚至已不是可不可能的問題，而是經面臨做不做的抉了。而其引發的後續關的道德、倫理、與律規範問題，更是如濤洶湧般，激起大家警覺。

國家圖書館出版品預行編目資料

第二個命運／狄恩．哈默(Dean Hamer)，彼
得．柯普藍(Peter Copeland)著；莊安祺譯．--
初版-- 臺北市：大塊文化，1998 [民 87]
面；　公分．(smile : 22)
譯自：Living with our genes : why they matter
more than you think.
ISBN 957-8468-55-5 (平裝)

1.個性心裡學　2.行為心裡學　3.基因

173.7　　　　87011237

117 台北市羅斯福路六段142巷20弄2-3號

廣 告 回 信
台灣北區郵政管理局登記證
北台字第10227號

大塊文化出版股份有限公司 收

地址：______市／縣______鄉／鎮／市／區________路／街______段______巷

______弄______號______樓

姓名：

大塊 LOCUS 文化

編號：SM 22 書名：第二個命運

大塊 LOCUS 文化

讀者回函卡

謝謝您購買這本書，爲了加強對您的服務，請您詳細塡寫本卡各欄，寄回大塊出版 (免附回郵) 即可不定期收到本公司最新的出版資訊，並享受我們提供的各種優待。

姓名：＿＿＿＿＿＿＿＿＿＿＿＿ **身分證字號**：＿＿＿＿＿＿＿＿＿＿＿＿

住址：＿＿＿＿＿＿＿＿＿＿＿＿＿＿＿＿＿＿＿＿＿＿＿＿

聯絡電話：(O)＿＿＿＿＿＿＿＿＿＿＿＿ (H)＿＿＿＿＿＿＿＿＿＿＿＿

出生日期：＿＿＿＿年＿＿＿月＿＿＿日

學歷：1.□高中及高中以下 2.□專科與大學 3.□研究所以上

職業：1.□學生 2.□資訊業 3.□工 4.□商 5.□服務業 6.□軍警公教 7.□自由業及專業 8.□其他＿＿＿＿

從何處得知本書：1.□逛書店 2.□報紙廣告 3.□雜誌廣告 4.□新聞報導 5.□親友介紹 6.□公車廣告 7.□廣播節目8.□書訊 9.□廣告信函 10.□其他＿＿＿＿＿＿

您購買過我們那些系列的書：

1.□Touch系列 2.□Mark系列 3.□Smile系列 4.□catch系列

閱讀嗜好：

1.□財經 2.□企管 3.□心理 4.□勵志 5.□社會人文 6.□自然科學 7.□傳記 8.□音樂藝術 9.□文學 10.□保健 11.□漫畫 12.□其他＿＿＿

對我們的建議：＿＿＿＿＿＿＿＿＿＿＿＿＿＿＿＿＿＿＿＿＿＿＿＿

LOCUS

LOCUS

LOCUS

LOCUS

LOCUS

LOCUS